WAKE UP KOREA!

어느 할아버지의 평범한 이야기 2
WAKE UP KOREA!

이 땅의 젊은이들에게 이 책을 바친다

권두언

내년이면 미수(米壽)다. 오래 살았다. 증조할아버지가 되었으니.
『어느 할아버지의 평범한 이야기』를 처음 쓴 게 30여 년 전이던가. 두 번째 할아버지 얘기를 상재(上梓)하니 감회가 깊다.
돌이켜보니, 고마운 일이 너무 많다. 부모님, 형제, 친구, 군, 사회와 나라에 감사할 일이 한둘이 아니다. 머리 숙여 감사드린다.

외람되지만, 언젠가는 이 땅의 젊은이들에게 내 얘기를 들려주고 싶었다. 이 땅에서 생을 받은 한 사람의 도리라고 생각하기 때문이다.
감히 붓을 들었다. 어휘 선택이 좀 거칠고 서술이 상스럽다. 체면, 위신, 가식을 버리고 싶었다. 진정, 당신과 나 사이, 우리만의 진솔한 얘기를 나누고 싶어서였다. 해량(海諒) 바란다.

오늘까지, 건강을 허락하신 하나님께 감사드린다.

2021년 10월
한남(漢南)

_차례

권두언·05

제1장·사람
1. 나는 누구인가·10
2. 꿈을 키우자·12
3. 성공 기법·19
4. Never give in(포기하지 마라)·26
5. 하면 된다·30

제2장·나라 밖을 내다보자
1. 이웃은 사촌인가?·46
2. 미국이라는 나라·47
   가. 건국과 이상(理想)·47
   나. 미국의 도덕성·53
   다. 미국의 동력은 무엇인가?·58
   라. 남북전쟁·59
   마. 게티즈버그·67
   바. 링컨·84
   사. 제퍼슨 데이비스·91
3. 중국이라는 나라·94
   가. 중국은 대국이다·94
   나. 중국인의 일상생활·97
   다. 중국정치의 겉과 속·103

(1) 중국은 공산주의 국가인가·103

　　　(2) 중국 공산당·107

　　라. 중국인은 위대했다·129

　　　(1) 천지인(天地人)·129

　　　(2) 제자백가(諸子百家)·131

　　　(3) 손자·140

　4. 일본이라는 나라·144

　　가. 일본의 실체·144

　　나. 정신주의·149

　　다. 와(和)·156

제3장·무엇이 문제인가

　1. 한국이 없어진다·164

　　가. 인구절벽·164

　　나. 초고령화 사회와 청년 실업·165

　2. 선진국이 되려면·170

　3. 우리의 민얼굴·175

　4. 민족개조론·180

제4장·젊은이여 일어서라

　1. 문명의 전환점·188

　2. 4차 산업혁명과 대한민국·193

　3. 인공지능과 인간·198

　4. 더 높은 곳을 향하여(Aim High)·202

　5. 88 서울 올림픽·205

제5장 · 우리의 선택

1. 자강불식 · 212
2. 미국과 동맹 강화 · 216
   - 가. 해방 전후 · 216
   - 나. 한국전쟁과 미국 · 220
   - 다. 한국전쟁 이후 · 230
3. 동아시아의 국제관계 개선 · 233
   - 가. 중국의 처신 · 233
   - 나. 전략의 논리로 세계를 보자 · 243
     - (1) 전략적 역설(Strategic Paradox) · 243
     - (2) 해양국과 '동맹전략' · 248
3. 일본과 협력 · 250
4. 남북통일 · 254
   - 가. 통일은 해야 한다 · 254
   - 나. 천명(天命) · 256
   - 다. 통일은 어떻게 할 것인가? · 258

저자 소개 · 261

제1장

사람

1 나는 누구인가

나는 나다. 너도 아니고 쟤도 아닌 나는 나다. 얽히고설킨, 참으로 우연찮은 인연으로 나는 이 세상에 나왔다.

어제의 나도 나요, 오늘의 나도 나이며, 내일의 나도 나다. 나는 누구도 대신할 수 없다. 네가 나 대신 아파줄 수도 없고, 죽을 때도 내가 죽지, 네가 나 대신 죽지 않는다. 그 누구도 내가 될 수 없고, 천지간에 나는 오직 나로 실존한다. 그야말로 천상천하 유아독존(天上天下 唯我獨尊)이다.

한번 받은 내 생(生)은 그만큼 소중한 것이다. 그래서 자존(自尊)해야 한다. 자존은 자신감과 다르다. 자신감은 근거 없이 자기가 잘났다고 여기고, 자기를 추켜세우는 일이다. 절대 굽히는 법이 없다. 내가 잘나고, 나밖에 없다는 생각이다. 그래서 자신감은 자칫 모래 위의 성이 될 수 있다.

그러나 자존은 나의 실존을 받아들이면서, 타고난 나 그대로, 이 우주에 하나밖에 없는 스스로를 높이고, 긍지를 갖고 누가 보건 안 보건 품위를 지키는 일이다.

굽힐 때도 있다. 그러나 남 잘난 것 부러워하지 않고, 부족한 것은 채우고, 잘난 것은 부지런히 더 키운다. 남 눈치 볼 것도 없고, 남이 알아주지 않아도 노여워하지 않는다.[1] 바로 공자(孔子)가 말한 군자(君子)다.

그럼 아무나 군자가 된다던가? 아니다. 어림없는 소리. 밤낮으로 갈고 닦으며, 뼈를 깎는 노력으로 목계(木鷄)같이 되어야 한다. 그래서 자존이 어려운 거다.

목계는 『장자(莊子)』의 싸움닭 얘기다. 어떤 닭이 도전해 와도 마치 나무로 만든 닭같이 꿈적도 하지 않는다. 그러나 세상에 없는 싸움닭도 그 닭을 보면 도망친다. 목계는 으스대지 않으며, 눈초리도 사납지 않고 교만하지도 않다.

자존은 군자가 되는 길이다. 고색창연한 옛 군자가 아니라 세련된 현대적 의미의 멋쟁이 군자다. Gentleman이다.

이 땅의 젊은이들이여, 안 될 것도 없지 않은가! 한 번 사는 생(生)이다. 이 세상 그 무엇과도 바꿀 수 없는 나의 실존이다. 천상천하 유아독존이라 하지 않았던가!

사람은 생각에 따라 시궁창을 뒤지는 쥐새끼도 되고, 창공을 나는 독수리도 된다. 이 소중한 내가 세상 빛을 본 이상, 목계 같은 자존감으로, 이왕이면 하늘을 나는 독수리의 삶을 살지 않겠는가!

---

[1] 남이 알아주지 않아도 화가 나지 않으니 또한 군자가 아니겠는가(人不知而不慍, 不亦君子乎), 『論語』, 學而篇 1章.

2 꿈을 키우자

꿈과 희망은 다르다. 꿈은 내 것이요, 내가 꾸미는 것이다. 희망은 멀리 깜박이는 등대와 같은 것, 뭇 사람들의 길잡이다. 등대 없는 바다가 암흑이듯, 희망 없는 세상은 절망이다. 꿈 없이 살 수 있어도 희망 없인 못 산다.

그렇다고 꿈 없이 살아도 되는가. 천만의 말씀! 꿈이야말로 청춘의 필수 가치이다. 여러분의 특권이다. 젊을 때 꿈이 없다면 단 한 번의 소중한 나의 생(生)을 쓰레기장에 갖다 버리는 꼴이다.

청춘의 특권은 무엇인가? 꿈과 포부와 야망이 아니던가! 꿈은 가꾸고 줄기차게 추구하면 반드시 이루어진다.

꿈이 커도 괜찮은가? 물론이다. 꿈은 클수록 좋다. 심하게 말해 터무니없는 꿈이라도 좋다. 문제는 정성이다. 하늘이 감동하는 정성을 다하면 반드시 이룰 수 있다.

터무니없는 꿈 얘기를 하나 하겠다.

일본의 고도(古都) 나라(奈良)에 가면, 8세기경에 지은 가스가 타이샤(春日大社)라는 신사(神社)가 있다. 일본의 국보로 보호받는 유적이다.

경내에는 천년 묵은 삼나무가 700그루 가량이 있다. 장정 세 사람이 팔을 벌려야 둘러쌀 수 있는 거목들이다. 이들도 국보 못지않은 보호를 받고 있다.

오사카의 한 목공이 정말 허황한 꿈을 꾸고 있었다. 신사 내의 삼나무 거목(巨木)이 늘 탐이 났다. 천년 묵은 그런 거목은 일본 국내에서도 드문 귀목(貴木)이다. 귀한 나무는 어느 목공이나 탐내는 것. 일본의 직인(職人)들은 장인정신(匠人精神)이 유별한 사람들이다.

평생을 목공 직인으로 산 그는 멋진 전통 일본 가옥을 짓되, 다름 아닌 바로 신사 내 거목으로 짓고 싶었다. 목공의 꿈이다.

언감생심(焉感生心), 아무리 나무가 탐이 나기로서니, 국보급 나무를 욕심내다니. 그러나 못내 그는 꿈을 버릴 수가 없었다. 세월이 흘러도 그의 욕심은 시들지 않는다.

'누가 알아? 기적이라도 일어나겠지.' 근거 없는 믿음이지만 언제부턴가 된다고 믿기 시작하였다.

세월이 흘러 목공일도 그만두어야 할 나이가 되었다. 그런데 이게 웬 세상 조화냐! 도하(都下) 신문에 큼직한 광고가 났다. 다름 아닌 가스가 신사의 거목 한 그루를 경매한다는 것. 경매 이유는 그 나무가 건물에 너무 가까이 서 있으므로 혹여 벼락이라도 쳐서 나무가 쓰러지면 건물이 상할까 봐서다.

마침내 목공은 돈을 아끼지 않고 응찰해서 기어이 나무를 손에 넣었다. 젊을 때부터 가꾸어온 목공의 꿈은 은퇴를 앞두고 마침내 성취되었다. 허망해 보이는 꿈도 줄기차게 좇으면 꼭 이루어진다.

이 얘기는 일본의 유명 작가 시바 료타로(司馬遼太郎)의 소설 자료집에 실린 실화(實話)다.

젊은이여, 꿈을 가져라! 꿈 없는 청춘은 송장이다.

좀 더 큰 소망 얘기를 해보자.

오늘날의 독일 민족은 19세기까지만 해도 프로이센을 포함한 군소 제후국으로 분할되어 있었다.

이탈리아의 가리발디 장군이 여러 난관을 극복하고 이탈리아의 통일을 이룩하자, 중부 유럽에 오랫동안 분열되어 살던 독일 민족도 하나의 국가를 만들려는 움직임이 태동하였다. 그러나 당시 대제국 오스트리아는 제국을 중심으로 독일 민족을 통합하려는 '대독일주의'를 주장하였다. 당시 오스트리아는 동부 유럽을 포함한 대제국이라 다수 민족 국가로, 비 독일인이 75%나 되었다. 프로이센은 당연히 독일 민족 중심의 소위 '소독일주의'를 주장해 온 터라 오스트리아 안을 수용할 수 없었다. 두 나라의 주장은 협상으로 타결될 수 없는 상황이었다.

이것을 하나의 통일 국가로 통합한 주역이 비스마르크(Otto von Bismarck, 1815~1898)[2]와 육군참모총장을 지낸 몰트케(Helmuth Karl von Moltke, 1800~1891)[3]다.

---

[2] 프로이센의 작은 영주 집안에서 태어난 비스마르크는 부모의 사관학교 진학 희망과는 달리 괴팅겐대와 베를린 훔볼트대에서 법학과 국가학을 전공하였다. 어릴 적부터 프로이센에 대한 충성을 강조하는 국가주의를 신봉한 그는 1862년 총리로 취임하면서 자유주의자의 반대를 무시하고 '무력으로 통일을 수행'한다는 철혈정책으로 대독일 통일을 완수한다. '철혈재상'이라 불린다.

[3] 1857년 프로이센 참모총장에 임명된 몰트케는 클라우제비츠(Carl von Clausewitz, 1780~1831)가 나폴레옹 같은 군사 천재를 통해 전쟁의 불확실성을 극복할 수 있다고 생각한데 반해, 군조직의 혁신을 통해 불확실성이 극복된다고 보았다. 따라서 몰트케는 참모본부를 설치하여 우수 참모를 육성, 부대 지휘관을 보좌케 하고, 군의 수송 능력과 통신수단을 강화하여 집중의 효과와 통합 지휘능력을 한층 높였다. 이러한 그의 전쟁관이 당시 오스트리아나 프랑스 같은 대국을 제압할 수 있었던 것이다.

몰트케는 19세기 당시 유럽의 최강국 오스트리아를 단 7주 만에 굴복시키고, 최선진국 프랑스와도 싸워 나폴레옹 3세 황제를 포로로 하는 등 상상을 초월하는 대승리를 거두었다.

어떻게 독일 민족 통일이 가능했던가? 한 장교의 오랜 꿈이 대독일제국의 대업을 이룩한 것이다.

몰트케는 독일 민족 국가 건설이 젊은 시절부터의 꿈이었다. 그러나 자기가 태어난 프로이센 같은 소국이 통일한다는 것은 꿈에도 실현키 어려운 일대 과업이었다. 당시 독일 민족은 중부 유럽에 널리 흩어져 살았기 때문에 독일 민족만이 뭉치는 것을 오스트리아나 프랑스, 덴마크 등 주변 열강들이 용인하지 않았기 때문이다. 그렇지만 그는 꿈을 버리지 않았다.

프로이센이 통일을 이룩하려면 열강의 동의를 얻어내야 한다.

열강의 동의를 얻어낸다? 그런 순진한 희망은 국제정치에서는 어림도 없다는 것을 너무도 잘 아는 몰트케, 오로지 힘으로 그들을 굴복시키는 길 외는 달리 방법이 없다는 것을 절감하고 있었다.

따라서 그는 젊은 장교 시절부터 주도면밀한 준비를 했다. 군사력을 키우자! 새로운 전술도 개발하고, 무기 성능도 개선하고, 통신, 수송 수단도 바꾸어야 대제국을 상대할 수 있다.

그러나 한 가지 문제는 국력이었다. 적은 인구로는 큰 병력을 유지할 수 없다. 국력을 단시간에 키울 순 없기 때문이다. 그렇다고 10년, 20년을 기다릴 수 없지 않은가? 어떻게 할 것인가?

현대전에서도 중요한 전술의 하나가 집중의 원리다. 비록 국력이 좀 달리더라도 집중만 할 수 있다면, 어느 특정 전장에서 병력의 우세를 점할 수 있다. 집중을 신속히 하려면 대량 수송 수단을 가져야 한다. 그래서 몰트케는 그 무렵 발명된 기차에 눈을 돌렸다. 당시 군대는 말이나 우마차를 수송 수단으로 쓰던 시대였다. 철도는 초기 단계라 작전용으로 쓸 생각을 한 사람은 아무도 없었다.

프로이센 연합군은 모두 50만 남짓, 오스트리아-작센 연합군은 약 60만. '전체 병력은 내가 적어도 특정 전장에 많은 병력을 먼저 집중하면 내가 이긴다.' 현대 전술에서도 활용하는 집중의 원칙이란 어느 시점 어느 공간에 상대보다 많은 병력을 모은다는 것이다. 그러자면 상대보다 수송, 통신 능력이 더 좋아야 한다. 병력은 단시간 내에 양성할 수 없지만, 집중은 가능한 일.

몰트케는 훗날 철도 수송과 운용에 대한 많은 논문을 남길 정도로 철도 수송에 관해 깊이 연구하였다. 철도 연구뿐만 아니라 무기 개발과 통신 수단 개발에도 진력하였다.

특기할 일은 프로이센의 드라이제(Dreyse) 소총. 유럽군은 당시 전장식 머스킷 소총으로 분당 1발밖에 쏘지 못했는데, 드라이제 소총은 후장식 강선 소총이라 분당 6발을 쏘았다. 또한 뒤에서 장전하는 후장식은 누워서 장전 및 사격을 할 수 있어 엄폐와 사격을 할 수 있었다. 지금도 유명한 세계적 기업 크루프(Friedrich Krupp) 제품이다. 또 면밀한 지형 연구를 통해 전략적 요충지에는 철도를 하나 이상을 부설하여 전쟁 시 막대한 수송에 대비하였다.

어느 정도 준비가 되었을 때, 먼저 오스트리아부터 손을 보기 시작했다. 몰트케가 예상한 대로 오스트리아군은 프라하 동쪽 50마일에 있는 쾨니히그레츠(Königgrätz)에 주력을 집중하였다.

프로이센도 즉각 행동을 개시해 오스트리아군과 비슷한 병력 약 28만을 동원하였다. 그렇게 많은 병력을 그 짧은 시간에 동원하리라곤 전혀 예상치 못한 오스트리아군. 그러나 실상은 쾨니히그레츠에 도달하는 철도가 오스트리아군은 하나밖에 없었는데 반해, 프로이센군은 무려 5차선을 각기 다른 방향에서 부설했다.

이것은 오스트리아군에겐 하나의 충격이었다. 프로이센의 국력으로, 그것도 단시간에 그 많은 병력을 동원하다니! 그들의 상상력은 기병대의 속도, 마차의 수송 능력밖에 생각 못할 때였다. 갑자기 나타난 프로이센 대군이 오스트리아군에게는 청천의 벽력(晴天霹靂)이었을 것이다.

전투가 개시되자 병력은 대등한데, 4~5배가 넘는 포병 화력에 무선 통신까지 새로 개발하여 지휘 통제가 실시간으로 이루어졌다. 더하여 개인화기 드라이제 소총까지 위력을 발휘하니, 오스트리아군은 순식간에 무너져 13,000명의 전사 및 실종자가 발생했고, 22,000명이 포로로 잡히면서 손을 들었다.

싸움이 성립 안 되었던 것이, 당시 유럽의 주된 수송 수단은 말과 마차였고, 통신은 아직도 전령이 말을 타고 달리는 수준이었다. 좀 심하게 표현하면, 중세 육군이 현대 육군과 싸운 꼴이었다.

쾨니히그레츠에서 승리를 거둔 프로이센군은 곳곳에서 승리를 거두며 북독일 전역을 석권하고, 오스트리아 전선에서는 보헤미아까지 접수하고, 오스트리아의 수도 빈(Wien)에서 60마일 떨어진 브라티슬라바(Bratislava)까지 진격했다. 수도 빈까지는 이제 거칠 게 없었다. 하루나 이틀이면 빈에 입성한다.

여기서 프로이센은 중대한 전략적인 결단을 내린다. 이것은 어쩌면 전쟁사에서 오래 기억될 사건의 하나이다.

몰트케는 전진을 중단한다. 오스트리아의 체면을 살려주기 위해 수도 입성을 중지한 것이다. 이는 비스마르크의 주장이었다. 군부는 말할 것도 없고 맹렬한 국민적 저항에 부딪는다. 심지어 황제 빌헬름 1세까지 나서서 빈 입성을 주장한다.

약소국 프로이센이 유럽 최강국 오스트리아를 꺾었는데, 이 영광의 기회를 포기하다니!

　노련한 외상 비스마르크의 조정으로 사태는 원만히 해결된다. 비스마르크의 생각은 아직 대국 프랑스가 남아 있다. 프랑스의 국론을 조정할 수 있는 나라는 오스트리아뿐이다. 비스마르크의 계산은 오스트리아의 체면을 살려서 프랑스와 싸울 때, 오스트리아가 최소 중립은 지키도록 하기 위해서였다.

　몰트케는 참모본부의 요원들부터 진정시킨다. 직업군인인 참모 요원들이 수도 빈 진격을 주장했기 때문이다. 몰트케 자신인들 빈에서 샴페인을 터트리고 싶은 생각이 왜 없었겠나?

　프로이센은 이렇게 보오(普墺)전쟁에서 대승을 거두었음에도 수도 입성을 자제하였다. 전무후무한 전승국의 태도다.

　보오전쟁의 결과 오스트리아가 독일 연방에서 퇴출당하면서, 프로이센을 주축으로 하는 북독일 연방이 새로 설립되었다.

　다음으로 프로이센은 프랑스와 일전을 벌였다. 그리고 프로이센은 스당(Seden)전투에서 나폴레옹 3세 황제를 포로로 잡는 결정적 승리를 거둔다. 이때 오스트리아는 팔짱을 끼고 우호적인 중립을 지켰다. 러시아가 개입하려 하자 선수를 쳐서 이를 막았다.

　프로이센은 하노버, 헤센, 프랑크푸르트, 슐레스비히 공국, 홀슈타인 공국, 나사우 연방 등을 합방하고 인구도 500여 만이 늘었다. 국토도 자기 영토의 4분의 1이 새로 생겼다.

　한 인간의 꿈이 독일을 통일하고, 역사의 진로마저 바꾸었다.

3 성공 기법

사람은 누구나 두뇌의 통제를 받는다. 두뇌야말로 신비로운 영역이어서 현대 과학이나 의학이 밝혀내지 못한 점이 많다. 그런데 두뇌의 위력은 대단해서 일단 두뇌가 된다고 믿으면 불가능해 보이는 일도 두뇌가 믿는 대로 이루어진다는 것. 소위 긍정적인 신념의 힘이다. 예컨대, 성공률 100%에 가까운 태권도 격파 선수도 실패할 때가 있다. 그들 말에 의하면 손을 내려칠 때 한 치의 의구심이라도 있으면 실패한다. 성공하려면 대개 내려치기 직전 두뇌는 이미 격파가 성공해서 벽돌은 두 조각이 난 것으로 인식하고 있어야 한다는 것이다.

가짜 약(僞藥, Placebo)으로 병을 고치는 것도 마찬가지 원리. 가짜 약인지 모르는 환자는 지금 먹는 약이 틀림없이 자기 병을 고칠 것이라는 확신을 두뇌가 믿고 있기 때문이다. 따라서 문제는 어떻게 하면 두뇌가 그 일을 할 수 있다는 믿음과 성공한다는 확신을 하게 하는가이다.

현대 스포츠에서 널리 통용되는 기법이 하나 있다. 소위 연상기법(聯想技法)이다.

이 기법은 나도 큰 효과를 본 경험이 있다. 좀 오래된 얘기지만 필자가 대한육상경기연맹 회장으로 86 아시안 게임을 치를 때다.

멀리뛰기의 김종일 선수가 당시 기록 7m 94로 우승했다. 평소 8m 안 팎의 기록을 보여주었지만, 허리 부상으로 시합 2주 전부터 연습을 못했다. 그가 결선 마지막 기회인 여섯 번째 점프에서 놀랍게도 7m 94를 뛰어 금메달을 목에 걸었다. 김 선수는 시합 당일까지도 침대에 누워 있었는데, 2주 동안 꼼짝 않고 침대에 누워 무엇을 했을까. 바로 '연상법 훈련'이다. 누워서 8m를 넘는 연상 경기만 하였다.

경기 당일 김 선수는 출전하겠다고 담당 의사에게 말했다. 담당 의사가 만류한 것은 당연한 일. 그는 의사에게 사정하였다.

"선생님, 지난 일 년, 오늘을 위해 준비하다가 운이 없어 허리를 다쳤는데, 포기는 실격이지만 다친 것은 실격이 아니니 출전만이라도 하게 해주십시오."

간곡한 선수의 애원에 마침내 의사는 허락할 수밖에 없었다. 진통제부터 맞았다. 신체 고통이 전혀 안 느껴졌다.

결선까지 탈락하지 않고 잘 나갔다. 결선 시기는 모두 6번, 6회의 기록 중 제일 좋은 기록으로 승부를 가린다.

첫 번부터 네 번째까지는 몸이 무겁다. 그런데 다섯 번째부터 조금씩 나아지는가 싶더니 드디어 여섯 번째다. 조주(助走) 때부터 마법 융단을 탄 듯 몸이 미끄러지듯 모래판으로 빨려 들어간다. 눈을 감았다. 몸을 솟구쳤다. 그름을 탄 듯 하늘을 난다. 시원하다. 착지(着地)했는데도 구름을 탄 기분이다. 파란 하늘이 눈에 들어온다. 내가 뛰긴 뛴 건가?

7m 94! 우승이다. 금메달이다.

기적이다. 2주를 누워 있던 김 선수다. 그날 출전 때의 유니폼은 한국 대표팀 유니폼이 아니었다. 병원에서 직행하느라 훈련 때 입던 훈련복 그대로였다.

여담이지만, 86 아시안 때 한국 육상은 애초 남자 200m의 장재근 하나만 금메달을 딸 거라는 예상과 달리 모두 7개의 금메달을 따면서 처음으로 일본을 꺾었다. 김종일뿐만 아니라, 여자 800, 1500, 3,000m 3관왕 임춘애, 남자 800m의 김복주, 남자 5,000m의 김종윤 등 생각지도 않던 선수들이 일본, 중국의 내로라하는 선수들을 물리치고 우승하였다. 그것은 그야말로 기적이었다.

육상은 아니지만, 여자 역도의 장미란 선수도 연상기법을 활용한 대표적 선수다. 세계선수권대회에서 4회(2005, 2006, 2007, 2009) 우승하고, 2008년 베이징올림픽에서는 금메달을 획득하여 세계의 여장부로 국위를 선양하였다.

사람의 두뇌는 신비롭다. 두뇌가 된다고 받아들이면 기적이 일어난다. 문제는 어떻게 내가 원하는 목표를 내 두뇌가 긍정적으로 받아들이도록 하는가이다.

그러자면 첫째, 긍정적 생각이다. 모든 일은 안 되는 일이란 없고, 하면 된다는 생각이다.

긍정적인 사고를 왜 해야 하나?

긍정적인 사람한테는 운(運)이 따른다. 운이 좋은 사람 따로 있는 게 아니다. 언제나 밝은 쪽을 보고, 매사에 긍정적이고, 좋은 일만 생각하는 사람이 바로 운 좋은 사람이다. 처음부터 안 된다고 생각하는데 무슨 운이 따르겠나?

운 좋은 사람의 두뇌는 열려 있다. 운은 누구에게나 평등하게 오는데 부정적인 사람은 운이 온 것을 눈치채지 못할 뿐이다. 항상 닫혀 있으니까! 달리 말하면 긍정적인 두뇌는 깨어 있다. 문제의식을 늘 갖고 있다. 그러니 주위의 사물에, 또 변화에 민감하게 반응한다. 운이 온 것도 금방 감지한다. 행운의 여신을 기다리고 있었으니 바로 여신의 손목을 잡는다. 부정적인 사람은 운이 왔는지, 갔는지—오직 깜깜할 뿐. 행운의 여신이 찾아온 것조차 모른다.

둘째, 내가 원하는 일, 목표를 종이에 적는다. 그리고 지니고 다니면서 수시로 꺼내 본다. 생각을 적으면 관념 아닌 실제가 된다. 말 그대로 'Thoughts become things(생각은 현실이 된다)'이다. 기록한 종이를 지니고 다니면 호주머니로 운이 들어온다.

왜 이런 허접해 보이는 짓을 해야 하는가. 솔직히 잘 모르겠다. 그러나 이런 기법으로 성공한 사례를 너무나 많이 본다. 그러니 무시할 수 없지 않은가?

좀 오랜 통계지만, 1953년 예일대학교에서 졸업생 100명을 상대로 실험을 한 적이 있다. 자기 목표를 글로 써서 갖고 다니는 사람을 조사했더니 3명이 글로 쓴 목표를 갖고 있었다. 백만장자가 그들의 꿈이었다. 20년의 세월이 흐른 후 결과를 조사하였는데, 이들 세 사람의 재산은 졸업생 97명의 전 재산을 합친 것보다 더 많았다고 했다.[4]

그럼 내가 나임을 알고 뇌가 느끼는 의식이란 무엇인가? 과학적으로는 아직 설명할 수 없다.

최근 뇌 연구가 진전되면서, DNA의 이중나선구조를 처음 발견하여 1962년 노벨생리의학상을 받은 크릭(Francis H. C. Crick)은 "의식(Qualia)이란 보고, 듣고, 느끼는 감각을 모두 합쳤을 때 형성되는 것"이라고 했다.

또 다른 연구에 의하면 뇌 중앙에 의식을 관장하는 클라우스트럼

---

4) 하지만 2007년 「패스트컴퍼니」지의 기자 로런스 태백이 1953년 예일대 동창회 임원 등을 인터뷰한 결과, 이 연구가 실제로 행해졌다는 증거를 얻을 수 없었다고 했다(https://danbis.net/8138).

(Claustrum, 前場)이라는 게 있어서 모든 신경 케이블이 이 클라우스트럼을 통과하면서 의식이 완성된다고 했다. 결국 생각하고, 종이에 적고, 이를 상기하는 과정이 우리 두뇌에 여러 번 자극을 주어 확실하게 각인시키기 때문일 것이다.

셋째, 말이다. 자신의 목표를 수시로 소리 내어 되뇐다. 말은 무섭다. 말이 씨가 된다고, 말대로 되는 경우가 허다하다.

우리 몸에서 제일 힘센 기관이 무얼까. 주먹? 발? 아니다. 혀다. 세 치 혀는 사람도 죽게 하고 전쟁도 일으킨다.

세포생물학자 립튼(Bruce H. Lipton)의 저서 『신념의 생물학(The Biology of Belief)』을 보면,[5] 생각과 말이 뇌에 미치는 상관관계를 잘 밝히고 있다. 이왕이면 향기로운 말, 기분 좋은 말, 멋진 말만 하자. 마음을 다하여 긍정적인 말, 나의 목표를 되뇌자. 『성서』에도 "너희 말이 내 귀에 들린 대로 내가 너희에게 행하리니"라 하셨다(민 14:18). 거친 말, 부정적인 말은 아예 하지 말자. 무엇이든 하면 안 될 게 없다고 생각하고 믿자. 그리고 최선의 최선을 다하자.

넷째, 기도(祈禱)다. 절대자 앞에 겸허히 기도한다. 내 뜻이 꼭 이루어지기를 절실한 마음으로 빈다.

기도는 신에게 자기 의사를 전하는 인간의 행위이다. 도움을 구하거나, 죄를 고백하거나, 자신의 의지를 표현하는 행동은 모두 '기도'다.

그럼 이 네 가지를 그냥 하기만 하면 될까? 턱도 없는 소리. 그야말로 매사에 정성(精誠)을 다해야 한다. 내 머리에 붙은 불을 끄는 절박감과 절실함으로 정말 정성을 다하면 웬만한 세상사 안될 게 없다. 진인사대

---

5) 이 책은 「USA Book News」에 의해 2006년 미국 최고의 과학 도서로 선정되었다. 국내에서는 『당신의 주인은 DNA가 아니다』라는 제목으로 번역 출간.

천명(盡人事待天命)이다.

사람들은 누구나 쉽게 '정성', '정성' 한다. "정성을 다해라", "정성이 모자란 탓이다" 등 모두 옳은 말씀이다. 그러나 사실은 그리 쉽지 않은 게 정성이다.

그럼 정성이란 어떤 것인가?

두 검술의 달인이 마주 서 있다. 진검승부다. 누군가는 죽는다. 두 검객의 사이를 '간(間)'이라 한다. 약 1.8m, 곧 여섯 자―. 검도(劍道)에서 이 '간'을 중시한다.

번쩍이는 칼끝엔 살기가 돈다. '간'이 흩어지는 순간 승부가 난다. 한 생명이 죽는다.

나는 이들이 대치하고 있는 공간과 시간을 '절대공간', '절대시간'이라고 부른다. 왜? 두 검객의 사이에는 공간도 시간도 존재하지 않는다. 너의 존재도 나의 존재도 없는, 팽팽한 긴장감만이 이 두 사람의 시간과 공간을 압도하고 있다. 그곳엔 오직 '감', '의식', 원시적 생명의 '알갱이' 같은 게 있을 뿐!

어느 찰나, 한 검객의 칼끝이 번쩍하고 빛났다. 승부가 났다. 한 사나이가 서서히 쓰러진다.

칼을 내린 채 아래를 내려다보는 검객의 의식이 억겁(億劫) 분의 1초 차로 빨랐다. 그는 언제나 정성을 다했기 때문이다. 자나 깨나, 걸을 때나, 심지어 밥 먹을 때도 승부를 생각했다. 삶과 죽음의 갈림길도 정성에 달렸다.

1961년 5월 16일 새벽, 박정희 소장이 이끄는 혁명군이 한강 다리 남단에 도착하였다. 박정희는 예상치 않은 상황에 직면하여 놀란다. 한강 다리 북단에 쓰러진 트럭 두 대가 한강 북단 입구를 가로막고 있다. 백여 명의 헌병이 혁명군을 향해 총구를 겨누고 있다. 이 상황은 전혀 예상치 않던 상황이다. 서울 진입은 무혈입성할 것으로 믿었던 것인데.

혁명군은 잠시 동요하였다. 박정희를 호위하는 부관이 박 소장에게 다가갔다.

"각하! 어떻게 할까요?"

박 소장은 그때 담배를 입에 물고 있었다. 담배를 잡은 박 소장의 손이 심하게 떨리고 있었다.

박 소장도 잠시 머뭇거렸다. 무거운 침묵이 혁명군을 내리누른다. 그때 떨고 있는 것은 박 소장만이 아니었을 것이다.

모두가 불안으로 웅성거릴 때 박 소장은 피우던 담배를 획- 던졌다. 지프차에 올라탔다.

"가자!"

지프차가 시동을 걸자마자 속력을 낸다. 좁은 한강 다리다. 헌병들의 수많은 총구를 무시하고 앞으로 돌진한다. 잠시 동요하던 혁명군도 용기를 되찾아 박 소장의 뒤를 따른다. 선두에 선 박 소장은 그때 목숨을 걸었다.

그런데 집중사격이 없다. 놀랍다. 사격을 안 하다니! 그러나 언제 일제사격이 시작될지 아무도 모른다. 혁명군은 일제히 속력을 올린다. 선두 차가 속력을 올렸기 때문이다.

300미터의 다리를 다 건너도록 헌병들의 사격은 없었다. 다리 북단에 배치되었던 헌병들이 일제히 도망갔기 때문이다. 승자와 패자의 갈림길은 어느 쪽의 정성이 더 절실한가에 있다. 목숨을 거는 정성이면 당할 놈이 없다.

4 Never give in(포기하지 마라)

1941년 10월, 처칠(Winston Churchill) 수상이 모교인 해로우 스쿨(Harrow School)에 갔다. 교장의 특별 연사로 초청받은 것이다.

2차 대전이 시작된 지도 2년여, 영국이 겨우 숨을 돌릴 무렵이다. 일년 전만 해도 던커크(Dunkirk)에서 영국군 30만이 전멸할 뻔했고(5월), 런던 시민은 매일 밤 독일 공군의 폭격으로 불안에 떨어야 하는가 하면, 가장 믿고 있던 프랑스마저 항복하여(6.22) 지난해는 영국 역사상 전례 없는 악몽의 기간이었다.

그런데 영국은 이 시련을 기적같이 극복하였다. 던커크의 30만 육군을 구하기 위해 해군은 물론, 가용한 모든 어선이 구원에 나서고, 시민들의 요트까지 나서서 영국군을 구조하였다.

영국 공군은 2:1의 열세에도 불구하고 그야말로 영웅적인 용기를 발휘, 막강한 독일 공군을 꺾었다. 모든 게 기적과 같은 성과였다. 숨을 죽이고 걱정스러운 눈으로 영국을 바라보던 세계가 놀라고, 영국민 자신도 뿌듯한 자부심으로 가슴이 벅찰 때였다. 이 모든 것은 유례없는 국난에 국민이 보인 불굴의 투지, 어떤 난관에도 포기하지 않는 도전 정신의 소산이었다. 처칠이 강사로 초청받은 때가 바로 이 시기였다.

우리가 겪은 지난 10개월은 우리 모두에게 귀중한 교훈을 주었습니다. 그것은 어떤 경우, 그 어떤 상황에서도 굴하지 않고 포기하지 않는 정신입니다—절대로, 절대로, 절대로(Never give in, never give in. Never, never, never, never—in nothing, great or small, large or pretty—never give in)

아무리 실력이 좋아도 포기하면 끝이다. 아무리 잘나도 굽히면 진다. 내가 힘들 때, 내가 더는 못 견디게 힘들 때, 상대도 힘들고 숨넘어가기 직전이란 것을 명심하라. 정말 이기고 싶으면 버텨라. 정말 성공하고 싶으면 포기하지 말라.

옛 얘기나 한 번 하자.
옛날 한 사람이 왕의 노여움을 사서 사형 선고를 받았다. 엉뚱한 그 친구, 목숨만 살려 달라고 탄원했다. 그리고 한다는 소리가,
"대왕님, 일 년의 여유만 제게 주십시오. 대왕님이 제일 아끼는 말이 하늘을 날게 하겠습니다."
"뭐라, 내 말이 하늘을 날아?"
"예, 날고 말고요."
"못 날면?"
"그땐 제가 죽어야죠."
"이놈 봐라. 좋다. 일 년이다."
왕은 승낙하였다. 일 년? 참을 수 있지. 어이가 없는 같은 방 죄수가
"말이 하늘을 날다니? 말이 되냐?"
이 친구의 대답이 걸작.
"일 년 안에 왕이 죽을 수도 있다. 혹은 내가 죽을지도 모른다. 아니면, 말이 죽을 수도 있고. 일 년 동안 무슨 일이 일어날지 누가 아느냐!"

『탈무드』에 나오는 얘기다. 이래서 유대인은 무섭다. 그들은 이렇게 아이들을 가르친다.

보응우옌잡(Vo Nguyen Giap, 武元甲)이란 장군이 있다. 베트남 전쟁 영웅이다. 별명은 붉은 나폴레옹. 1911년에 태어나 2013년, 102세로 별세하였다. 그는 부농 집안에서 태어나 프랑스 역사에 심취한 역사학도로, 쇼팽을 좋아했고 고향에서 역사 교사를 했다. 그가 금세기 최고의 명장이라는 칭송을 받는 것은 50년대 프랑스와의 전쟁에서 승리하고, 60년대 미국과의 전쟁에서 이기고, 70년대에는 중국과의 전쟁에서도 승리를 거둔 공적 때문이다.

베트남 전쟁이 끝나고 몇 년이 흘렀다. 1995년으로 기억된다. 다음은 일본의 월간지 『분게이슌슈(文藝春秋)』에 실린 글이다. 일본의 요미우리 신문 기자가 베트남 전쟁 종결 20주년 특집을 쓰기 위해 보응우옌잡을 찾아갔다. 베트남 전쟁은 1975년에 끝났다. 전쟁에 대한 전반적인 소회(所懷)를 묻는 기자에게 이런 말을 하였다.

미군은 솔직히 무서운 군대입니다. 그런데 아무리 강한 군대도 약점은 있기 마련입니다. 미군 자체는 약점이 없어요. 그래서 약점을 만들었지요. 미군은 세계 최고의 무기를 갖고 있고, 병사들도 정병(精兵)입니다. 약점을 안 만들고는 이길 수가 없어요.

즉, 내가 원하는 곳에서 내 방식으로 싸우는 겁니다. 미군의 성능 좋은 무기가 쓸모가 없는 곳에서, 치고 빠지는 게릴라전을 펼쳤지요. 그러니까 정글로 유인하는 겁니다. 그리고 땅굴을 이용, 귀신같이 나타났다가 바람같이 사라지는 겁니다. 정글에서는 탱크, 건쉽(무장 헬리콥터) 같은 것은 맥을 못 춰요. 장창(長槍)을 들고 좁은 방에 들어

온 것과 같은 이치지요. 좁은 방에서는 긴 창보다 단검이 효과적입니다.

　미군은 많이 피곤했을 겁니다. 그 큰 힘을 어떻게 써 볼 수가 없었으니 많이 지치지요. 지치는 것, 이게 큰 약점이 되는 겁니다. 군인만 지치나요? 국민도 지치고, 정치가도 지치고, 바로 염전(厭戰) 분위기입니다. 자유국가는 여론이 무섭지요. 이것도 약점의 하나지요. 지친 미국 국민이 가만히 있나요. 전쟁을 당장 그만두라는 여론이 들끓지요. 대통령도 어떻게 할 수가 없어집니다.

　아마 군인들은 화가 많이 났을 겁니다. 그러나 대통령이 전쟁 그만하라는데 어떻게 합니까.

그리고는 매우 중요한 한마디를 덧붙였다.

　그런데 말입니다. 우리도 그때 퍽 힘들었어요. 미국만 힘든 게 아니었지요. 그때 미국이 6개월만 더 버텼으면 우리도 손을 안 들 수가 없었습니다. 우리도 국력이 다 소진되어 절명(絶命) 직전이었습니다.

버틴다는 게 세상살이에서는 얼마나 중요한가를 다시 깨우쳐주는 교훈이다.

　미국이 본국의 국민 여론에 밀려 더는 버틸 수가 없었던 건 사실이다. 잡 장군의 말대로라면 미국이 그때 6개월만 더 참았으면 북베트남이 손을 들었다는 얘기가 아닌가.

포기하지 않은 잡 장군의 고집이 역사의 진로를 바꿨다.
"Never Give in. Never, Never, Never, Never!"
젊은이여, 처칠의 말을 잊지 말자.

5 하면 된다

'하면 된다.' 흔히 하는 말이다. 말은 쉽다. 그렇다고 마음대로 다 되는 것은 아니다.

안 되는 것도 있다. "안 되면 되게 하라." 우리 특전사의 모토이던가? 정말 일을 되게 하려면 처음부터 일이 되게 준비하고, 분위기를 만들고, 실력을 키우고, 무엇보다 사람들의 마음을 사야 한다.

무엇하지만 내 얘기를 하겠다. 필자가 대한육상경기연맹을 맡고 있을 때(1983~1996) 마라톤 재건을 위해 힘쓴 적이 있다.

손기정 선생이 1936년 베를린 올림픽에서 우승한 후 남승룡, 서윤복, 함기용 등 한동안 마라톤 선배들이 세계 마라톤계를 휩쓸었다.

내가 회장을 맡은 1980년대에는 우리 선수들은 국제무대에 아예 출전조차 못 했다. 마라톤 전통 한국의 체면이 말이 아니었다. 우리 선수의 최고기록은 2시간 20분대. 세계 일류 선수들의 기록은 2시간 7분대. 무려 13분의 기록차. 13분을 거리로 환산하면 거리 차는 약 5km. 게임이 안 된다는 얘기다.

부임하자마자 나는 마라톤 재건 10개년 계획을 세웠다. 과거 선배들이 세계를 제패했다면 우린들 못할 게 어디 있느냐는 생각에서였다. 더구나 일본 선수가 2시간 7분대라면 우리도 할 수 있다고 생각했다.

내가 처음으로 마라톤 재건 계획을 수립하자, 이론(異論)이 분분하였다. '현대 마라톤은 스피드 마라톤 시대다. 스피드 위주로 훈련해야 한다. 아니다! 마라톤은 역시 지구력이 좋아야 한다.'

나는 솔직히 알 수가 없었다. 스피드가 중요하단 말도 맞고, 지구력이 좋아야 한다는 것도 틀린 말이 아니다. 누구 말을 들어야 하나? 모를 때는 전문가 말을 듣는 게 중요하다.

일본 육상연맹 회장을 만났다. 아오키(青木) 회장[6], 일본 체육회장을 겸하고 있는, 일본 체육계에서 가장 존경받는 인물이다. 나보다도 20년 존장(尊長)이다.

아오키를 만나면 나는 꼭 큰절을 하였다. 내가 엎드려 절을 하면 그도 엎드려 답례한다. 우리와 같은 옛 예절을 일본은 아직도 지키는 사람들이 있다. 절을 하는 사람이나 절을 받는 사람의 마음이 숙연해지는 우리의 아름다운 예절이다. 우린 버린 지가 오래인데, 일본 상류 인사들은 여전히 지키는 사람들이 있다.

큰절을 받으면 기분이 좋다. 상대에 대한 호감이 생긴다. 그 사람이 마음에 든다. 그냥 좋다. 무어든 도와주고 싶다. 사람의 심리다.

"아오키 선생, 마라톤 전문가 한 사람 추천해 주십시오."

한 달 후 다카하시(高橋)[7]란 분을 소개해줬다. 60대의 노인, 인품이 훌륭한 분이다. 내 나이 51세 때다.

일본의 올림픽 마라톤 최초의 은메달리스트를 키운 코치. 또한 한국 마라톤이 92 바르셀로나 올림픽에서 금메달을 쥐게 한 은인이다.

그의 이론은 이랬다.

---

6) 아오키 한지(青木半治, 1915~2010), 와세다대 졸. 1938년 투포환 일본 챔피언. 일본 육상연맹 회장, 일본 체육회장, 국제육상연맹 종신 부회장 역임.

7) 다카하시 스스무(高橋 進, 1920~2001), 동경고등사범 졸. 중거리 800, 1,500m 일본 챔피언. 3,000m 장애물경기 일본 챔피언 7회, 매회 일본 기록 갱신.

"스피드, 중요합니다. 지구력, 없으면 안 되죠. 둘 다 해야 해요. 그게 실력입니다." 그의 '실력론'이다.

"실력이란 상대와 비교, 상대적 우위를 점하는 겁니다. 기록도 중요하지만 이기는 게 더 중요해요. 어차피 세상은 투쟁의 마당이니까 이기면 되는 겁니다. 이기는 게 실력입니다. 문제는 두 마리를 '어떻게 다 잡는가'입니다. 어렵지요. 그러나 됩니다. 여기 비법이 있습니다."

속주머니에서 A4 용지 두 배 정도의 종이를 꺼내 내 책상 위에 놓았다. 1년 365일 훈련 계획이 날짜별로 빼곡히 적혀 있다. 미안하지만 우리 전문가한테서는 들어본 적이 없는 훈련 계획이다.

내 입이 저절로 벌어졌다. 일본 선수의 2시간 7분이 거저 되는 게 아니었구나! 잠시 내 정신이 혼미해졌다.

다카하시 선생의 요점은 다음과 같은 것이다.

'좋은 선수는 기량을 타고 난다. 기량을 타고 나도 다듬지 않으면 쓸모가 없다. 그러니까 좋은 재목을 찾아서 두드리고 두드려야 한다. 물건이 될 때까지. 이 계획이 바로 그 방법이다. 핵심은 좋은 놈을 어떻게 고르는가, 두들기는 방법은 무언가를 여기 기록했다.'

일주일 후 다시 만나기로 하고 선생을 보냈다. 나는 즉시 마라톤 국가대표 코치로 모시기로 맘먹고, 바로 준비에 들어갔다. 그런데 의외의 난관에 봉착한다. 일부 우리 전문가들이 반대한다. 놀랬다. 모처럼 선생님을 모셔 왔는데 퇴짜를 놓아? 화가 났다. 도대체 무엇이 불만인가. 여러분!

그들의 요지는 이거다. '우리가 그래도 마라톤은 종주국인데, 왜놈 선생이 말이 되느냐'이다. 알았다. 그만두자. 싸움도 상대를 봐가며 하는 것이다.

나는 국가대표 코치 계획을 바로 취소하고, 한전(韓電) 선수단 전담 코치로 모시기로 하였다. 아오키 선생이나 다카하시 선생에겐 미안하게 되었다. 처음 약속과는 달라져서. 일본에 갔다. 다른 일도 겸해서. 두 분께 정중히 사과했다.

"박 선생, 나는 당신 보고 도와준 것. 당신이 편한 게 내가 편한 거요." 아오키의 말이다.

나는 귀국 즉시 제주도에 한전 훈련 캠프를 설치했다. 제주 화력발전소 아파트 두 채를 잡아 선수들을 그리로 수용했다. 다카하시 선생이 매번 비자를 안 받아도 되는 제주도가 편하기 때문이다.

선생은 한 달에 두어 번 제주에 머물면서 선수들을 지도했다. 그때 다카하시 선생의 주목을 받은 선수가 지금 한전 및 국가대표팀 감독으로 있는 김재룡 씨.

선생은 김 선수를 보고 대뜸 내게 '저 선수는 2시간 10분 이내 선수로 성장할 것'이라고 예언했다. 그땐 2시간 15분대 안팎의 기록인데도….

김재룡은 훗날 황영조와 함께 바르셀로나 올림픽에 출전하여 10위로 골인한다. 다카하시 예언대로 그는 세계적 선수로 성장했다. 올림픽 당일, 황영조는 기량도 뛰어났지만, 운도 좋았다. 김재룡도 운만 따라주었으면 메달의 주인이 될 수도 있었다.

다카하시 선생의 두 마리를 잡는 기술은 바로 이거다.

먼저 타고 난 사람을 찾아야 하니까, 일정 거리와 특정 시간을 정해 그 조건에 선수를 몰아넣는다. 가령 30km를 100분 이내에 몇 번 달리게 한다. 몇 번의 시도로 금방 판단이 선다. 안 되는 선수는 탈락시킨다.

이 평가 방법의 핵심은 '되느냐 안 되느냐?' 의 종합 실력의 평가이다. 즉 스피드와 지구력이 단번에 평가된다는 점이다. 100분 내 못 들어와도 떨어지고(스피드), 30km를 완주 못 해도 탈락이나(시구릭). 이렇게 기본이 되는(스피드와 지구력) 선수를 먼저 고른 다음 담금질이다. 겁나는 담금질을 해야 한다.

다카하시의 기법은 냉정하고 가혹하였다. 정말 숨넘어가기 직전까지 사람을 민다. 인간을 한계점까지 몰아붙인다. 이 담금질을 못 견디면 가차없이 탈락시킨다. 경쟁의 무대는 가혹한 법. 이기려고 하는 짓인데, 안 되는 물건은 과감히 버려야지.

몽땅 다 탈락하면? 그만두어야지. 운이 없는 거다. 노예로 살든가, 죽어 살든가, 이도 저도 싫으면 다른 길을 찾아야지. 어차피 세상은 선택의 문제로 귀결된다. 선택은 각자의 몫.

다카하시 선생의 기법은 우리 장거리계(長距離界)에 전파되었다.

80년대 후반, 우리 육상계는 두 가지 행운을 얻는다. 첫째가 코오롱의 이동찬 회장[8], 두 번째가 정봉수 감독.

코오롱의 이동찬 회장이 아니었으면 마라톤 금메달은 없었을 것이다. 그분은 우리 마라톤계를 위해 가능한 모든 지원을 아끼지 않았다.

정봉수의 별명은 독사. 독사는 확실히 '괴물'이었다. 원래 장거리 선수 출신이 아니다. 옛날 그저 무명 선수로 좀 뛰다가 그만둔 사람이다. 그의 담금질이 얼마나 가열했는지 한 번은 선수들이 견디다, 견디다 못해 이런 해프닝도 있었다. 황영조가 90km 달리기를 하다가 꼭 죽을 것 같

---

[8] 이동찬 회장(1922~2014)은 1957년 대구에 코오롱의 모태인 한국나일론을 설립하는 등 우리나라 섬유산업 발전을 이끌었다. 1985년부터 전국고교대항 구간 마라톤대회를 창설하는 등 육상 발전을 위해 크게 기여하였다. 초대 2002 한일월드컵 조직위원장 역임.

았다. 참다, 참다못해 자전거로 옆에서 독려하는 독사를 힐끔 보더니 뛰던 걸음을 멈추곤 독사를 보고 휙 돌아섰다.

"야, X할, 정말 못해 먹겠다. 니가 뛰어봐라!"

황영조 같은 타고난 신체도 한계를 넘는 담금질이다. 독사 코치에 그 독사 선수다. 바르셀로나의 금메달은 이런 가혹한 훈련을 통해 이루어진 것이다.

얘기가 나온 김에 내가 아는 역대 우리 선수 중, 타고난 신체조건이 뛰어난 사람은 손기정(1936년, 베를린 올림픽 마라톤 패자(霸者)), 최윤칠(1950년, 보스턴 마라톤 3위) 그리고 황영조(1992년, 바르셀로나 올림픽 패자)이다.

최윤칠은 1948년 런던 올림픽 마라톤에서 20km 지점부터 최선두로 나서서 다른 선수들을 멀리 떨쳐버리고 골인 지점을 향해 달리다가 불과 4km를 남겨 두고 기권하였다. 당시 올림픽 관계자에 의하면 최윤칠의 우승이 확실한 것처럼 장내 방송까지 했다는 것이다.

그런데 기권 이유가 어처구니없다. 탈수증에 의한 근육 마비가 원인이었다. 탈수증의 원인은 물을 안 마셨기 때문인데, 물을 안 마신 이유가 더 어처구니없다. 당시 코치가 물을 못 먹게 했기 때문이다. 마라톤 풀 코스(42.195km)를 물 없이 뛰는 게 당시 우리 훈련법이었다는 것이다.

일반적으로 선수는 3리터의 땀을 흘린다는데⋯ 재수 없으면 탈수증으로 죽기도 한다. 지금은 매 5km마다 급수대를 설치 선수들에게 물을 공급하고 있다.

50년 가까이 선수들을 지켜보면서 절실히 느낀 게 있다. 이기고 지는 것은 실력 차 때문이다. 물론 실력이 큰 놈이 이긴다. 그런데 아무리 신체조건이 뛰어나도, 아무리 담금질을 잘해도, 운 좋은 놈을 못 당한다는 사실이다. 지금도 나는 다음 공식을 믿고 있다. 우스갯소리가 아니다.

〈실력≠체질+훈련〉
〈실력=체질+훈련+운〉

세코 토시히코(瀨古利彦)란 일본 마라톤 선수가 있었다. 1956년생, 2시간 8분 27초가 자기 최고기록, 70년대 말부터 80년대 말까지 10년간 일본의 모든 마라톤대회는 물론 웬만한 세계 중요 마라톤대회란 대회는 모두 우승을 하여 가히 세계 제1인자란 평가를 받던 선수다.

1980년 모스크바 올림픽을 앞두고 일본 육상계는 오래전부터 흥분상태였다. 그 사람들에게는 간절한 숙원이 있었다. 다름 아닌 남자 마라톤의 금메달 획득이다. 왜냐하면, 요즘 우리 여자 골프와 같이 70년대와 80년대에 걸쳐 일본 마라톤은 '세계 Best 10'에 일본 선수가 서너 명은 차지하고 있었다. 따라서 올림픽 마라톤 금메달 따는 게 숙원사업의 하나가 되었다.

1976년 몬트리올 올림픽에는 세코가 영글기 전이라 출전을 못했다. 다른 선수가 출전, 20위와 21위에 그쳤다. 그러나 4년 동안 세코의 실력은 정상에 도달했다. 기다리던 대망의 1980년, 모스크바에서는 세코가 숙원을 이루어줄 것으로 국민적 기대를 모았다. 사실 세코가 이때 출전만 했으면 금메달은 틀림없는 것이었는데, 이게 웬 조화인가? 소련의 아프가니스탄 침공을 응징한다고 자유 진영에서 올림픽 참가를 보이콧해 버렸다. 일본도 자유 진영과 보조를 같이할 수밖에 없었으니, 금메달은

물거품이 될 수밖에. 일본의 불운이요, 세코의 불운이었다.[9]

황영조의 바르셀로나 올림픽(1992년 8월 9일) 얘기도 빼놓을 수 없다. 영조에 대해 나는 입선(6위까지)은 틀림없고, 운이 따르면 동메달은 되겠거니 하고 바르셀로나에 갔다. 솔직히 금메달은 꿈에도 없었다. 동메달만 되어도……. 남들은 어떻게 여기는지 모르나 나는 올림픽의 메달은 정말 아무나 따는 게 아니라는 믿음을 갖고 있다. 메달의 색깔이 문제가 아니다. 동메달도 정말 무섭도록 값진 것이다.

그날 경기를 보면(지금도 유튜브에서 볼 수 있다), 특이한 현상을 볼 수 있다. 마라톤에는 '마의 벽'이란 게 있다. 30~35km 구간이다. 이때가 선수들에게는 고비가 되기 때문이다. 이 구간에서 인체역학상 저장된 에너지가 모두 고갈된다는 게 전문가들의 소견이다. 그러니까 '마의 벽'에서 대부분 선수는 처지고 15명 내외의 선두 그룹이 이 지점부터 형성된다. 우승자는 물론 이 그룹 중에 누군가가 된다. 대개 35km를 지나면서 선두 그룹은 4~5명 단위로 재편성되면서 거리 차가 나오기 시작하고, 40km 전후해서 2~3명만 남아 우승을 다툰다.

그런데 그날 경기는 20km를 넘으면서 대부분이 탈락하고 4~5명만 남았다. 특히 22km 지점에서는 가장 강력한 우승 후보였던 일본의 다니구치 히로미(谷口浩美)가 급수대에서 다른 선수의 발에 밟혀 넘어지는 불상사가 일어났다. 개인 최고기록이 2시간 7분 40초로 바로 전년도 도쿄 세계육상선수권에서 가혹한 습도와 고온 등의 악조건에서 우승한 일본의 대표 주자였기에 일본으로서는 뼈아픈 참사였다. 25km 지점을 통과하고는 단 세 사람만 남았다. 황영조, 김완기, 일본의 모리시타 고

---

[9] 이후 1984년 로스앤젤레스 올림픽 때는 감독의 판단 잘못으로, 경기 불과 이틀 전에 대회장에 도착하는 어처구니없는 실수로 14위밖에 못한다.

이치(森下広一). 다른 대회에선 보기 드문 정말 희한한 현상이다. 대개 40km 전후해서 일어날 일이 25km 지점에서 일어난 것이다.

35km 지점에서 김완기가 뒤처지고 황영조와 모리시타만 남았다. 이 현상도 전례를 찾기 힘든 현상이다.

바르셀로나 코스의 최대 난관이 바로 35km 지점부터 시작되는 5km 언덕길이다. 누구에게나 닥치는 '마의 벽'에다, 악명 높은 몬주익 언덕의 오르막까지 겹치니 선수들에게는 지옥길같이 고약한 코스.

모리시타는 별명이 '습뽕(자라)'으로, 자라같이 생명력이 강하고 힘이 좋아서 붙은 별명이다. 여기서 모리시타는 갑자기 가속도를 붙이기 시작하였다. 체력에 자신이 있었기 때문이다.

'마의 벽'에다 5km 언덕까지 겹친 이 난코스에서 가속도를 내면 웬만한 상대는 다 나가떨어지게 되어 있다. 화면을 보고 있던 나는 불안해지기 시작했다. 모리시타가 당시 일본 최고의 강심장이란 소문을 들었기 때문이다.

일본 감독이 계산한 모리시타의 승부처다. 영조가 과연 견뎌줄까. 영조도 만만치 않은 체력의 소유자이긴 하지만 불안을 떨쳐버릴 수가 없다. 그야말로 일본의 자라와 한국의 독사가 맞붙었다. 실력과 실력의 대결이다. 모리시타가 계속 선두를 달린다. 영조도 질세라 따라붙는다. 두 발짝 이상 떨어지지 않는다. 2km 정도 지나도 여전히 그 상태다. 나는 그때야 마음을 놓았다. 영조가 이긴다는 생각이 번개처럼 지나갔다. 저 간격을 2km나 그대로 유지한다는 것은 영조도 계산하고 있다는 증거다. 체력에서 안 밀린다는 말이다. 영조가 어느 시점에 가속도를 붙이는가만 남았다.

몬주익 마의 언덕 정상까지 그 상태로 달렸다. 정상에 도달하였다. 이제 골인 지점까지는 2km 남았다. 그때, 영조가 발을 구르는 듯하더니

총알처럼 튀어 나간다. 바로 모리시타를 앞질렀다. 내 눈에는 폭풍으로 보였다. 그대로 내달린다. 모리시타가 따라잡지 못한다. 점점 거리가 벌어진다. 영조는 그날 모리시타보다 200m 앞서 테이프를 끊었다.

한국 마라톤 100년사에서, 애국가를 연주하는 가운데 태극기가 게양대에 오르는 역사적 장면이 1992년 8월 9일, 스페인 땅 바르셀로나에서 벌어지고 있었다. 그날의 승리는 우리 육상의 영광이요, 대한민국의 행운이었다. 그날, 영조가 승리할 수 있었던 가장 큰 행운은 일본 선수와 단둘이 승부를 겨룰 기회가 주어졌기 때문이다. 그날 케냐의 후세인, 탄자니아의 이캉가 같은 아프리카의 강적들과 멕시코의 세론과 가르시아, 특히 더위에 강한 다니구치가 마의 벽(35km 지점)까지 살아남아 영조와 우승을 겨루었다면 그 결과는 알 수 없었다.

왜, 그러면 아프리카계의 탈락이 그렇게 빨리(출발 후 20km 지점에서) 일어났던가.

바르셀로나의 코스는 출발 후 약 20km까지가 해안도로, 15km는 시가지 거리, 그리고 마지막 7km가량이 몬주익 경기장 언덕길이다. 몬주익 경기장은 평지보다 약 200m 높은 곳에 위치하고 있다.

그날 경기 출발 시각은 오후 6시 30분, 그곳 더위가 너무 심해 출발 시간을 늦게 잡은 것이다. 온도는 섭씨 30도에 습도가 80%. 그런데 공교롭게도 출발 직전, 소나기가 쏟아져 뜨거워진 아스팔트 위로 수증기가 무진장 올라왔다. 안 그래도 높은 그날의 습도에다 지열과 함께 땅이 수증기를 내뿜으니 선수들은 말할 수 없이 힘들었을 것이다. 그러나 이 소나기가 우리에게 결정적 행운이 되었다. 아프리카는 기온은 높아도 습도가 낮아 사람이 견디는 것이다. 그런데 그날 출발 직후 해안도로의 습도는 그야말로 살인적이었다. 그로 인해 우리의 강적 아프리카

선수들이 몽땅 해안 도로에서 탈락해버린 것이다.

우리 선수 마지막 훈련 캠프는 일본 야마구치(山口)였다. 그 코스를 택한 이유는 스페인 코스와 닮았기 때문이다. 20km 해안도로에 이어 평지가 계속되다가 마지막 7km가 언덕길, 바르셀로나 코스를 꼭 닮은 정말 좋은 코스였다. 지금도 그 코스를 발견하게 해준 행운에 감사하고 있다. 우린 그곳에서 정말 죽으라고 뛰고 또 뛰었다. 일본의 여름 습도는 사람을 죽인다. 바르셀로나 해안도로의 습도 정도는 훈련 때 다 극복했다.

왜 일본이 이 코스를 안 썼나? 그들은 여유가 있는 나라다. 미국 고지 훈련을 주로 했다. 넉넉지 못한 우리 형편도 행운이 되었다. 그뿐만 아니라 명품 코스에 하필이면 그 시간에 소나기는 그야말로 우리의 대운이었다.

그럼 운은 어떻게 따르게 하나? 솔직히 잘 모르겠다. 그러나 돌이켜 보면, 운은 항상 나를 따라주었다고 생각한다. 모두가 안 된다고 한 일들이, 그것도 여러 번 잘 풀렸으니 그 이상의 행운이 어디 있나. 그래서 늘 감사하며 기도한다. 그러니까 이 책을 다 읽고 나면 뭔가 떠오르는 것이 있을 것이다. 늘 감사하자. 기도하자.

국제무대에서 경쟁 관계에 있는 것은 정치 경제만이 아니다. 첨단 기술이나 스포츠도 정치 못지않게 경쟁 관계가 치열하다. 스포츠도 우리는 일본과 경쟁 관계다.

손기정 선생 이후 우리 체력이 자기들보다 좋은 걸 일본인은 잘 안다. '진짜'를 가르쳐 주면 안 되는 것이다. 아오키가 그걸 모를 리가 없다. 그럼 왜 그는 마라톤의 진수를 다카하시를 통해 우리에게 전수했나?

좀 무엇한 얘기가 되겠는데…… 아오키는 그저 돕고 싶은 대로 도왔을 뿐이다. 마음이 가기 때문이다. 왜 마음이 가는가.

요즘 세상에 큰절하는 예법이 어디 있나. 일본에서도 사라져가는 인사 예법을 외국인한테서 받는다? 이유도 모르게 호감을 느낀다. 마음이 간다. 뭐든 해주고 싶다. 도와주고 싶다. 그게 사람의 마음이다. 딸바보란 말이 있듯 친구 바보를 만들면 무조건이다.

앞서 말했듯, 양보와 함께 예절은 사람의 마음을 산다. 사람의 마음만 사는가? 인간관계를 아름답게 하고 사회를 밝게 한다. 양보나 예절은 사람을 내 편으로 만든다. 서로 돕고 위한다. 협동한다.

미국인들을 보라. 양보하고 인사 잘하는 게 우릴 앞선다. 선진국은 다 그렇다.

일이란 하면 된다. 물론 안 되는 일도 있다. 여기서 안 되는 일이란 인간 능력 밖의 일이다. 능력 밖의 일 —별을 따는 일 같은 것— 빼고는 사람의 일은 하면 다 된다는 게 나의 생각이다. 생각하고, 노력하고, 도움을 받고, 정성을 다하면 세상사 다 되게 되어 있다. 도움을 받으려면 사람 마음부터 사라. '친구 바보'를 만들라.

육상 얘기가 나온 김에 자랑 하나 더 하자.

하계올림픽, 월드컵과 함께 세계 3대 스포츠 이벤트라 불리는 세계육상선수권대회가 2011년 8월 대구에서 열렸다. 전 세계 204개국에서 1,945명의 선수가 참가한 메머드 대회였다.

이 대회 유치를 위해 대구 외에 호주의 브리즈번, 러시아의 모스크바, 스웨덴의 예테보리, 스페인의 바르셀로나 등 세계 유수의 도시들이 나섰다. 육상의 인기도나 도시의 인프라, 인지도 등 여러 분야에서 서울도 아닌 대구는 상대도 안 된다.

세계 육상계와 세평(世評)은 대구는 아예 안 된다고 치부하고 있었다. 한국과 같이 육상이 인기 없는 나라는 유치한 전례가 없었다. 의결기관인 국제육상연맹 집행이사회가 승인을 안 해주기 때문이다.

그러나 2007년 3월, 케냐의 몸바사에서 열린 집행이사회는 제13회 세계육상선수권대회를 대구에서 개최하기로 의결하였다. 사실, 그날 개최지 결정 투표는 2차를 넘어 3차 결선투표까지 가야 최종 결정이 날 것으로 모두가 예상하였다. 왜냐하면, 신청 도시들이 대구를 빼고는 모두가 만만치 않은 실력자들이었기 때문이다.

투표함을 열고 개표가 시작되었다. 그런데 이게 웬일인가? 1차 투표에서 무명 도시 대구가 절반을 훨씬 넘는 표를 휩쓸어 단번에 당당히 대회 유치에 성공한다.

"대구 유치는 골리앗(모스크바, 브리즈번)을 물리친 대사건."

당시 국내 대표적인 종합 일간지의 기사 제목이다.[10]

어떻게 이런 일이 일어날 수 있었던가? 투표권을 가진 집행이사들이 찍어 주었기 때문이다. 물론 대구시와 대회유치위원회가 잘 해주었던 것도 큰 힘이 되었다. 그러나 무엇보다 집행이사들의 마음을 얻었기 때문이다. 나도 집행이사 중의 한 명으로, 1991년부터 4선(16년)을 하는 동안 동료들을 진심으로 대했다. 정성을 다했다.

"우리는 로키(Rocky—나의 별명) 보고 대구 찍었다."

도하 유력지의 그날의 다른 기사 제목이다. 한 집행이사가 투표장을 나오며 한 말을 기자가 인용한 것이다.

사실상 세계육상대회 한국 개최는 불가능한 일이었다. 국제육상연맹의 방침이 한국 같은 육상 비인기 국가에서는 아예 안 하는 거로 정해

---

10) 「조선일보」, 2017. 4. 2.

져 있었다. 물론 불문율이다. 관중도 없고, TV 방영 수입도 없고… 흥행을 망치니까 방침이다시피 된 것은 당연하다.

결국 대회를 유치하려면 한국이 육상 인기 국가가 되는 길밖에 방법이 없다. 그런데 어느 세월에 인기국을 만드나… 안 되는 일이다.

다른 방법이 있다면? 집행이사회가 의결하면 무조건 된다. 그러나 집행이사들이 바보가 아닌 다음에야 그런 결정을 해줄 리가 없다. 결국 이사들이 '바보 결정'을 안 하도록 정당한 논리와 명분이 있어 이사들이 믿고 신념을 가지고 행동하게 해야 한다.

그러자면 논리를 개발하고 명분이 있어야 한다. 생각해보자. 어떤 논리라야 이사들을 설득할 수 있을까. 나도 많이 고민하였다. 육상 인기 국가에만 준다는 '옳은' 논리를 어떻게 뒤집어야 하나?

나는 정면으로 반대 논리를 개발했다. '지금의 연맹의 방침이 맞다. 그럼 방침대로 육상 인기 국가에서만 대회를 개최한다면 비인기 국가의 육상 발전은 포기하겠다는 말인가? 바꾸어 말하면, 육상 비인기 국가에서도 선수권대회 같은 큰 경기를 펼쳐야 비인기 국가의 관중들도 육상을 이해하게 되고 육상경기의 오묘함을 즐기게 될 게 아닌가. 그래야 언젠가는 비인기 국의 관중도 육상에 관심을 두게 되고, 그런 관중이 늘어나면 자연히 육상 인기 국가가 될 게 아니냐.'

이 점이 나의 포인트였다. 다행히 동료 이사들은 내 논리와 명분에 동의하였고, 두어 달이 지나자 이사들은 신념을 갖고 대구를 찍어 주었다.

대구는 이 대회를 훌륭히 치러내 독일의 슈투트가르트에 이어 전 세계에서 두 번째로 '세계육상도시(The World Athletics City)'로 선정된다.

잠깐, 논리와 명분만으로 사람이 움직이는가? No!

사람은 어디까지나 감정적인 동물이다. 감정이 이성을 항상 앞선다. 논리가 먹히려면 마음을 사야 한다. 아무리 논리가 정연하고 명분이 뚜렷해도 상대가 싫으면 사람은 안 움직인다. 상대의 마음을 사라.

무엇이 상대를 움직이게 하는가. 진실이다.
무엇으로 사람 마음을 사는가. 정성이다.

항상 무슨 일이건 '된다'는 생각부터 먼저 한다. 그리고 사람 마음을 사라. 꼭 하고 싶은 일은 성공 기법을 활용해라. 어느 경우나 필수 요건은 정성이다.

제2장

나라 밖을 내다보자

1 이웃은 사촌인가

청년들이여, 넓은 세상에 눈을 돌리자.

세상을 모르면 당한다. 눈 감으면 당연히 먹히고, 모르면 눈 뜨고도 당한다. 백 년 전 우리 조상들이 나라를 빼앗긴 것도 다 바깥세상을 너무도 몰랐기 때문이다. 국제무대는 정글이다. 힘의 논리만이 통하는 냉혹한 세상이다. 이웃 욕할 것 없다. 못나면 당한다.

이웃은 사촌인가? 아니다. 이웃은 잠재적 위협국(Potential Threat)이다. 국제정치에서는 그렇다. 바깥세상을 똑똑히 보라. 무엇이 보이는가? 중국과 일본이 보이는가? 보이는 나라들은 일단 경쟁대상이요, 잠재적 위협국이다. 현실을 항상 똑바로 보자.

여기에서는 적어도 거짓은 물론 가식이나 체면 같은 것 내려놓고 진실만 얘기하자. 나와 당신, 사랑하는 내 아들과 딸, 그리고 손자, 손녀가 아닌가?

이웃은 사촌이라지만 가장 조심해야 할 게 이웃 나라이다. 사촌은 가끔 배는 아프게 해도 급할 때는 힘이 된다. 그러나 이웃 나라는 틈만 보이면 덮치거나 깔고 앉는다. 그런 게 이웃 나라다. 진정한 친구를 얻으려면 먼 데서 구하라.

미국 같은 좋은 나라도 이웃과는 상극이다. 먼 얘기할 것 없다. 지금 우리는 독도를 두고 일본과 으르렁거리고 있지 않으냐?

그럼, 먼저 미국은 어떤 나라인가 살펴보자.

2 미국이라는 나라

가. 건국과 이상(理想)

이 나라의 국민이기 이전부터
우리는 이 땅의 주인이었다.
(중략)
미지의 서쪽을 향해
기록에도 없는, 아직 열리지 않은 순수한 땅
그 대지 위에 우리가 이루었던 것처럼
그렇게 될 대지 위에
(중략)
우리의 건국 아버지들은
신이 고개를 끄덕여 허락한
영원한 새 질서를 세웠도다.
(후략)

프로스트(Robert L. Frost, 1874~1963)가 1961년 1월 20일 케네디 대통령 취임식 때 낭송한 애국 시다.[11]

---

11) 프로스트는 케네디를 위해 새로 쓴 헌시(獻詩)를 낭송하려 했지만, 의사당

"미국의 건국이념은 고대 로마의 정치철학을 계승하였고, 크리스트교 정신에 입각한 인간 개개인의 존엄성과 자유와 민주주의에 기반을 두고 있다."라고 자신에 찬 선언을 하였다. 프로스트는 그때 나이 87세, 세상을 떠나기 2년 전이었다.

그날 프로스트의 연설은 아메리카 대륙에 힘의 황금시대가 올 것을 예언했다. 청교도들의 대륙 개척, 독립선언과 서부 개척의 운명적 소명, 소위 Manifest Destiny(명백한 운명),[12] 법치주의와 이를 지키는 용기, 그리고 지도자의 덕성과 미국의 장래를 찬양한 장엄한 것이었다.

제2차 세계대전이 끝나면서 Post Americana 시대가 열렸다. 그렇게 강성했던 소비에트 연방도 미국의 막강한 군사, 경제력과 자유민주주의 이념 앞에 무릎을 꿇었다. 오늘의 미국은 노(老) 시인이 찬양한 그 이상의 위대한 나라가 되었다.

무엇이 오늘의 미국을 만들었는가? 기독교 정신이다. 건국이념이다. 미국이란 나라는 우선 건국부터가 심상찮은 나라다.

1620년 11월 21일, 종교의 자유를 찾아 102명의 청교도들을[13] 태운 메이플라워(Mayflower)호는 매사추세츠주 플리머스 케이프 코드에 닻을 내린다. 청교도들은 그해 혹독한 추위로 절반이 죽고, 살아남은 사람들은 인디언의 도움으로 농사를 짓기 시작하면서 뉴플리머스에 겨우

을 덮은 눈이 햇빛을 반사해 읽기 어렵게 되자, 오래전(1942년) 자신이 써 외우고 있던 「정당한 선물(The Gift Outright)」이라는 시를 대신 헌정한 것이다.
12) Manifest Destiny는 서부 개척 시대 슬로건으로, "미국인은 기독교와 민주정을 전파하기 위해 하늘이 내려준 사명에 따라 적극적으로 세력을 확장해야 한다."는 팽창주의적 의미가 있다.
13) 청교도는 영국 국교회의 순결과 '복음중심주의'를 추구했던 개신교도들이다.

정착하게 된다.

이주민의 첫해는 가혹한 것이었다. 모든 것을 처음부터 시작해야 하는 그야말로 낯선 신세계였다. 그해 따라 유별났던 추위를 잘 견디고 봄에 씨를 뿌렸다. 가을이 되어 곡식알이 익었다. 하느님! 감사합니다.

미국의 추수감사절은 청교도들이 도착한 이듬해 첫 수확을 했을 때의 기쁨과 감격을 기리는 날이다.

메이플라워 서약(Mayflower Compact)이란 게 있다. 1620년 11월 21일 케이프 코드에 상륙하기 전, 41명의 성인 남자들이 선상에서 서명한 협정문이다. "식민지의 보편적 선을 위해, 우리는 모두 양보하고 복종할 것을 약속한다." 신천지에서 생존과 질서를 위해 이주민 사회의 법과 규정을 따르겠다는 약속이다. 이 약속에 따라 존 카버(John Carver)를 초대 총독으로 선출했다. 이처럼 미국은 최초 그들의 선조(이민자) 때부터 질서를 지키고 서로 협력한다는 약속부터 하고 시작한 나라이다.

10년 후인 1630년, 존 윈스롭(John Winthrop)이란 사람이 수백 명의 이민자를 인솔해서 매사추세츠만 식민지에 도착한다. 그리고 당시 12 식민지의 총독으로 12년간 봉사한다. 윈스롭이 사가(史家)들의 주목을 받는 이유는 그의 비전과 글 때문이다.

존 윈스롭은 영국에서 저명한 인사로, 처음부터 식민지 경영을 위해 이민자들을 이끌고 와 청교도 정신을 널리 전파하기 위해 노력한다. 그는 식민지를 '언덕 위의 마을(City upon a hill)'이라고 일컬으며 신과의 약속을 철저히 지킬 것을 강조한다. '이 새로운 식민공동체는 뭇 사람의 시선이 집중되는 언덕 위의 마을이다. 우리 청교도들이 신과의 약속을 제대로 이행치 않으면 온 세상 사람들의 손가락질을 받을 것이다.'라고 주장한다. 오늘날까지도 미국의 청교도 정신이 살아 숨쉬는 것은 윈스롭의 철저한 신앙심 때문일 것이다. 이 '언덕 위의 마을' 개념은 훗날 많은 정치가와 학자들에 의해 재생산되고 강조되어 '미국 예외주의(American Exceptionalism)'[14]를 뒷받침하는 바탕이 되었다.

미대륙은 사실 원주민 아메리칸 인디언의 땅이다. 미국의 선조들이 오기 100여 년 전인 1492년 콜럼버스가 아메리카 대륙에 도달한(사실은 미 본토가 아닌 바하마 제도의 하나) 이후, 이 대륙은 300년 가까이 영국, 프랑스, 스페인 등 유럽 열강의 식민지였다. 세월이 흐르면서 복잡한 역사의 기복 끝에 대영제국이 미대륙의 지배자가 되었다.

신대륙의 동북부지역이 영국의 식민지로 확립되면서 식민지 인구도 증가하고 산업도 발전하여 개척지 사람들의 생활도 자리를 잡아갔다. 그러나 영국의 식민지정책이 시간과 함께 여러 모순을 드러내자 식민지 주민은 영국에 저항하였고 마침내 전쟁으로까지 확장되어 1776년 독립을 쟁취하였다.

독립전쟁은 1775년부터 1783년까지, 무려 7년 동안 13개 식민지 주민이 대영제국에 맞서 싸운 전쟁이다. 독립도 전쟁 중에 선포되었다. 바로 미합중국이다. 독립선언 후에도 정착민들은 200년 가까이 줄기차게 서부(西部)로 서부로 이동한다. 따라서 국경이 계속 확장되는 이동 국경(Moving Frontier)이 되었다. 누가 시킨 것도 아니다. 역사의 수레바퀴가 그렇게 굴러간 것이다. 그러나 미국 조상들의 서부 개척은 위대한 미국 건설에 엄청난 의미를 부여한다. 그뿐만 아니라 미국인, '미국 정신' 형성에 심대한 영향을 미친다.

그들의 개척지 생활은 항상 위험하고 험난한 생활의 연속이었다. 험

---

14) 미국 예외주의란 미국이 독특한 기원과 역사 발전 과정, 정치 제도를 가지므로 다른 나라들과는 다른, '특별한' 국가라는 생각이다. 미국인의 민족적 자부심을 드러내는 말로 사용되면서, 외부에선 '미국의 우월주의'라는 비판을 받았다.

악한 지형, 인디언과의 끊임없는 싸움, 광대한 토지를 개척해 나가야만 했던 이주민들은 상호부조(相互扶助), 관용의 미덕을 자연스럽게 체득하였다. 용감하며, 독립적이며 또 억센 기질과 일에 대한 열정, 그리고 체력의 차이 외에는 일체의 불평등을 허용하지 않는 미국 국민성도 이때 형성되었다. 미국인 특유의 진취적 기상, 개척정신은 미국의 전 역사를 관통하는 특성이 되었다. 미국 서부영화에서 자주 보는 호쾌(豪快)한 정의(正義)의 사나이 카우보이도 이 시절의 산물이다.

미국의 True Character는 어쩌면 이들 '카우보이'인지도 모른다. 용감하며, 진취적이며 억센 기질, 불의를 못 참는 정의의 사나이, 그러나 숙녀에게 친절하며 이웃에는 관대한 쾌남아다.

무법천지인 개척지에는 정부의 힘이 미치지 못하므로 자치(自治) 정신과 법을 존중하는 습관이 중요한 덕목이 되었다. 이웃을 경쟁 상대가 아닌 협조자로 인식하였고, 이와 더불어 낙천적이고 선의(善意)에 찬 성격을 갖게 되었다. 그리고 그들은 협동, 의무와 함께 자유의 참뜻을 깨닫게 되었다.

> 만인은 평등하게 창조되었고, 하나님은 양도할 수 없는 권리를 주셨으며, 그중에는 생명과 자유와 행복의 추구가 있다는 자명한 진리를 확신한다.

미국 독립선언서에 나오는 말이다. 이것이야말로 놀라운 선언이다. 왜냐하면, 프랑스 같은 문명국에서조차 루이 14세 왕은 '짐은 곧 국가다.'라고 할 때다. 그리고 절대 권력을 마구 휘두르던 시대였다. 더구나 '자유', '평등' 같은 개념은 루소나 존 로크 같은 사상가들이 책에서나 주장하던 이상이었다. 그런데 미국인들은 검증받아본 적이 없는 정치 이상을 현실 정치에 채택해 버렸다.

생각해보면 이것은 5,000년 인류 역사를 통하여 의미심장한 일이다. 이 세상 어느 나라도 이러한 정치실험을 해본 적이 없는데, 오직 미국만이 이런 도전을 하였기 때문이다.

당시 미국 땅은 세계 어느 나라 사람이나 이주만 하면 미국인이 되므로 미국은 사실상 세계인의 땅이었다. 미국은 에머슨(Ralph W. Emerson, 1803~1882)의 말대로 '기회의 나라, 자유와 미래가 있는 세계인의 나라'가 되었다.

'미국' 하면 미국식 공화주의(American Republicanism)를 생각하지 않을 수 없다. 이것은 18세기 미국의 건국의 아버지들로부터 면면히 이어져 온 그들만의 만만치 않은 전통이다. 미국의 각 주와 연방헌법 초안에는 몽테스키외의 삼권 분립과 고대 로마 공화정 때의 양원제의 의회 사상이 반영되었다.

공화주의는 생명, 자유, 평등 그리고 행복추구권 같은 인류의 보편적 가치를 추구하는 시민 의식, 부패의 위험성 방지, 삼권 분립을 통한 견제세력, 법치주의가 그 핵심이다.[15] 또한 이들 핵심개념과는 별도로 개인의 정치적 자유를 빼놓을 수 없다. 시민 개개인의 사생활은 반드시 헌법으로 보장되어야 한다. 시민의 자유가 침해당하면 공화국의 존립은 위협받기 때문이다.

건국 아버지의 한 사람인 존 애덤스(John Adams, Jr.) 제2대 대통령은 친구에 보낸 편지에서 이런 말을 썼다.

"국가에서 개인(private)이 없는 공공의 미덕(public virtue)은 존재할 수 없다. 또한, 공화국의 밑바탕엔 공공의 미덕만이 존재한다."

---

15) 배용, 『네오 로마제국』, 북앤피플, 2020, 179쪽.

공화주의의 정곡(正鵠)을 찌른 말이다. 공화국은 공화주의 이념을 지닌 시민들이 선거로 뽑은 지도자들이 법에 따라 지배하는 정치체제다. 직접민주주의와는 달리 공화국은 기본적인 시민권을 헌장이나 헌법에 못 박아 보장하고, 그 헌법은 다수에 의해서도 뒤집을 수 없어야 한다.

중국, 러시아, 북한 같은 일당 독재 국가들도 버젓이 공화국이란 말을 쓴다. 공화제가 너무 좋아 이름만이라도 안 쓸 수가 없는 거다. 가짜다. 그야말로 넌센스다.

미국이 지금도 많은 모순을 안고 있지만, 미국이라는 나라는 건국부터가 이렇게 역사적 의미가 깊고 크다. 그뿐만 아니라 건국의 아버지들로부터 면면히 이어온 탄탄한 전통과 공화정에 대한 애정과 신념은 오늘의 위대한 미국을 만들었다.

나. 미국의 도덕성

미국의 '도덕성' 하면 웃는 사람도 있다. 그러나 공평한 입장에서 미국의 근본정신을 소박하게 얘기하면 자유, 평등, 박애 같은 프랑스 혁명 때의 이상을 구현해 보겠다고 탄생한 국가다. 그 뿌리는 건국 당시 200여 년 전으로 거슬러 올라간 1620년 11월 기독교 신앙의 자유를 요구했던 최초 이민자들의 메이플라워 서약에서도 찾아볼 수 있다. 독립전쟁을 승리로 이끌 때까지의 면면히 흐르는 청교도 정신이나 자유에 대한 열망은 곧 오늘의 미국을 있게 한 기본 정신의 하나다.

사실 복잡한 정치 이념 같은 것은 여기서 따지고 싶지 않다. 그 사회가 도덕적이냐 아니냐는 보통 사람들이 사는 일반 국민의 서민적 정서나 분위기를 보는 게 중요하다. 대다수 국민이 피부로 느끼고 실생활에 영향을 받는 것은 높은 이념이나 정치 철학이 아니다.

물론 공산주의 같은 정치 이념이 사회를 지배하면 얘기는 달라진다. 공산주의는 사람을 무시하는 이념이다. 그들이 말하는 도덕은 가짜다. 복잡하게 설명할 것도 없다. 그런 사회 체제는 오래 못 간다. 나는 무인(武人) 출신이라 복잡한 정치이론 비판은 안 하겠다. 우리의 자유민주주의 체제를 중심으로 쉽게 얘기하자. 그 사회가 정의로운가, 아닌가는 복잡한 정치이론을 들먹일 필요가 없다. 핵심은 사회규범이 잘 지켜지느냐, 공무원은 공정한가, 사람들의 정직성은 어떤가, 기회균등은 보장되는가 등이다.

지금은 우리 교포들의 수도 꽤 많아 미국 사회의 민얼굴을 직접 들을 기회가 많다. 미국 생활을 오래 한 친구들 얘길 들어보면 미국은 아직도 매우 건강한 사회다. 일반 대중 사회를 지배하는 도덕 기준은 정직, 기부, 봉사 같은 미덕이다. 특히 부정직하면 백인 사회에선 살아남지 못한다고 하였다.

기회균등도 잘 보장되고 있다. 물론 본인이 잘해야 하는 거지만. 노력과 땀이 정당하게 평가되는 사회니까— 근래 이민자나 우리 한인 중에도 사회적으로 성공한 사례가 많다.

나와 친한 친구의 얘기다. 그 친구가 워낙 골프광이라 미국 유명 컨트리클럽 회원 가입을 신청했다. 입회 자격이 꽤 까다로운 클럽이라 백인들도 더러 떨어진다는 것. 심사위원 앞에 본인을 앉혀 놓고 이말 저말 묻는데, 자기도 60년대에 월남에 참전했었다니까 "심사 끝!" 하고는 바로 합격시키더라는 것이다. 군인을 알아주는 사회, 노력과 희생이 정당하게 평가받고 있다는 증거다.

미국 전역의 어느 도시나 학교치고 국가를 위해 희생한 사람들을 추모하지 않는 곳이 없다. 사람들이 모이는 곳에 동상이나 기념비를 세우고 그들의 공덕을 기린다.

상류 사회의 건강 지표 중의 하나가 노블레스 오블리주(Noblesse Oblige)다. 한국전쟁 때 미국 장성의 아들이 142명이나 참전했고, 그중 죽거나 다친 사람도 36명이나 되었다. 전사자 중엔 한국전쟁 당시 8군 사령관이었던 8군 사령관 밴 플리트(James A. Van Fleet, 1892~1992) 장군의 아들도 있었다.[16]

그는 '한국군 현대화의 아버지'라 불린다. 한국군을 전쟁할 수 있는 현대적 군대로 육성하고, 전쟁이 한창이던 1951년에 4년제 정규 육군사관학교를 발족하게 한 사람이다. 재임 당시 그의 외아들 밴 플리트 주니어 또한 미 공군 중위로 한국전쟁에 참전 중 1952년 4월 2일, B-26 폭격기의 조종사로 평안남도 순천 부근에서 작전 중 실종되었다. 실종 후 대규모 수색 작전을 펼치려는 부하들의 수색 작전을 장군은 중단시킨다. 자기 아들보다 수색 작전 중 있을지 모를 부하들의 희생을 염려해서다.

장군의 아들 지미는 그리스에서 의무군 복무 기한을 채워 군이 복무할 필요가 없었다. 그럼에도 아버지와 함께 한국전쟁에 참전한다. 그는 신혼이었을 뿐만 아니라 이제 막 아들을 낳은 지 얼마 안 된 상태였다.

---

16) 2020년 9월 16일 밴 플리트 대장의 외손자인 조 맥크리스천 주니어(Joe McChristian, Jr.)는 주 LA 한국 총영사관이 주최한 온라인 세미나에서 밴 플리트 주니어가 실종된 뒤 사실은 북한군의 포로가 되었다고 주장하였다. 이후 중국과 소련으로 끌려가 시베리아 강제 수용소에서 사망했을 것이라는 설을 제시하였다. 명확한 근거는 밝히지 않았으나 조 맥크리스천 주니어의 아버지이자 밴 플리트 대장의 사위로서 미 육군성 정보참모부장을 지낸 바 있는 조셉 맥크리스천(Joseph A. McChristian, 1914~2005) 소장에게 생전에 들은 내용이라고 하니 전혀 근거가 없지는 않을 것으로 추정된다.

그러나 애석하게도 폭격 임무 수행 중 행방불명 된 것이다.

밴 플리트 장군은 1957년에 미국 최초의 한국 관련 비영리단체인 '코리아 소사이어티'를 설립하여 미국과 한국의 우호 증진에 힘썼다. 코리아 소사이어티는 한미우호 증진에 이바지한 사람에게 매년 '밴 플리트 상'을 수여해 오고 있다.

이런 미덕은 군인만이 아니라 일반 사회에도 널리 작동하고 있다.

'기부 약속(Giving Pledge)'이라는 게 있다. 미국의 돈 많은 사람끼리 자기의 부(富)를 사회 자선사업에 쓰겠다는 모임이다. 2019년 현재 빌 게이츠, 워런 버핏 등 204명의 첫째 가는 부자들이 가입했다.

미국 지도자들은 끊임없이 미국의 도덕성을 두고 많은 고민을 하고 있다. 미국의 육군사관학교(West Point)가 채택한 윤리 교과서 가운데 『Just and Unjust Wars(1977)』라는[17] 책이 있다. 저자는 월남전 당시 평화운동가로 활약했던 월저(Michael Walzer)라는 학자이다. 이 책은 전쟁 중 저질러진 비윤리, 비도덕적 사건들을 파헤쳐 군부와 정부를 비판한 책이다. 책의 결론은 지휘관은 비무장 민간인의 희생을 막기 위해서라면 부하들이 큰 위험에 직면하더라도 이를 감수해야 한다는 도덕적 용기를 강조하고 있다.

민간인을 살리기 위해 부하들의 희생을 감수하라고? 학교를 졸업하면 소대장, 중대장으로 부하들과 함께 싸울 사람들이다. 바로 그 당사자에게 부하보다 민간인을 우선하라니, 그 교육이 받아들여지겠느냐 말이다. 교실은 순식간에 격렬한 토론장으로 급변한다. 때로는 감당하기 힘든 혼란에 빠지기도 한다. 그러나 미 육군은 이 교육을 고집하고 있다.

---

17) 마이클 월저, 김덕현 역, 『마르스의 두 얼굴(정당한 전쟁과 부당한 전쟁)』(문경문화사, 2007.)

다음은 2005년 6월, 아프간전투에서 실제로 일어난 사건이다.

4명의 네이비실(Navy Seal) 특수부대 요원이 아프간 반군 지도자를 제거하기 위해 마을에 침투하였다. 비밀 유지를 위해 침투 요원도 최소 인원으로 편성하였다. 침투가 알려지면 목표 인물은 바로 도주해 버리기 때문이다. 이들이 마을로 접근하던 중, 불행히도 3명의 양몰이 원주민에게 발각된다. 침투 요원들은 양치기들을 일단 체포하였다. 요원들은 양치기들의 신병처리 문제로 고민한다. 보내느냐, 처치하느냐. 이때 지휘관 머피(Michael P. Murphy, 1976~2005) 대위는 이들을 놓아주기로 결단을 내린다. 용기 있는 결정이다. 그러나 그 대가는 너무도 컸다. 한 시간 후, 탈레반 반군이 몰려왔다. 목동들이 신고했기 때문이다.

병력 규모는 약 200명. 아무리 뛰어난 특수요원이지만 네 명으로는 중과부적(衆寡不敵)이다. 4명 중 3명이 전사했다. 한 사람만이 겨우 구조되었는데, 거의 빈사(瀕死) 상태였다.

이 전투는 아프간에서 미군이 최대 손실(19명)을 본 전투의 하나로 기록되었다. 구원 헬기 2대가 동원되었다. 불행하게도 지원 병력을 실은 헬기 한 대가 격추되는 바람에 손실이 커진 것이다.[18] 이 사건은 너무도 극적인 사건이라 「론 서바이버(Lone Survivor)」란 제목으로 영화화까지 되었다. 이 외에도 미 육군 특전부대 (ODA-525)가 이라크에서도 비슷한 사정으로 막대한 손실을 본 사례도 있다.

나는 개인적으로 미군 수뇌부의 고집을 존경한다. 그리고 이 방침을 따르는 미국의 초급장교의 용기에 놀랄 뿐이다. 그러나 나는 병불염사

---

18) 이 구출작전에 투입되었다가 사망한 병사 중에 한국계인 제임스 서(James Suh(서성갑), 1977~2005) 병장도 있다.

(兵不厭詐, 전쟁에서는 속임수를 사양치 않는다)[19]를 신봉하는 병학도(兵學徒)라 이에 선뜻 동의할 수 없다. 전쟁을 처음부터 안 했으면 몰라도 일단 '싸움이 시작된 이상 전쟁은 전쟁의 논리로 풀어가야 한다.'는 것이 내 생각이다.

다. 미국의 동력은 무엇인가?

미국 국민은 복 받은 사람들이다. 정말 조상을 잘 만났다. 건국 아버지들이 어떻게 그런 정치 이념을 그 시절에 생각하고, 현실 정치에 적용까지 할 수 있느냐 말이다. 그리고 후대의 정치지도자들까지도 정교한 미국식 공화 정치 체제를 완성하는 데 진력하고 있는 걸 보면 정말 부럽다.

엔트로피(Entropy) 법칙이란 게 있다. 현대 물리학 제2법칙이다. 쉽게 말해 모든 물질과 에너지는 질서가 있는 상태에서 점차 무질서한 상태로 변한다는 것, 즉 우주 만물은 시간이 흐르면서 점차 나빠진다는 법칙이다. 학자들은 이 물리학 법칙을 사회과학에 적용하기도 한다. 예컨대 사람이 만든 회사나 조직도 시간이 흐르면서 점차 나쁜 방향으로 변해 간다는 이론이다. 구조조정을 한다, 사장을 바꾼다―같은 조치를 하지 않으면 조직도 엔트로피가 증가하여 쇠퇴한다는 것이다.

왕조나 대제국도 세월이 2~300년이 지나면 쇠퇴하게 마련이다. 미국의 250년 역사도 절대 짧지 않은 세월이다. 그런데 미국의 식지 않는 줄기찬 발전 동력은 어디서 오는 걸까?

---

19) 兵者詭道也(병자궤도야, 전쟁은 속임수다), 『孫子』, 始計篇.

미국인은 자기도 모르게 일종의 자존감, 소명의식 같은 게 있다고 생각한다. 선조들이 신념으로 삼았던 기독교적 윤리관, 청교도 정신[20]을 바탕으로 자유, 평등 같은 보편적 가치를 먼저 미국에 실현하고 또 이를 세계에 전파하였다. 바로 이 소명의식이 동력이 되어 미국인을 독려하고 있는 게 아닌가 싶다. 서부 개척은 끝났는데도 서부를 넘어 세계로 전파해야 한다는 사명감이 그들의 잠재의식 속에 작동한다. 소위 Manifest Destiny 의식이 살아 있다는 것이다. 서부 넘어 태평양과 그 너머까지, 미국 정신은 전파되고 있다.

미국은 새로운 대륙에서 독립혁명으로 세운 나라다. 그리고 자유, 평등, 개인주의, 민주주의, 시장경제 등을 이념으로 삼았다. 따라서 미국인들은 이것이 자기들의 예외성, 곧 아메리카니즘(Americanism)이라고 생각한다. 링컨의 게티즈버그 연설을 자세히 읽어보면 미국은 고귀한 이상을 위해 건국된 나라이며, 이를 영원히 지켜야 할 의무가 미국인에게 있다고 끝맺는다. 즉 미국의 건국과 사명은 어느 나라보다 뛰어나다는 생각이 마음 깊이 도사리고 있다. 이러한 아메리카니즘이나 미국의 예외주의는 바로 미국인 특유의 자존감이라고 나는 생각한다. 개인에게도 자존감이 중요하듯 한 국가의 자존감은 위대한 미국을 낳은 또 하나의 정신이라고 본다.

라. 남북전쟁

나는 오늘의 미국을 있게 한 가장 중요한 사건은 바로 남북전쟁이라

---

[20] 청교도 정신은 첫째 자유, 평등의 정신, 둘째 정의에 바탕을 둔 공정사회 실현, 셋째 개척과 도전정신이다.

고 생각한다. 왜 한 국가가 둘로 나뉘어 싸워야 했나. 그것도 형제끼리. 미국은 큰 나라다. 남북의 풍토, 경제, 기풍이 다를 수밖에 없다. 북은 공업이 발달하고, 남쪽은 농업이 성하였다.

 북부는 유럽의 공업 국가를 닮아 경쟁 원칙과 평등주의를 숭상하여 개방적인 데 반해, 남부는 농업에 경제기반을 둔 사회라 흙을 가까이하는 사람 특유의 인정과 성실을 존중하는 보수적 기풍이 컸다. 또한 당대 스코틀랜드의 문호 스콧(Sir Walter Scott) 경의 『아이반호(Ivanhoe)』같은 역사소설이 널리 읽히면서 남부에는 기사도 정신이 숭상되고 있었다. 따라서 신사의 명예심, 숙녀에 대한 예절과 존경, 손님에 대한 환대 등 중세적 분위기가 짙었다. 남부의 이런 기풍은 많은 군인 지도자들을 배출하였고 훗날 남북전쟁이 났을 때, 북부의 링컨은 지휘관 부족으로 고심을 하게 된다. 그런데 기풍이 다르다고 남북으로 갈려 전쟁까지 벌여? 해도 너무했지 않는가. 이유를 따져보자.

 우선 정치, 경제적, 그리고 명분론과 사회 심리적 이유 등이 오랜 세월에 걸쳐 복합적으로 작용하여 결국은 전쟁으로까지 발전하게 된다. 한마디로 동질성과 정체성이 확립 안 된 것이 가장 큰 이유다. 또 미국이란 이 신생국가는 활기가 넘쳐나 기회만 있으면 국토를 넓혀 나갔다. 제3대 대통령 제퍼슨(Thomas Jefferson, 재임 1800~1808)과 11대 포크(James Polk, 재임 1844~1848)는 국토 확장에 열을 올려 국토를 4~5배로 늘렸다. 제퍼슨은 1803년, 미시시피강 유역의 루이지애나지역 220만 ㎢(한반도의 10배)를 단돈 1,500만 달러로 매입했다. 포크 대통령은 멕시코와 전쟁 끝에 리오그란데강 이북의 멕시코와 캘리포니아를 포함한 160만㎢를 역시 1,500만 달러로 매입했다. 세상 두려울 게 없는 맹렬한 개척자들은 서부로, 서부로 새로운 영토를 개척해 나갔다. 이런 도도한 시세의 흐름은 미국의 동질성 유지를 어렵게 하였을 것이다.

일라이 휘트니(Eli Whitney)란 발명에 소질이 있는 친구가 있었다. 이 친구가 예일대를 나와 일거리를 찾아 남부의 조지아주를 여행 중 좋은 일감을 발견한다. 목화 생산에서 제일 걸림돌이 목화씨 제거 작업이란 걸 알았다. 즉 흑인 노예 한 사람이 온종일 일해야 겨우 솜 1파운드를 생산한다. 휘트니는 마침 발명에 관심이 많은 터라 목화씨 제거용 기계를 연구하여 마침내 조면기(Cotton Jin)를 발명하게 된다. 기계는 불과 2마력의 수력으로 하루 2,000파운드 목화를 생산하는 놀라운 것이었다. 이렇게 되니까 연간 영국 목화 수출량도 10만 톤에서 160만 톤으로 급격하게 증가하면서 미국 남부의 경제는 거의 목화에 의존하게 되었다. 문제는 목화재배는 사람 손이 많이 가는 농사라 흑인 노예는 이제 남부경제를 뒷받침하는 중요한 요소가 되었다. 한편 북부는 공업 위주라 노예제도는 필요도 없을 뿐더러, 웬만한 사람들은 '노예제도란 인간의 죄악 가운데 큰 죄악'의 하나라고 생각하는 분위기였다.

보스턴의 인쇄업자 게리슨(William Garrison)이라는 과격한 노예제 폐지론자는 「해방자(Liberator)」라는 신문을 통해 과격한 노예해방운동을 펴기 시작했다. 천성이 불같았던 그는 신문의 논조도 과격하고 극단적이었다. 주위에서 논조가 지나치다는 충고에 대해, "내 집에 불이 났는데 온전하게 행동하라는 말이 통하겠는가. 아내가 강간을 당하고 있는 남편에게 점잖게 구출하라는 말이 통하는가. 아기가 불길 속에 갇혔는데 그 엄마에게 서두르지 말라는 충고가 말이 되는가."라고 강변했다.

게리슨의 열렬한 노예해방운동은 사회적으로 충격을 주기 시작했다. 그리고 여론의 큰 동조를 얻었다. 「해방자」의 선동으로 1820년 터너(Nat Turner)란 흑인 노예가 버지니아에서 폭동을 일으켜 60여 명의 백인을 살해하는 큰 사건이 발생했다.

이제 남부 사람들은 우울하고, 불쾌하고, 또 분노로 떨었다. 그들은 자기 나름대로 명예와 전통을 지키며 사람다운 생활을 지켜왔다고 믿어 왔다. 그런데 자신들이 믿는 가치와 미덕을 지키기 위해 꼭 있어야 할 자기들의 생활 수단이 이렇게도 국론을 분열시키고 피를 흘려야만 되는 사태를 보면서 울분에 떨었다.

이 무렵, 노예를 필요로 하는 남부는 버지니아, 사우스캐롤라이나, 조지아, 앨라배마 등 15개 주였고, 당연히 이들 주는 노예제도를 합법화하고 있었다. 반면 북부의 15개 주는 노예제도를 금지 내지는 폐지한 주였다. 결국 시대의 흐름은 미국을 노예제를 금지하는 자유주와 이를 합법화한 노예주로 갈라놓는다.

1848년 캘리포니아의 새크라멘토에서 큰 사건이 일어난다. 그곳을 흐르는 강에서 사금이 발견되면서 그 일대 계곡이 세계적 금광지대라는 소문이 돌았다. 즉 앞으로 50년간 20억 달러 넘는 금이 나온다는 것이다. 사람들이 구름같이 모여들었다. 바로 유명한 Gold Rush가 시작된 것이다. 그로 인해 1849년 한 해 캘리포니아 인구는 6,000명에서 85,000명으로 불어났다. 몇 년 사이에 조그만 어촌이던 샌프란시스코는 인구 20만의 대도시로 발전하였다.

1849년 의회가 개회되자 인구가 증가한 캘리포니아의 주 승격 문제가 논의되었다. 또한 자유주냐 노예주냐의 문제로 격렬한 논쟁이 벌어졌다. 그러나 1832년 휘그당 대통령 후보였던 당대 거물 정치인 클레이(Henry Clay)의 타협안 통과로 자유주로 결정이 났다. 그렇지 않아도 심기가 불편한 터에 중앙 정치 무대에서조차 밀리기 시작하자 남부인들의 불만은 점차 고조되어 갔다. 남부 조지아주의 한 상원의원은 "우리가 함께 피 흘려 정복한 캘리포니아에서 우리를 몰아내려고 한다면 연방을 탈퇴하고 말겠다."고 공언하였다. 이제 상원에서도 연방 탈퇴를 공공연하게 떠드는 분위기가 되었다.

1852년 한 여성 작가의 소설이 세상을 뒤흔든다. 신시내티에 사는 스토우(Harriet B. Stow) 부인의 『톰 아저씨의 오두막(Uncle Tom's Cabin)』이란 작품이다. 흑인 노예들이 가축처럼 팔려나가는 비인도적 광경을 수시로 보았고, 목사 아버지의 영향으로 신앙심이 강했던 부인은 작품을 통해 비참한 노예 생활과 비 그리스도적인 죄악을 고발하기로 마음먹고 작품을 썼다.

소설이 발간되자 책은 폭발적인 인기를 얻어 한 해 동안 150만 부나 팔렸다. 그뿐만 아니라 무려 23개 국어로 번역되어 부인은 일약 세계적인 작가로 인기를 얻으면서 노예제도 반대 여론을 더욱 거세게 불러일으켰다. 영국의 빅토리아 여왕도 이 책을 읽고 눈물을 흘렸다는 소문까지 퍼졌다. 소설이 국내외적으로 큰 충격을 주었다.

남부 사람들은 어이가 없었다. 그렇지 않아도 노예해방론자의 지나친 모욕으로 울분이 쌓일 대로 쌓였는데, 소설에서조차 자기들이 악인으로 널리 호도되고, 외국에까지 자기들이 비인도적인 사람으로 퍼져나가는 데는 참을 수가 없었다. 바로 이런 민감한 시기에 또 정치적 문제가 터진다. 일리노이주 출신의 상원의원 더글러스(Stephen Douglas)가 발의한 것으로, 그것은 캔자스·네브래스카 지역을 준주(準洲)로 승격시키자는 안이다. 그리고 자유주냐 노예주냐의 결정은 주민들 스스로가 결정하게 하자는 것이다. 이 안이 승인되자 흥분한 남부인들이 캔자스로 몰려들었다. 투표에서 이기려면 머릿수가 필요하기 때문이다. 그런가 하면 앨라배마의 한 농장주는 노예를 팔아 백인 300명을 무장시켜 캔자스로 파견하였다.

북부도 이걸 좌시할 수 없지 않은가. 코네티컷의 한 교회에서는 캔자스의 북부인들에게 무기를 보내기 위해 공공연히 기부금을 거뒀다. 또

브루클린의 비처(Henry Beecher)라는 목사는 교단에서 "노예주들에게 설득력이 있는 것은 『성서』가 아니라 소총이다."라고 역설하였다. 그곳 사람들은 한때 소총을 가리켜 '비처 목사의 성경'이라고 불렀다.

캔자스의 농민들은 총을 메고 밭을 갈았다. 적이 따로 없었다. 남과 북을 지지하는 사람들이 걸핏하면 서로 죽이고 죽는 사태가 마구 일어났다. 그러자 로런스 시에서는 노예 지지자들이 노예 반대자들을 공격해 불을 지르고 200여 명을 죽였다. 소위 '피 흘리는 캔자스(Bleeding Kansas)'가 시작된 것이다. 이때 유명한 존 브라운(John Brown)이란 사람이 등장한다. 노예를 해방하는 것이 자기의 사명이요, 이 세상을 사는 목적이라는 확신을 가진 사람이다. 그는 캔자스 유혈 사태가 벌어지자 때라도 만난 듯 자기 아들 다섯을 데리고 캔자스로 들어가 노예 소유주들을 보는 대로 무자비하게 죽였다.

1859년엔 브라운은 더 큰 일을 저지른다. 자기를 따르는 백인 13명과 흑인 다섯 명을 데리고 버지니아 주의 하퍼스페리(Harpers Ferry)에 쳐들어가 연방정부 병기고를 점령하였다. 근처 흑인들이 호응하면 부대를 편성해서 남부로 진격한다는 거창한 계획이었다. 그러나 마침내 연방군이 출동해 반란자들을 소탕하고 브라운을 생포하였다. 이때 브라운을 진압한 지휘관이 훗날 남군 사령관이 된 로버트 리(Robert E. Lee) 대령이다. 브라운은 교수형을 선고받고 법정에서 이런 말을 하였다.

이 법정은 신의 정당성을 인정하고 있을 것이다. 나는 신의 가르침에 따라 부당하게 권리를 유린당하고 있는 흑인을 위해 서슴지 않고 내 생명을 바치고, 내 아들들의 피를 흘리게 할 것이다.

이제 남부 사람들은 자기들의 세계가 북부와는 분명히 다르다는 생각을 하게 되었다. 그리고 그들의 눈엔 노예제도에 대한 비난이 일종의 위선으로 비쳤다. 북부 언론이나 노예 폐지론자들이 폭로한 노예 생활은 사실과는 너무나 다르고 과장되었기 때문이다. 그뿐만 아니라 북부에서는 남부에 대한 폭력 행위가 고무되고 미화까지 되는 상황을 보고, 언젠가는 흑인 폭동을 유발하여 백인이 대량 학살당하는 공포감마저 느끼게 되었다. 그들은 자신의 운명과 진로를 깊이 생각할 때가 왔다고 믿기 시작했다.

주위를 둘러보아도 도움 받을 곳이 없어 보였다. 상원은 머지않아 북부가 남부보다 더 많은 의석수를 가질 것이고, 대법원은 역대 대통령의 임명직이라 북부에 유리하게 구성되어 있다. 누가 우리를 도와줄 것인가? 한 가지 희망이 있다면 그것은 다음 대통령 선거(1860년)에서 노예제도를 지지하는 대통령이 당선되는 것이다. 다음 선거는 남부의 운명이 달린 중대한 선거가 되었다.

그런데 이게 웬 청천벽력이냐! 링컨이 16대 대통령에 당선된 것이다. 창당한 지도 얼마 안 된 공화당이 승리하고, 게다가 무명의 시골 변호사가 대통령이 되었다. 그런데 더 큰 문제는 공화당은 창당 때부터 노예제도를 반대하는 것을 당 강령으로 채택한 당에다 링컨 같은 연방주의자가 당선되었으니 남부는 모든 희망이 무너졌다.

남부인들은 실망을 넘어 절망하고, 절망은 분노로 일변하였다. 거리의 사람들은 '링컨에 반대하는 것은 곧 하나님에 순종하는 것이다.'라고 곳곳에서 떠들었다. 남부에서는 링컨의 화형식이 하루가 멀게 거리마다 집행되었다. 리치먼드의 유력지 「휘그(Whig)」지는 선거 결과에 대해 이런 논평을 실었다.

링컨의 당선이야말로 이 땅 위에서 저질러진 죄악 가운데 가장 큰 죄악이다. 그러나 죄악은 이미 저질러졌다. 미국 국민이 유일하게 구원받을 수 있는 길은 돛대를 내리고 항해를 단축하는 것이다. 그리고 큰 폭풍에 내비하는 길뿐이나.

드디어 파국은 시작되었다. 1860년 12월, 사우스캐롤라이나가 연방을 탈퇴하였다. 연이어 텍사스, 조지아, 앨라배마 등 6개 주가 그 뒤를 이었다. 다음 해(1861년 2월)엔 남부연합이 결성되고 제퍼슨 데이비스(Jefferson Davis, 1808~1889)가 대통령으로 추대되었다.

1861년 4월 12일 새벽, 정적을 깨는 포성이 울렸다. 찰스턴 항구의 남부군 요새에서 북군이 점령하고 있는 섬터 요새(Fort Sumter)[21]를 향해 쏜 박격포 소리였다. 마침내 4년 동안 형제끼리 싸우는 처참한 남북전쟁이 시작된 것이다. 어쩌자고 사태를 여기까지 끌고 왔나. 훌륭한 건국의 아버지들이 세운 좋은 나라, 그 많은 인재를 키운 미국이 어떻게 이런 비극을 자초했단 말인가.

앞서 본 정치, 경제적 여건과 사건들이 국가의 진로를 결정하는 것이지만, 인간의 아집과 편견이 적지 않게 역사의 진로에 영향을 준다는 사실을 주목해야 한다. 바로 이들 과격파, 편집광들이 사태를 결국 망쳤다고 나는 본다. 노예소유주나 지지자들을 하나님의 이름으로 죽여야 한다며 아들과 합세하여 캔자스에서 마구 살인을 저지른 브라운 같은 사람, 남부의 비위를 조금만 건드려도 '사우스캐롤라이나는 당장에 연방을 탈퇴하겠다'라고 입버릇처럼 으름장을 놓아온 부통령 출신의 칼훈(John C. Calhoun) 같은 사람, 남부의 노예 형편을 '아내가 강간을 당하는 상황'으로, 아이가 불길 속에서 타죽는 위급상황'으로 비유한 「해

---

21) 찰스턴 항구 밖에 있는 작은 섬이다. 원래 영국과 전쟁 때 찰스턴 항구를 보호하기 위해 작은 섬을 요새화 했던 것이다.

방자」의 발행인 게리슨, 링컨에 반항하는 것이 곧 하나님의 뜻이라고 링컨 인형을 화형하는 사람들…. 이들 부류가 건전한 사람들의 현명한 사태 수습의 기회를 방해하고 봉쇄해 사태를 돌이킬 수 없는 파국으로 몰고 가게 한 것이다.

그런데 일을 그르치게 하는 부류는 이런 광신도 같은 사람만이 문제가 되는 것은 아니다. 상당 수준의 지식인, 지도적 인사 중에도 완고한 아집에 빠져 사태를 파국으로 빠트린다. 바로 북부의 도덕적 절대주의나 남부의 법률적 절대주의를 신봉하는 사람들도 광신도 못지않게 파국에 책임이 있다고 본다. 북부의 꽉 막힌 도덕가들은 자기들은 신의 소명에 따라 그분의 뜻을 실천하는 것이므로 어떤 타협도 있을 수 없다. 법적인 절차나 다수결의 원칙 같은 것도 인정할 수 없다고 하였다. 보스턴의 변호사 필립스(Wendell Phillips) 같은 사람은 노예 폐지 게리슨협회 회원인데, "신의 편에 선 사람은 비록 하나일지라도 다수이다(The one on God side, is a majority)."라고까지 주장하였다. 한편 남쪽의 법률 절대론자들의 교조적 경직성(硬直性)과 강경책은 북의 절대론자들보다 더했으면 더했지 한 치도 모자람이 없었다. 결국 이런 과격론자, 절대주의자들은 어느 사회에나 다 있기 마련이다. 사회가 건전하게 운영되기 위해서는 이런 독버섯 같은 인물들이 처음부터 자라나지 않도록 현명한 조처를 해나가야 한다.

결국, 이런 편집광, 절대론자들이 세상을 필요 이상으로 처절하게, 광적으로 끌고 가 참혹한 전쟁을 4년이나 치러야 했던 것이다.

마. 게티즈버그

미국을 얘기하면서 링컨이나 게티즈버그 전투를 빼놓을 수 없다. 세기의 명연설 '게티즈버그 연설'도 이곳 전투에서 산화한 젊은이들을 추모한 연설이다.

나는 20여 년 전에 외람되게 미국 남북전쟁사를 쓴 석이 있다. 5년 설렸다. 속된 사투리로 정말 '식겁'했다. 정말 힘들었다. 쓰다가 중간에 그만둔 적도 서너 번이다. 원고지를 앞에 두고 몇 시간을 천장만 바라보다가 그냥 일어났다. 글이 안 써지기 때문이다. 영감이 안 떠올랐다. 꽉 막혔다. 역사가도 아닌 내가 남의 나라 역사를 쓰겠다는 게 무리였다. 그때 번개처럼 떠오르는 생각, '현장에 가보자, 미국에 가자'는 생각이었다.

미국행 비행기를 탔다. 비행기에서 여행 계획을 세웠다. 버지니아, 매릴랜드, 펜실베이니아 등 한 달 동안 전쟁터를 두 차례나 돌았다. 매너서스(Manassas), 앤티텀(Antietam), 챈슬러스빌(Chancellorsville) 등 격전지를 골라 차례로 돌았다. 게티즈버그에는 다섯 번을 갔다. 나는 놀랐다. 가는 곳마다 너무 아름답고 평화로웠다. 150년 전 이곳은 남·북군이 처절하게 싸운 전쟁터였다. 낮이면 쌍방이 사생결단하고 싸우던 곳. 밤이면 어린 병사들은 고향을 그리워하고 부모를 생각하며 눈물을 흘리던 곳이다. 이렇게 아름다울 수가 있나? 어쩌면 그렇게도 평화로울 수가 있을까?

나는 풀밭에 앉아 150년 전으로 생각을 돌렸다. 병사들이 느꼈던 두려움, 지휘관이 겪어야 했던 고뇌를 되새겨 봤다. 가슴이 뜨거워진다. 상상의 회오리가 나를 휘감는다. 함성을 지르며 달려가는 병사들, 칼을 빼어든 지휘관의 쉰 목소리도 들린다. 마침내 양군은 뒤엉켜 난장판을 이룬다. 고향도 없다. 부모도 없다. 오로지 죽인다는 생각! 그때 인간은 야수가 된다. 내 머리가 너무 뜨겁다. 눈을 뜬다. 보이는 건 야수가 된 인간의 얼굴이다. 고개를 흔든다. 정신을 차리자. 다시 눈을 감는다. 암흑 속에 함성만은 여전히 들린다.

　게티즈버그는 워싱턴 북쪽으로 약 40마일 지점의 작은 시골 도시다. 내가 처음 갔을 때 게티즈버그는 꽤 번창해 보였다. 관광객 때문이다. 그러나 남북 군이 싸웠던 전장은 조용하였다. 기우는 석양 아래 평화로운 들판이 너무도 아름다웠다. 그러나 이곳이 바로 남북전쟁의 분수령이 되었고, 단일 전투로서는 남북을 합쳐 5만이라는 최대 사상자를 낸 곳이다.

　상황은 이랬다. 남부의 생명선인 빅스버그가 위기에 처했다. 북군 사령관 그랜트(Ulysses S. Grant)가 빅스버그를 포위하였기 때문이다. 남부 대통령 데이비스는 각료를 소집했다. 대책을 논의 끝에 롱스트리트(James Longstreet) 군단을 파견하여 빅스버그를 구원하기로 하였다. 그러나 나중에 회의에 참석한 로버트 리는 롱스트리트 파견을 반대하고 북부의 요충을 공격하는 것이 빅스버그를 구하는 길이라고 주장했다. 리의 구상에 따라 남군은 북침하게 되고, 예기치 않게 게티즈버그에서 남·북군이 일대 전쟁을 치르게 된 것이다.

　전장은 게티즈버그 남쪽 교외 나지막한 언덕—동네 묘지 지역이다. 마을의 두 공동묘지에 양군이 포진하고 3일을 싸웠다. 양 진영이 대치한 거리는 1마일, 약 1,500m다. 원래 남북 어느 편도 게티즈버그가 결정적 전쟁터가 되리라곤 꿈에도 생각지 않던 곳이다. 남군 사령관 리는 펜실베이니아로 침투해 필라델피아나 수도 워싱턴을 위협해 북군의 주력을 끌어내는 게 그의 의도였다. 그래서 게티즈버그 방향으로 이동 중이었다.

　남군이 북쪽으로 이동 중인 것을 북군은 알았다. 따라서 북군도 남군의 진로를 따라 멀찍이서 이동 중이었다. 그런데 북군의 기병여단장

뷰퍼드(John Buford)가 게티즈버그의 전략적 중요성을 금방 알아채고 묘지 근처에 병력을 배치하였다. 1863년 6월 30일이다. 게티즈버그는 한 개의 철로를 포함, 9개의 도로망이 보이는 곳이다. 북상하는 남군은 반드시 게티즈버그를 통과할 것이라고 확신하였기 때문이다.

7월 1일 선두부대인 힐(A. P. Hill) 군단의 일부가 게티즈버그에 들어갔다. 부자 나라 북부도시에서 신발이라도 얻어볼까 하고 시내를 기웃거렸다. 남군 병사들은 태반이 맨발이었다. 전쟁도 2년을 끌었으니 가난한 남군은 신발도 제대로 공급 못 받는 실정이었다. 때마침 진지를 점령한 북군 기병대가 남군을 향해 총탄 세례를 퍼부었다. 깜짝 놀란 남군은 도망쳐서 본대에 알렸다.

남군의 힐 군단이 먼저 도착했다. 뷰퍼드의 1개 여단은 밀리기 시작했다. 다행히 근처에 있던 레이놀즈(John F. Reynolds) 1군단이 달려와서 겨우 남군의 예봉을 저지하였다. 정오 무렵에는 하워드(Oliver O. Howard)의 북군 11군단이 도착했다. 거의 같은 시각 이월(Richard S. Ewell)의 남군 2군단이 도착하였다.

남북 양군은 결국 예기치 않은 곳에 대군을 집결시키게 되었다. 게티즈버그는 남북 양군 사령관들의 의지와 관계없이 결전장이 된 것이다. 이때까지도 북군의 미드(George E. Meade) 사령관이나 남군의 리는 전장에 도착하지 않았다.

여기서 잠깐 딴 얘기를 해야겠다.

남북전쟁은 사실상 성립이 안 되는 싸움이었다. 남북의 국력 차이가 너무 컸기 때문이다. 북부 인구 1,500만에 남부 인구 550만, 국내총생산(GDP)은 북부가 남부의 20배—어른과 아이 싸움에나 비교할까.

그런데 어떻게 남부가 잘 견뎠나? 견뎠을 뿐만 아니라 외려 전쟁에서

밀리는 쪽은 항상 북부였다. 왜냐하면 군사적으로 전통이 깊은 남부에 우수한 지휘관이 많았기 때문이다. 실로 리나 잭슨 같은 지휘관은 불세출의 명장이었다. 이것은 역설적으로 북부의 고통이었을 뿐만 아니라 사실은 남부의 비극이었다. 나아가 미국 전체의 불행이기도 하였다. 잘난 리나 잭슨 장군 때문에 1~2년에 끝날 전쟁을 4년이나 끌었다. 그중 제일 답답한 사람은 링컨이었다. 노예해방 때문에 일어난 전쟁이다. 그런데 노예해방 선언을 여태 못하고 있다. 전쟁 난 지가 1년이 넘었는데도 전쟁은 계속되었다. 최초로 남북 군이 붙은 매너서스 전투에서 북군은 참패했다. 뒤이어 있은 반도(Peninsula)전투에서도 우세한 북군이 형편없이 밀렸고…. 이렇게 계속 밀리는 판에 노예해방 선언을 했다가 전쟁에서 지기라도 한다면, 그것은 세계의 웃음거리가 될 것이기 때문이다. 그 가운데 링컨을 더 불안하게 한 것은 미묘한 국제관계였다. 당시 영국이나 프랑스는 강성한 미국을 원치 않았다. 따라서 남북으로 갈린 현재의 미국을 환영하였다.

영국은 공업력이 큰 북부와는 경쟁 상대지만 면화와 농작물을 공급하는 남부는 은근히 도왔다. 프랑스는 멕시코를 통해 영토 확장을 시도하고 있던 터라 강력한 미국을 원하지 않았다. 외려 이참에 군사력까지 개입해서 남부를 지원할 생각까지 하고 있었다. 이런 상황에서 링컨의 절실한 바람은 남부의 기(氣)를 꺾고 영·불에는 보란 듯이 결정적 전투에서 승리하는 일이었다. 노예해방 선언도 그때를 봐서 해야겠다는 생각을 하고 있었다.

한 해 전인 1862년 9월 17일, 매릴랜드주의 앤티텀에서 남북은 한바탕 큰 전투를 벌였다. 이 전투도 리가 싸움을 걸어와서 일어난 전투였다. 이 전투는 단 하루 싸움이었는데, 하루 동안에 22,000명 이상의 남·북군 사상자를 낸 격전이었다. 하루 손실로는 전쟁 중 남북이 최대 손실을 본 전투였다. 남·북군 장군만 18명이나(남북 다 같이 9명씩) 전사했다. 이 전투는 어느 쪽도 결정적 승리를 하지 못했다. 단지 북군이 명목상 조금 유리하게 끝낸 전투였다.

> 우리 주 예수께서 오신 1863년째의 해의 정월 초하루를 기해 합중국에 반란을 일으킨 사람들의 모든 주와 특정 지역의 노예는 영원히 자유의 몸이 되었음을 선언한다.

1862년 9월 22일, 앤티텀 전투가 끝난 지 닷새 만에 링컨이 행한 '노예해방(Emancipation) 선언'이다. 더는 기다릴 수 없었기 때문이다. 노예해방 선언은 이처럼 전쟁이 나고 일 년이 넘어서야 이루어진다.

링컨이나 리는 이런 영·불의 의도를 다 읽고 있었다. 이에 맞는 정치, 전략 행보를 하지 않을 수 없었다. 따라서 리가 노리는 점은 첫째, 링컨의 인기를 북부에서 떨어트리는 것, 둘째, 우호적인 영국이나 프랑스의 남부 정부 승인을 얻어내는 것이었다. 그러자면 남부가 결코 북부의 만만한 상대가 아니라는 걸 보여 줄 필요가 있었다. 그것은 전쟁에서 북부의 코를 납작하게 할 전투의 대승밖에 없다고 믿었다.

리는 조바심이 났다. 전쟁의 주도권은 자기가 쥐고 있으면서도 북군에게 결정적 타격을 준 적이 없다는 점이었다. 리의 바람은 한 번이라도 북군의 주력을 격파하는 결정적 승리였다. 그러나 북군은 자기 주문대로 움직여 주지 않는다.

리가 늘 걱정하는 것은 바로 남부의 국력이었다. 전쟁을 더 끌면 안 된다. 그러니까 국력이 더 소진되기 전에 대판 싸움에 이겨 우호적인 영·불의 승인을 받아 내지 않으면 안 된다. 그러자면 적의 수도인 워싱턴을 위협해서 북군의 주력을 불러내야 한다. 게티즈버그에 리가 나타난 것도 다 그런 사정 때문이다.

1863년 6월 초 리는 3개 군단 75,000명을 동원했다. 1군단장 롱스트리트. 리가 '나의 백전노장(My Old War Horse)'이라고 부르는 가장 유능하고 신임하는 그의 오른팔. 2군단장은 이월, 두 달 전 챈슬러스빌에서 전사한 천하 명장 스톤월 잭슨[22] 휘하의 사단장 출신이다. 3군단장은 힐 장군, 역시 스톤월 잭슨의 사단장 출신이다.

리로서는 어떻든 이른 시일 내에 한판 크게 벌여 북부의 주력을 꺾어야 한다. 그런데 그의 희망대로 게티즈버그에 북군의 주력이 와 주었다. 기회는 왔다.

내 추론이지만, 리는 게티즈버그를 전쟁을 끝내는 마지막 전투장으로 생각했던 게 아닌가 싶다. 이 전투에서 끝장을 내지 않으면 남부의 국력으로는 더 이상 전쟁을 계속하기는 어렵다고 본 것이다. 이것이 일종의 강박관념으로 리에게 작용했을 것이다. 그러니까 세계 전사에도 전무후무한 3개 사단 돌격공격을 감행한 것이다. 그의 용병을 보면 지나칠 정도로 과감한 것은 사실이다. 남은 절대로 쓰지 않는 작전을 과감히 한다. 그러나 무모에 가까운 그의 작전도 따져보면 모두 일리 있는 용병술이다. 2개월 전 스팟실베이니아나 챈슬러스빌 전투 때 그의 신출귀몰한 용병술은 가히 신의 경지였다.[23] 그런데 게티즈버그 전투 제3일

---

[22] 잭슨(Thomas J. 'Stonewall' Jackson, 1824~63)은 1846년 웨스트 포인트를 졸업한 포병장교로, 버지니아 매너서스에서 총탄이 빗발치는 가운데 말을 탄 채로 '돌담'같이 우뚝 서서 남군을 지휘한 후부터 '스톤월' 잭슨으로 불리게 된다.

[23] 1863년 5월 1일부터 6일간, 챈슬러스빌에서 리는 2:1(북군 13만, 남군 6만)의 병력 열세에도 4차례의 큰 전투를 치를 때마다 전장에서는 북군의 병력과 대등하거나 북군을 능가하였다. 6만으로 13만과 싸우면서도 매 전투장에서는 병력은 항상 북군을 능가했다는 것은 집중에 성공했다는 뜻이다. 이를

째, 3개 사단 착검 돌격은 좀 무모한 공격이다. 그러니까 지금까지도 많은 병학도의 논란거리가 되는 것이다. 1마일의 개활지를 건너는 돌격은 누가 보아도 무리다. 그러나 리는 주위의 반대를 무릅쓰고 단행한다. 특히 리의 오른팔 롱스트리트도 정면으로 반대한다. 리는 세 번이나 그의 건의를 묵살한다.

나는 이때의 리를 지지한다. 결과론적으로 돌격이 실패하였으니까 반대론자들의 생각이 옳은 것으로 인정되었지만, 그때 그 상황에서 리의 고집은 옳았다고 나는 생각한다. 전술적으로는 문제가 있는 돌격이다. 그러나 남부의 능력을 고려할 때 적의 주력이 모처럼 집결해준 이때마저 놓치면 승부를 걸 기회조차 없다. 협상의 기회도, 영·불 양국의 지지도 놓치기에 십상이다. 이 기회를 놓치면 안 된다. 여기서 결판을 내자. 결정적 승리를 하자면 돌격이 최고다. 돌격 앞에 무너지면 수습 못한다. 북군의 전쟁 의지를 완전히 꺾으려면 그 길밖에 없다.

그냥 돌격이 아니다. 3개(피케트, 트림블, 페티그루) 사단이 동원된 대규모 돌격이다. 방어진지가 뚫리면 그땐 적도 수습이 불가능하다. 3개 사단 15,000명이 개활지를 전진할 때 절반이 손실되어도 7~8,000명은 적진에 도달한다. 최악의 경우 2/3의 손실을 보아도 5,000명이 적진에 난입한다. 좋다! 게티즈버그에서 결판을 내자.

1863년 7월 3일 정오, 남군의 포병이 포문을 먼저 열었다. 공격 준비 사격이다. 남군의 포병 150문이 전원 동원된 일제사격이다. 평화롭던 들판은 갑작스러운 포성과 포연으로 혼란해졌다.

북군도 가만있을 리 없다. 포병끼리 붙는 대 포병전이다. 그런데 북군의 대포가 시원찮다. 남군이 세 발 쏘면 북군은 한 발 꼴이다. 북군은

가능케 하자면 전기(戰機)의 포착, 기만과 기동, 속도, 협동 등, 모든 요건을 갖추어야만 가능한 것이다. 참으로 군신만이 가능한 능력이다.

포탄을 아꼈다. 계획적이다. 공격 준비 사격 다음에 있을 보병들의 돌격을 예상하고 포탄을 아끼는 것이다.

두 시간 가까이 계속된 대 포병전으로 들판은 온통 연기에 휩싸였다. 지척을 분간할 수 없을 정도로 주위가 어두워졌다. 이 혼란을 틈타 남군은 돌격 대오를 갖추었다.

포연이 바람에 날려 시야가 터지자 남군의 돌격 대열이 보인다. 9개 여단 15,000명이 만든 인간의 장벽. 길이가 1km가 넘는 횡대 대형은 형형색색의 부대기와 남부 국기까지 펄럭여 일대 장관을 이루었다. 7월의 작열하는 태양 아래 돌격 요원들의 총기들은 살기를 내뿜고 있다.

남군은 대오도 정연하게 북군 진지를 향해 움직이기 시작했다. 북군 진지 어디선가 탄성이 들렸다.

"아! 나는 지금 무엇을 보고 있는가? 이 세상 어디에서 저렇게 장엄하고 아름다운 광경을 또 볼 수 있을까!"

넋을 잃고 남군 진지를 바라보던 북군 장교의 말이다.

30여 분 후, 대열이 없어졌다. 장엄하고 생명력 넘치던 돌격 대형이 없어진 것이다. 지고(至高)한 인간의 용기—나라를 지키고, 부모 형제를 지킨다는 넘치는 열정, 전우를 지키고 상사를 위해 죽겠다는 가슴 벅찬 정열이, 작열하는 태양 아래 증발해 버렸다. 북군 포병의 집중사격 앞에 인간의 의지와 열정은 무력하였다.

남군의 인간장벽이 300야드까지 접근했을 때 북군이 캐니스터(Canister) 실탄을 썼기 때문이다. 캐니스터탄이란 산탄 포탄으로 양철통 속에 작은 철환만 가득 채운 포탄이다. 캐니스터 한 발에 30여 명이 쓰러졌다. 조준이 필요 없으니 분당 네 발씩 쏘아댔다. 평화롭던 들판은 시신과 군마의 사체들로 덮였다. 참혹하다. 15,000명의 돌격대원 3분의 2가 쓰러졌다. 역사적인 이 돌격을 후세 사람들은 '피케트 돌격

(Pickett's Charge)'이라고 부른다. 남군의 돌격은 결국 실패하고 남부연합은 이를 계기로 기울기 시작한다.

왜 실패했는가? 불세출의 군신 리 장군이 지휘했다면서. 논란은 지금까지도 사람들 사이에 엇갈린다. 나는 전술적으로도 리의 결정이 옳았다고 생각한다. 결과만으로 얘기하면 물론 리는 틀렸다.

어째서 리가 옳았나? 리는 옳았지만 리의 참모, 지휘관들이 졸렬한 지휘를 했다는 말이다. 한 마디로 공격이 리 생각대로 진행되지 않았다. 그는 이 작전에 대한 수많은 비판과 비난에 대해 한 번도 변명을 한 적이 없다. 오직 한 마디, "모든 게 나의 잘못이다." 부하들을 원망하지도 않았다. 모든 걸 자기 책임, 자기 잘못으로 인정했다. 그러나 아주 가까운 몇 사람에게만은 이런 말을 하였다. "협조된 공격만 했으면 돌격은 성공했다."

내가 이 글을 길게 쓰는 이유는 병학도로서 피케트 돌격의 소수의 견인 공격의 정당성을 지지하기 위해서다. 병학도가 아닌 사람도 미국을 이해하기 위해서는 게티즈버그를 읽는 게 좋고. 승패의 미묘한 갈림길, 리더십, 인간의 전장 심리를 이해하는 데 조금은 도움이 된다. 그리고 피케트 돌격의 찬반론은 우선 재미있다. "미국 역사의 클라이맥스는 남북전쟁이요, 남북전쟁의 클라이맥스는 게티즈버그, 게티즈버그의 클라이맥스는 피케트 돌격이다."라고 미국의 역사가 스튜어트(George R. Stewart)는 말한다.[24]

전투가 끝나고 4개월이 지난 1863년 11월 19일, 게티즈버그에서는 국립묘지 봉헌식이 열렸다. 이 전투에서 산화한 장병을 위한 것이다.

---

24) George R. Stewart, *Pickett's Charge: A Microhistory of the Final Attack at Gettysburg, July 3, 1863*.

이 행사는 원래 대통령까지 참석하는 국가행사가 아니었다. 처음, 게티즈버그 주민들이 부시를 사들여 공동묘지를 조성해서 시체 처리를 하려던 예정이었다. 그러나 주민들은 부지를 살 돈이 없어 유가족으로부터 매장료를 받을 생각이었다. 이때, 32세의 젊은 판사 윌스(David Wills)가 나서서 펜실베이니아 주지사를 설득하여 2,400달러를 배정받아 17에이커의 부지를 사들였다.

연사로는 매사추세츠 주지사와 국무장관을 지낸 당대 최고 연사 에버렛(Edward Everett)을 초빙했다. 링컨에게는 주 연사는 에버렛이 될 것이므로 대통령께는 간단한 헌사(獻辭)만을 부탁한다고 밝혔다.

11월 18일, 기차 편으로 게티즈버그에 도착한 링컨은 윌스 판사 집에서 묵는다. 그리고 연설 원고를 다시 손봤다. 백악관에서부터 손을 보던 원고다. 링컨은 여러 날 연설문을 다듬고 다듬은 게 사실이다. 기차에서 연설문을 썼다는 얘기며, 편지봉투 뒷면에 적당히 썼다는 얘기는 사실이 아닌 것 같다. 행사는 펜실베이니아, 메릴랜드, 뉴저지 등 6개 주의 주지사와 15,000여 명이 참석하는 큰 행사가 되었다. 스탁턴(T. H. Stockton) 목사의 기도에 이어 에버렛의 2시간짜리 연설이 시작되었다.

이 해의 마지막 농사를 지켜보는 청명한 가을 하늘 아래, 우뚝한 엘리게니 산이 내려다보는 이곳, 형제들의 무덤이 우리들의 발아래 있는 이 자리에 우리는 서 있습니다. 나는 머뭇거리며 두려운 마음으로 감히 위대한 자연과 신의 침묵을 깨려고 합니다. 하지만 여러분이 내게 주신 소임은 완수되어야 하기에 감히 여러분의 깊은 이해와 양해를 구하면서 연설을 계속하겠습니다.

멋진 연설이다. 그리고 2시간이 계속된 연설은 이렇게 끝난다.

나는 확신합니다. 이곳에서 장렬히 산화한 영웅들의 유해와 우리가 작별을 고하는 동안, 이 위대한 전쟁은 문명 세계의 기록으로 남을 것이며 최근까지 기록된 그 어떤 영웅담도 게티즈버그 전투 기록보다 빛나는 페이지는 없을 것입니다.

박수가 터져 나왔다. 연설에 매료되어 몽롱했던 사람도 깨어났다. 명연설이다. 사람들은 감동하여 박수를 멈추지 않는다.

링컨이 단상에 올라갔다. 키가 크다. 실례지만 볼품은 없다. 링컨은 어색하게 일어서며 안경을 고쳐 썼다. 그리고 원고에서 거의 눈을 떼지 않고 높은 음성으로 읽어 나갔다.

Four score and seven years ago our father brought forth on this continent, a new nation, conceived in Liberty, dedicated to the proposition that all men are created equal.

Now we are engaged in a great civil war, testing whether that nation, or any nation so conceived and so dedicated, can long endure. We are met on a great battle-field of that war. We have come to dedicate a portion of that field, as a final resting place for those who here gave their lives that that nation might live. It is altogether fitting and proper that we should do this.

But, in a larger sense, we can not dedicate — we can not consecrate — we can not hallow — this ground. The brave men, living and dead, who struggled here, have consecrated it, far above our poor power to add or detract. The world will little note, nor long remember what we say here, but it can never forget what they did here. It is for us the living, rather, to be dedicate here to the unfinished work which they who fought here have thus far so nobly advanced. It is rather for us to be here dedicated to the great task remaining before us — that from these honored dead we take increased devotion to that course for which they gave the last full measure of devotion — that we here highly resolve that these dead shall not have died in vain — that this nation, under God, shall have a new birth of freedom — and that government of the people, by the people, for the people, shall not perish from the earth.

한동안 침묵이 흘렀다. 그것은 종교 행사 때 성당 안과 같은 위엄 있는 침묵이었다고 전한다. 연설의 평가는 그 당시 엇갈렸다.

민주당을 지지하는 「시카고 타임즈」는 링컨이 외국 지성인 앞에서 너절한 연설을 늘어놓아 미국인에게 큰 망신을 주었다고 혹평했다. 그러나 주 연사인 에버렛은 자신의 2시간짜리 연설보다 대통령의 2분짜리 연설이 더 훌륭했다고 극찬하였다. 어쨌든 이 연설은 역사상 가장 위대한 명연설로 남았다. 87년 전 건국 아버지들의 이상과 뜻을 내세우고, 전몰자들이 못다 한 '새로운 자유의 탄생'을 위해 헌신하며, 민주주의 수호를 위해 우리를 바치자고 역설한 것이다. 미국의 이상, 미국의 사명까지를 언급한 '미국예외주의'와 '명백한 운명'을 확인하고 있다.

번역은 안 하겠다. 솔직히 겁난다. 영어와 한국어는 다르다. 링컨의 심오하고 고매한 연설이 혹시라도 왜곡될까 정말 두려워서다. 원문을 그대로 소화해 주었으면 하는 바람이다.[25] 100번을 읽으면 맛이 난다. 공부 삼아 한번 각자 번역해 보기 바란다. 좋은 번역은 많다.

링컨은 정말 위대한 인물이다. 알수록 겁나는 사람이다. 오늘 위대한 미국은 '그 사람' 작품이다. 링컨이 없었으면 남북전쟁에서 지거나, 평화 협상으로 종전이나 하고 말았을 것이다. 그랬으면 지금 미대륙에는 텍사스 공화국, 조지아 공화국, 사우스캐롤라이나 왕국 등 대여섯 개의 국가가 난립했을 것이다. 모르긴 해도 링컨은 진짜 '괴짜'였다. 위대한 대통령이었고, 최고로 위대한 사람이다.[26]

1993년엔가 버지니아의 한촌(閑村)인 애포머톡스(Appomattox)에 갔다. 물론 남북전쟁사를 쓰기 위해서다. 분단국인 우리는 미국의 전후처리(Reconciliation, 남북의 화해)가 언젠가 올 우리 통일의 교훈이 되리라 싶어 한 수 배우러 간 거다. 그곳은 남군 사령관 리가 북군 사령관 그랜트한테 항복한 시골 마을이다. 만 4년 동안 미국의 젊은이 62만 명을 죽인 남북전쟁이 끝난 바로 그 장소이다. 62만 명은 당시 미국 인구 2,500만의 약 2.5%다. 그런데 아무것도 없다. 전승기념비도, 공적비도, 기념관도 없다. 시골집 한 채가[27] 덩그러니 있고, 2층 홀에 책상 두 개,

---

25) 연설문의 키워드는 'Dedicate'이다. 미국의 이상과 건국, 민주주의의 원리와 인민에 의한, 인민을 위한, 인민의 나라는 영원불멸할 것이라는, 그의 정치 철학까지 천명했다.

26) 미국의 비영리 케이블-위성 텔레비전 네트워크인 C-SPAN (Cable-Satellite Public Affairs Network)이 전직 미 대통령 41명을 2000년 이후 4번 평가한 결과 링컨이 4번 모두 1위에 올랐다(2021.6.30).

27) 애포머톡스의 항복 장소는 멕린(Wilmer McLean)의 사저다. 남·북군이 처음 지상 전투를 벌인 곳이 워싱턴 근처 매너서스였다. 그때 남군 사령관 뷰리가드(Pierre G. T. Beauregard)는 멕린의 집을 사령부로 사용했는데, 3년 후 버지니아 남부의 한촌으로 피난 간 그의 집에서 또 남·북군이 항복조인

그림 몇 점이 걸려 있다. 남, 북군 두 사령관이 만나 그 치열한 전쟁을 끝낸 장소치곤 초라하기 짝이 없었다. 책상도 그때 두 사령관이 항복 서명을 주고받은 책상이 아니란다. 진짜는 약삭빠른 북군 기병사령관 셰리단(Philip Sheridan)이 재빨리 들고 달아났다. 셰리단은 전투도 재빠르게 잘하더라니.

혹시 밖에는 뭔가 있나 하고 나와 봤다. 없는 것은 마찬가지. 그럼 4년 동안 60만 청년들이 죽어간 추모비라도? 아니면 어디나 있는 그 흔한 전승기념비는 있어야 하는 게 아닌가? 아무것도 없다. 정말. 버지니아 남부의 한적한 시골마을 그대로다.

이 사람들 역사를 왜곡하는 건가? 의심까지 했다. 동네 사람한테 물어봤다. 혹시 내가 잘못 온 것만 같은 생각이 들어서였다.

"저 햄버거집 옆에 한번 가보세요. 거기 뭔가 있습디다."

조그만 비석이 하나 서 있었다.

'바로 여기가 남과 북이 화합을 이룬 곳이다.'

나지막한 돌 비석 위에 새겨진 말이다. 조그만 돌기둥이다. 나는 잠시 눈을 감았다. 아, 이 사람들! 미국 친구들 봐라! 잠시 가벼운 현기증을 느꼈다.

나보다 일 년 전에 그곳을 다녀간 김준봉 장군의 말이 생각났다. 그는 전사학(戰史學)계의 세계적 권위자다. 알 만한 사람들은 다 안다.

"애포머톡스에 갔다가 눈물이 왈칵 쏟아지는 바람에 애먹었다."

미국을 다녀와서 내게 한 첫 말이다. 그는 리의 신출귀몰한 작전, 인간적 고뇌와 놀라운 리더십을 생각했을 것이다.

식을 했다. 훗날 그는 친지들에게 농반진반으로 이런 말을 하였다. "남북전쟁은 우리 집 뒷마당에서 시작해서 우리 집 거실에서 끝났다." 보기 드문 기연(奇緣)이다.

남군은 배가 고팠다. 탄약도 없다. 2주 동안 120마일을 싸우며, 도망치며, 애포머톡스까지 왔다. 이곳에서 탄약과 양식을 공급받을 예정이었다. 그런데 재빠른 셰리단이 보급 열차를 먼저 덮쳤다. 기진맥진한 남군은 맥이 다 빠졌다. 오로지 애포머톡스가 목표였는데, 거기 가면 배를 채울 수가 있는데—양식을 통째로 뺏기다니. 남군의 유일한 희망마저 산산조각 났다. 이때 처음으로 리는 항복을 생각했다.

김 장군은 이때의 리의 심경을 생각했을 것이다. 같은 군인으로서 리의 고뇌를 이해하고도 남음이 있다.

미국 친구들은 의도적으로 애포머톡스의 역사성을 지우고 있다. 분명 왜곡이라면 왜곡이다. 왜 그럴까?

북군이 그 치열한 전쟁에서 승리한 역사적 장소다. 그 흔한 전승비는 있어야 할 게 아닌가? 없다. 역사적인 항복 장소인 집만 남겨 두었을 뿐, 하다못해 지방 정부는 관광지로도 기막히게 써먹을 수 있는 장소가 아닌가?

없는 게 아니라 안 하는 거다. 역사의 흔적을 일부러 지우고 있다. 완전히 없애는 것은 서운하니까 집 하나 남기고, 비석하나만 세웠다. 미국인의 속은 깊고 깊다. 미국인은 지혜롭다. 그냥 총잡이가 아니다.

생각해보면, 남북전쟁은 미국의 비극이었다. 젊은 생명이 60여만 명이나 죽어간 대참사였다. 그것도 저희끼리, 형제간에 서로 죽인 아픈 역사다. 다시는 생각하고도 싶지 않은 비극이다. 실제로 전쟁 때 형제간에 서로 총을 겨누고, 심지어 부자간에도 남북으로 갈려 싸웠다. 지나고 보니 후회가 앞섰다. 지금도 아프다. 가슴이 저린다. 하긴 뭘 해! 덮자. 몽땅 덮어버리자. 생각도 말자. 몽땅 잊어버리자! 상처가 너무 크다. 건드리지 말라. 건드리면 덧난다. 무조건 잊는 거다. 마음에서 지우자. 남쪽도 북쪽도 전쟁 얘기는 꺼내지도 말라.

나는 아메리칸의 치유법이 옳다고 생각한다. '과거'를 어떻게 해보겠다는 것은 그 자체가 처음부터 오류를 범하는 것이다. 과거는 과거다. 묻어 두는 게 정답이다. 잊는 게 정답이다. 과거를 들먹이면 과거에 발목 잡힌다. 과거란 수렁에서 절대 못 빠져나온다.

만일 그때 과거를 청산하기로 했다면 아마 나라는 거덜이 났을 것이다. 남군은 모두 반란군(Rebel)이다. 엄연한 미합중국에 총을 겨눈 적이다. 13개 주가 연방을 탈퇴했다. 그것도 작당까지 해서 정식으로 덤볐다. 대통령도 선출하고 장, 차관까지 임명해서 마음먹고 전쟁을 걸어왔다. 과거청산을 했다면 남부 대통령 데이비스부터 줄줄이 문제가 된다. 적폐청산을 했다면 반역죄로 수천 명을 사형하거나 감옥으로 보내야 하고, 총살할 반란군만도 수만 명은 되었을 것이다.

어제 일, 얘기할 필요가 없다. 과거가 아니라 내일을 걱정하고 내일 얘기를 하자. 원리는 간단하다. 오늘 일도 사실은 벅찬데 내일도 아닌 지나간 일에 왜 매달리느냐 말이다. 아픈 과거는 굳이 돌아볼 필요도 없다. 돌아보면 사달난다. 과거사 조사위원회, 적폐청산 등 다해 봤지 않느냐. 그래 얻은 게 뭔가?

원래 과거를 캐는 것은 헛된 일이다. 과거를 들추다 보면 과거에 갇히고 만다. 못 빠져나온다. 그뿐만 아니라 캐내 봤자 소용이 없다. 왜?

사람은 안 변하기 때문이다. 몇 놈 죽여 봤자 나쁜 놈은 또 나온다. 아무리 적폐청산해도 또 청산할 일이 생긴다. 사람은 안 변한다는 거 다 알지 않느냐. 역사는 되풀이하는 거 몇백 년을 봐 왔지 않는가. 그러니까 과거는 가볍게 처리하고 미래에 매달려야 한다. 교육하고, 방지책을 마련하면서. 내일을 걱정하는 게 정답이다.

과거에 집착한 것, 인간을 너무 모르기 때문에 하는 짓거리다. 과거에 매몰되면 망한다. 진리다. 여러 말 말라. 미국 사람들 남북전쟁 처리하는 것 봤지 않느냐. '과거'는 잊자. 그게 현책(賢策)이다.

바. 링컨

더 놀라운 얘기를 하자. 전쟁이 끝나기 6개월 전쯤 북군 총사령관 그랜트가 링컨을 만났다. 포토맥 강 배 위에서 두 거인의 만남이다.
"각하, 전쟁은 곧 끝날 것 같습니다. '저 사람들' 어떻게 할까요?"
그랜트 장군은 생전에 남군을 적이라고 안 불렀다. 육군은 공식적으로는 반군이라고 정해 놓고도 말이다. 그는 부하들과 대화할 때도 반군이라 하지 않고 한사코 '저 사람들(Those people)'이라고 부른 사람이다. 대통령 앞이라고 다르지 않았다.
'장군, 사령관이 저 사람들이라고 하면 영이 서겠나?' 링컨이 한 마디 할 법한데, 링컨도 덤덤한 표정이다. 공식 명칭을 무시하고, 군의 최고 책임자란 사람이 대통령한테 반란군을 Those people이라고 부른다. 키다리 링컨은 지긋이 장군을 내려다볼 뿐.
그런데 다음 대통령의 발언은 정말 경천동지(驚天動地)할 말이었다.
"그 사람들, 그냥 보내요."
"그냥이라뇨?"
"그냥 보내라고 하였소."
"그럼, 그저 집으로 보내란 말씀입니까"
링컨은 말이 없다. 잠깐이지만, 그랜트의 표정이 굳어졌다.
그래? 대통령의 생각도? 그러나 그랜트는 짐짓 정색하고 묻는다.
"군에는 엄연한 군법이 있습니다."
"그러니까 모두 집으로 보내주라 하였소."

그런데 그랜트의 대답이 또 걸작이다.

"알았습니다."

알았다니! 반란군이고 역적이고 모두 용서하겠다는 말인가? 북군 총군사령관이란 사람이!

두 거인의 마음은 이심전심이었다. 실제로 애포머톡스에서 남군의 리와 북군 그랜트가 만났을 때, 좀 어색하긴 했어도 패전 장군과 승자의 대면이라기보다 두 신사의 위엄 있는 상면(相面)이었다고 역사는 기록하고 있다. 서로를 존중하면서, 신사다운 위엄과 인격이 존중되는 가운데 항복문서를 주고받았다. 우리 상식으로는 정말 이해하기 어려운 장면이 그날 애포머톡스에서는 실제로 일어났다.

처칠의 회고록을 보면 그날의 두 장군의 극적인 상봉을 수려한 문장으로 재현하고 있다. 그는 그날의 사건을 역사에 남을 인간 승리라고 극찬하고 있다. 승자의 관용, 패자의 위엄이 존중되면서 일대 전쟁의 막을 내리게 한 것은 두 장군의 승리일 뿐만 아니라 인간승리라고 예찬하였다.

남군 사령관 리는 반란군의 현직 사령관이다. 반란군 보스는 군법에 따라 처단되는 게 군율이다. 남군에 리만 없었으면 전쟁은 길어도 2년은 넘지 않았을 것이다. 그런데 만 4년을 끌었다. 2년만 싸웠어도 전사자는 반으로 줄었을 게 아닌가.

리는 이래저래 용서받을 수 없는 적장이다. 총살형 감이다. 당연히 거쳐야 할 군법회의는 고사하고 그냥 집으로 돌아갔다. 친선경기를 마친 것도 아니다. 남북이 총력을 기울여 4년이나 싸웠다. 리는 젊은 생명 60여만 명을 희생시킨 전범이다. 그런 리 장군은 대학 총장으로 천수를 다했다. 죽을 때까지. 남부의 국민적 영웅 대접을 받았다.

버지니아의 렉싱턴(Lexington)에 가면 그가 재직했던 워싱턴-리대학

이 있다. 대학 이름도 리가 부임하면서 조지 워싱턴 대학에서 워싱턴-리 대학으로 바뀌었다.[28]

부하들도 누구 하나 다치지 않고 귀향했다. 병사들은 자기가 타고 다니던 말까지 덤으로 받아 갔다. 항복하던 날, 그랜트가 인심을 베풀어 장교들은 무기를 갖고 가도록 허락하자, 리가 병사들이 장차 농사일을 위해 말이 필요하다고 그랜트에게 부탁해서 이루어진 일이다.

링컨이나 그랜트는 참 이상한 사람들이다. 내가 『남북전쟁』을 쓸 때도 그날 항복 장면을 서술하는 데 애를 먹었다. 이 사람들의 심리를 도저히 이해할 수가 없었기 때문이다. 승자가 어떻게 패자를 저렇게 대접할 수 있는가.

장교들은 무기를 갖고 가도 좋고, 병사들은 말도 끌고 가라— 운동시합이 끝난 게 아니다. 4년이나 끈 참혹한 전쟁이다. 젊은이가 60만 명이나 희생된 싸움이다. 어디다 대고 말을 달라, 총을 달라고 하는가.

나는 혼란스런 나머지 그때 상황을 이렇게 썼다. "인심 후한 그랜트, 사람 좋은 리가 만났기 때문"이라고. 그밖에 달리 설명할 길이 없었다. 그 장(章)의 제목도 아예 「좋은 사람들」이라고 붙였다. 호인들의 친선회담이라고 얼버무렸다.

리는 위대한 군인이기도 하였지만 선량한 민초(民草)였다. 그는 부하를 아끼고 고향을 끔찍이 사랑하였다. 자신은 노예제도를 반대하면서도 노예제를 인정하는 버지니아를 버리지 못하였다. 그 때문에 링컨이 제안한 북군 사령관 자리도 사양하였다. 그는 명분을 내세우거나 섣부

---

[28] 워싱턴-리 대학은 대학 교회를 리의 무덤으로 제공하고 '리의 사당(Lee's Shrine)'으로 명명하였다. 남부 대통령 데이비스는 남군이 항복한 후 2년간 감옥에 있었으나 별도로 처벌받은 적은 없다. 모든 게 우리의 예상을 뛰어넘는다.

른 이념 따위를 주장하는 법도 없었다. 그는 영웅의 법칙을 굳이 외면하였다. 순수한 사람이요, 순수한 군인이었다. 신화를 낳고 전설의 주인공이 된 것도 바로 그의 착한 성품, 민초로 시종했기 때문이다.

그랜트는 그럼 어떤 사람인가? 그의 사람됨을 묘사한 글을 요약하면 다음과 같다. '천성이 조용하고 잘난 체를 모르는 말 없는 사나이. 그러나 그가 입을 열면 부하들은 주의 깊게 경청하고, 종이에 기록하기 일쑤였다. 그의 말은 직선적이요, 내면을 뚫어보는, 문제의 핵심이 손에 잡힐 듯 명쾌하게 해주기 때문이다. 그의 결단은 단호하고도 신속하였다.'

그를 누구보다 잘 아는 아내 줄리아의 남편 평이다. "그이는 전쟁 얘기는 생전에 하는 법이 없었습니다. 빅스버그를 점령했을 때도 편지에 한 마디도 쓰지 않았어요. 그는 남군을 늘 측은하게 생각했습니다." 그는 또한 남의 아픔을 헤아릴 줄 아는 순수한 군인이었다. 그의 아내 줄리아는 동기생 덴트(Fred Dent)의 여동생이었다.

"오빠는 율리시스(그랜트의 이름)를 대단한 사람이라고 늘 칭찬했습니다. 식구들한테도 침이 마르게 칭찬을 아끼지 않았지요. 그리고 내게는 '율리시스는 말이야 내가 만난 친구 중 최고의 남자거든. 그 녀석은 정말 순금(純金) 같은 사내'라고 했습니다." 순금 같은 사나이? 하필이면 순금에다 비유했을까? 줄리아의 말을 통해 그랜트 역시 순수한 인간이었음을 알 수 있다.

부하들을 사랑했던 두 사나이, 순금처럼 순수하고 천성이 착한 두 사람은 영웅의 법칙에 따라 무섭게 싸웠다. 그러나 전쟁을 끝내는 소임이 두 사람에게 맡겨졌을 때 그들은 전쟁을 이런 식으로 끝낼 수밖에 없었다. 그들에겐 승자도 패자도 큰 의미가 없었다. 명분도 관례도 큰 의

미가 없었다. 그랜트는 리와 용맹했던 반란군이 측은하였고, 리는 끝내 민초의 법칙을 고집할 수밖에 없었던 자신의 처지가 안타까웠을 것이다. 순금처럼 순수한 두 사나이가 만났을 때 두 영혼은 교감하고 공명하였을 것이다. 그곳에는 원한이나 복수, 혹은 징벌이 발붙일 곳이 없었다. 마침내 두 사나이는 후세 사가들이 칭송하는 감동적인 드라마를 연출한 것이다.

리만 용서받은 건 아니다. 남부연합의 데이비스 대통령도 천수를 다했다. 남북전쟁에서 처형된 사람은 단 한 사람, 포로수용소장을 지낸 남군 소령 헨리 위르츠(Henry Wirz)다. 그는 군법회의에 넘겨져 사형선고를 받았다. 포로 학대죄. 반역보다 인권을 더 중시하고 있다. 이것이 미국식 과거사 처리방법이다. 적폐청산이다. 사실 이 역사적 장면을 다룰 때 힘이 많이 들었다. 두 장군의 심리를, 배석한 참모들의 심리를 그릴 수가 없었다. 사람의 마음, 특히 그때 미국인의 마음을 지금도 솔직히 이해 못 한다. 작가로서 아직은 많이 부족하다.

1865년 4월 14일 저녁, 워싱턴 10번가의 포드극장에서 한 발의 총성이 울렸다. 극장에서는 영국의 코미디 「우리의 미국인 사촌(Our American Cousin)」이 공연 중이었다.

링컨은 극장 2층에서 영부인과 함께 관람 중이었다. 일행은 링컨의 친구 해리스(Ira Harris) 상원의원의 딸과 그녀의 약혼자 래스본(Henry Rathbone) 소령이었다. 연극이 절정에 이르러 장내가 요란한 웃음소리로 흔들릴 때 암살자 부스(John W. Booth)는 로열석 문을 살짝 열고 실내로 침입하였다.

경호원은 문밖에도 실내에도 없었다. 링컨과 암살자와의 거리는 불과 2미터, 부스는 오른손에 권총을 왼손에는 단도를 빼 들었다. 암살자는 링컨의 뒤통수를 향해 방아쇠를 당겼다. 대통령은 그대로 앞으로 쓰러졌다. 영부인이 비명을 지르며 링컨을 껴안았다. 래스본 소령이 벌떡 일어나 범인에게 달려들었다. 범인은 래스본을 향해 단도를 휘둘렀다.

범인은 4미터 아래 무대 위로 뛰어내렸다.

"저놈 잡아라!"

래스본 소령이 소리 질렀다. 범인은 단검을 높이 쳐든 채 관객을 향해 알 수 없는 몇 마디 소리를 질렀다. 그리고 무대 뒤로 사라졌다.

연극의 주인공 로라 킨(Laura Keene)이 로열석으로 뛰어 들어왔다. 해리스 양이 영부인을 진정시키고 있는 사이, 로라는 대통령의 머리를 무릎 위에 올려놓았다.

관객 중의 한 의사가 로열석으로 달려왔다. 의사가 상처를 살폈다. 총알은 링컨의 머리 위 왼쪽 귀밑을 뚫고 들어가 뇌를 손상시킨 후 오른쪽 눈 아래 박혔다. 치명상이다. 대통령은 의식을 잃었다. 군인들이 의식이 없는 대통령을 길 건너 호텔에 모셨다. 각료들이 달려와 대통령 침대를 둘러쌌다. 각료들은 침대 곁에서 밤을 새웠다.

4월 15일 07시 22분에 링컨은 숨을 거두었다. 한 거인이 세상을 떠났다. 오호라!

"무서운 항해는 모두 끝나 배는 무사히 항구에 도달하였는데, 선장이 갑판에 쓰러졌으니……." 미국 문학사에 가장 큰 영향력을 미친 시인 중 한 사람인 휘트먼(Walt Whittman)의 탄식이다.

나는 링컨의 최후를 읽을 때마다 부스가 링컨을 쏜 게 아니라, 링컨이 부스나 다른 남부 사람에게 자신을 쏘게 한 것이란 생각을 떨쳐버릴 수가 없다. 링컨의 경호는 너무 소홀하였다. 무엇보다 링컨 자신이 자신의 안전을 돌보지 않았기 때문이다.

전쟁은 4년을 끌었다. 전쟁에 진 남부 사람들의 가슴엔 분노와 원한

만이 남았다. 집은 불타고, 남편과 아들을 잃은 남쪽 부인들의 한과 슬픔을 누가 무엇으로 어떻게 풀어줄 것인가?

링컨은 순교자였다. 그는 마지막 피를 조국(연방 수호)의 제단에 뿌렸다. 남부 미국인들의 사무치는 원한과 고통을 갚는 길은 누군가 속죄의 피는 흘려야 한다고 생각했을 것이다. 착한 사람 링컨이 누굴 희생양으로 삼겠는가? 에이브러햄 링컨, '나밖에 없지 않은가? 그는 우리 식으로 말하면 살신성인(殺身成仁)을 한 것이다.

포드극장에 링컨이 참석하리란 건 비밀이 아니었다. 4월 14일 저녁 극장 문 안팎에도, 로열석 그 어느 곳에도 경호원은 없었다. 미합중국 대통령의 행차다. 링컨에 대한 남부 사람들의 증오가 하늘을 찌르고 있다는 것은 천하가 다 아는 사실이다. 하늘은 신생 아메리카를 탄생시키기 위해 워싱턴을 보냈다면, 이 신생국이 위대한 국가로 다시 태어나기 위해 링컨을 보냈을 것이다. 이 위대한 거인은 미국이 다시 태어나기 위해 모든 진통을 안고 저세상으로 갔다. 링컨은 노련한 선장이었다. 형제간의 싸움으로 합중국은 표류하는 난파선이 되었다. 그는 탁월한 솜씨로 풍랑을 헤치고 난파선을 구했다.

링컨은 꿈 많은 사람이었다. 건국의 아버지들이 천명한 인간의 자유와 존엄성을 지키는 것이 그의 꿈이요 이상이었다. 그의 꿈이 실현되자면 연방이 존속하여야 하고, 노예제도를 없애기 위해서도 연방이 존속하여야만 하였다. 그래서 링컨은 첫째도 연방이요, 둘째도 연방 존속이었다. 그리고 전쟁까지도 감수하였다.

링컨은 미국의 미래상을 제대로 그려 보인 위대한 화가였다. 링컨의 큰 그림에서 그랜트는 미국의 미래를 보았고, 후계자 존슨(Andrew Johnson)은 영감을 얻었다. 웬만한 정치지도자들은 하나같이 남부를 응징하고 처벌해야 한다고 주장하였지만, 끝내 그들의 고집을 꺾었다.

그리고 모두 용서하였다.

  사람이 죽는다는 것은 누구의 죽음이건 비극이다. 합중국 대통령이 남부의 암살자에 의해 죽임을 당했다. 이 죽음의 비극성과 비장감은 남부 사람들의 깊은 원한에도 큰 파문을 던졌을 것이다. 만일 링컨의 희생이 없었다면 남북의 통합과 화합이 과연 무리 없이 이루어졌을까? 한 위대한 인간이 살아서는 연방을 지키고, 죽어서는 남북의 화합을 이루게 하였다.

마. 제퍼슨 데이비스

『남북전쟁』을 쓰면서 내가 가장 애석하게 여겼던 사람의 하나가 남부연합의 대통령 데이비스다. 그는 웨스트 포인트를 나와 상원의원에 국방장관까지 역임한 경륜가였다. 그뿐만 아니라 자신과 가족에 충실하고 일생을 훌륭한 공인으로 시종하려고 온갖 노력을 다한 성실한 사람이었다. 그런데 놀랍게도 전쟁에 패하고 나서 세상을 떠날 때까지 자신의 신념, 남부 독립의 정당성을 굽히지 않은 사람이다.

  그가 남부의 대통령으로서 사태를 전쟁으로까지 끌고 가지 않으면 안 되었던 인간적 고민과 지도자로서의 처지를 이해하고 싶다. 그러나 1862년 9월 앤티텀 전투가 끝났을 때, 그는 남부의 장래 진로를 재검토하고 전쟁을 어떻게든 종식했어야 옳았다. 왜냐하면 앤티텀 전투를 계기로 유럽 열강이 남부 정부를 승인할 가망은 영영 사라졌기 때문이다. 그뿐만 아니라 민주당이 총선에서 패하였을 때 남부를 동정하고 지지해온 북부의 기반이 사라진 것도 재빨리 간파했어야 했다.

  지도자의 소임은 말할 것도 없이 첫째가 국권을 수호하고 다음이 백성을 편안케 하는 일이요, 국가란 큰 배의 키잡이로 역사의 물결을 잘 타고 넘어 백성과 세상을 이롭게 하는 것이다. 그런데 그는 그 어느 것도 충족시키지 못했다.

그는 또한 시야를 넓혀 북부가 시도하는 새로운 시대의 도래를 함께 공유하는 안목을 가졌어야 했다. 남부는 처음부터 북부의 평등주의와 경쟁 원칙을 가치관으로 하는 산업 자본주의 사회를 지향하는 신세계의 미국적 실험에 공조했어야 했다. 특히나 건국의 아버지들이 내세운 자유와 평등(민주주의) 이상과 연방제의 의의를 깊이 이해했어야 했다. 링컨이 이것을 지키기 위해 전쟁도 불사한 게 아닌가. 그런데 남부는 오히려 이러한 북부의 실험과 도전을 천민적, 비신사적 가치관으로 치부하였다. 그리고 대부분 유럽국가가 시도하는 구대륙의 체제-왕정(王政)제, 노동집약적 농업 중심의 산업체제-유지를 시대정신으로 알았다.

1863년 7월, 리가 게티즈버그에서 패했을 때도 오히려 항전을 계속 고집하는 바람에 남부 민초의 고통은 2년이나 더 계속되었다. 한 인간으로서 훌륭했던 그가 지도자로서 훌륭한 자질을 발휘하지 못했던 것은 본인은 물론 남부와 미국을 위해서도 불행한 일이었다.

결론적으로 설혹 데이비스가 건국 아버지들의 이상을 미처 깨우치지 못했더라도, 나아가고 발을 빼는 시기만은 깊이 생각했어야 했다. 즉 때를 놓친 게 큰 허물이 아니었나 싶다. 멀리 보고, 또 때로는 가까이도 보는 안목에 문제가 있었다고 본다.

『주역』에 이런 말이 있다. "일의 기미(幾微)를 알아야 능히 천하의 일을 완성할 수 있다." 즉 기미를 알아야 시중(時中)을 얻는다는 말이다. 기미란 '기(幾)' 또는 '개(介)'라는 말로, 이는 나타나 있는 것과 숨어 있는 상태의 중간을 의미하는 것이다. 시중이란 어떤 일의 가장 마땅한

때를 뜻한다. 그런데 기미는 있는 것과 없는 것 사이에 숨어 있는 것을 보라는 말인데, 범인의 눈으로 어떻게 이를 본단 말인가.

더구나 시중이란 가장 마땅한 때, 사람이 도모하는 온갖 일과 오묘한 우주 운행의 가장 결정적인 딱 맞는 때를 말함인데 어떻게 '이때다, 저 때다'라고 함부로 얘기할 수 있단 말인가. 이것은 곧 누구에게나 보이는 게 아니라는 것이다. 쉽게 말하면 안 된다는 얘기다. 그렇다고 길이 없는 건가?

『주역』은 또 이런 훈계를 한다. "군자는 덕을 쌓고 업(業)을 쌓는데, 이는 때를 맞추기 위함이다." 이 말은 '언제나 두려워하며 게으르거나 나태하지 않고 추호(秋毫)의 허물도 없도록 닦으면 된다'는 가르침이다. 쉽게 말하면 '늘 두려운 마음으로 하늘을 살피며(畏天, 외천), 땅과 사람을 돌보며, 지극히 겸허한 마음으로 간절히 기구'할 때 비로소 문득 깨닫게 된다는 것이다. 더 쉬운 말로 지극히 겸허해지라는 말이다. 그리고 절실히 기구(祈求)하라는 것이다.

사랑하는 제군, 어떤가. 지극히 겸허하면 안 될 일도 성사시킬 수 있단 말이 아닌가. 어떤 경우에도 나는 할 수 있다는 자신을 갖자.

그 자리에 있지도 않으면서 특정인의 얘기는 삼가라는 게 우리의 오랜 가르침이다. 내가 좀 과한 말을 하였다. 나야말로 겸손하지 못했구나. 모두가 공부 삼아 한 것이니 양해 바란다.

2 중국이라는 나라

가. 중국은 대국이다

중국은 크고, 사람 많고, 역사가 길고, 복잡하고, 말 많고, 뻥도 세고, 정말 알기 힘든 나라이다. "Americans count seconds and minutes, We, Chinese, count decades and centuries(미국 사람은 분초를 따지지만, 우리는 10년, 100년을 따진다)." 미 육군정훈학교의 중국계 미국인 교관이 수업 첫 시간에 던진 말이다.

중국 사람의 호흡이 길고 매사가 '만만디(慢慢的)'요, 통이 큰 것은 모두 장구한 역사와 광대한 국토 때문이다. 중국 사람들 급한 게 없다. 오늘 안 되면 내일 한다. 여유만만하고 유유(悠悠)하다. '빨리빨리'의 우리와는 너무 대조적이다.

도대체 얼마나 큰가. 국토는 960만㎢, 남한의 약 100배, 미국이나 유럽 전체 넓이와 맞먹는다. 역사는 하(夏), 상(商), 주(周) 삼대(三代)로부터 장장 5,000년, 세계 4대 문명의 하나인 황하문명을 키운 나라다.

실은 '중국'이란 나라 이름은 아니다. 자기들이 사는 곳을 항상 세계 중심으로 생각해 중국, 중화(中華)라 불렀다. 따라서 중국이란 국가 이름이라기보다 지역적 문화적인 개념으로 '우리는 너희 주변국의 어른'이라는 계서적(階序的) 국제질서를 위한 이름이다. 그러니까 하, 상, 주 이래 제국인 진나라, 한나라, 청나라까지도 중국을 국호로 쓰지 않았다. '중국'이 정식 국호로 채택된 것은 1911년 신해혁명 성공 후, 쑨원(孫文)이 대총통으로 취임하면서 나라 이름을 '중화민국(中華民國)'으로 쓴 것이 처음이다. 그것을 줄여서 '중국'이 되었다.

중국은 우리에게 어떤 나라인가? 무섭고, 고맙고, 유감 많고, 밉고, 선생님으로, 상전으로, 그것도 수백 년을 모셔온 나라다. 그러다가 100여 년 전에, 겨우 중국 손아귀에서 벗어난 게 우리다. 그때까지 중국 앞에 허리 한번 제대로 펴보지 못해 본 게 우리 처지였다. 전생에 무슨 업을 쌓았기에 이런 연에 묶여 살아왔을까? 참으로 기이하고, 알다가도 모를 일이고, 모르다가 알 것도 같은—깊고 끈끈한 인연의 나라다.

1992년 9월 28일, 베이징 톈안먼(天安門) 광장에 우리 애국가가 울려 퍼지는 가운데 우리의 태극기가 게양되었다. 감격의 순간이었다. 역사적인 날이었다. 우리의 노태우 대통령과 양상쿤(楊尙昆) 중국 국가주석이 대등한 입장에서 양국이 첫 수교를 축하하는 행사였다. 우리가 역사 이래 처음으로 중국보다 잘사는 나라, 중국을 도와주는 처지에서 중국과 자리를 같이 한 축하연이었다.

30여 년 전만 해도, 그 당시 중국은 인구 11억, GDP가 겨우 4,400억 달러, 1인당 소득은 불과 370달러. 한국의 GDP는 5,000억 달러에 개인 소득은 중국의 23배인 9,000달러였다. 우리 꼰대 세대가 이룩한 자랑스러운 바로 그 시절이었다.

그날 우린 몰래 눈물을 흘렸다. 조상 대대로 고개 한번 제대로 못 쳐들고 살았던 우리, 명나라 군사들에게 당했던 눈물겨운 설움, 삼전도의 굴욕, 가까이는 위안스카이(袁世凱)의 폭거와 6.25때 통일의 방해— 이루 셀 수 없는 모욕과 설움의 세월, 그걸 어찌 우리가 잊으랴!

그날의 감동을 여러분은 모른다. 하기야 알 필요도 없다. 이 역사적 순간을 봐야 할 분들은 우리 아버지, 우리 할아버지다. 여러분, 우리 젊은이들은 앞으로 나아가기만 하면 된다. 뒤돌아보지 말라. 세상에 고약한 일이 과거에 발이 묶이는 거다.

1990년 북경 아시안 대회를 앞두고 친구 루다펭(樓大鵬)이 찾아왔다. 중국 육상연맹 부회장 겸 국제육상연맹(IAAF) 부회장, 영국서 교육받은 국제 신사. 내가 생전에 만난 두 사람의 현인(賢人)을 들라면 이 양반과 한국인으로는 지성한 선배다.

루 선생을 볼 때마다 나는 『삼국지』의 제갈량(諸葛亮)을 연상한다. 제갈량이 환생한다면 바로 루다펭일 거라고 생각한다. 그가 국제육상연맹 집행이사회의에서 발언을 하면 장내는 이상하리만큼 숙연(肅然)해진다. 그의 유려(流麗)한 영어와 비길 데 없이 정연한 논리는 우리 동료 이사들 모두를 홀려 경청하게 만든다. 그만큼 그의 영어가 뛰어나고 논리가 정연하다. 결론은 항상 명쾌한 정답이다.

루 선생은 영국 런던의 '보딩 스쿨'에서 공부했으니까 베이징 정부에서 더 크게 안 써주는 것 같았다. 출신 성분이 안 좋은 부르주아로 취급하는 거다. 그의 방한 목적은 곧 있을 90년 베이징 아시안게임을 준비하는데 우리 육상연맹의 도움이 필요하다는 것이었다. 그때 중국은 우리가 생각하던 것보다 훨씬 어려웠나 보다. 체육 기자재(器資材)까지 얻으러 온 거다. 육상 기자재로는 허들, 높이뛰기, 장대높이뛰기 장비 등과 계측기기 등 약 35만달러 어치를 지원했다. 우리 꼰대 세대는 작은 것이지만 중국을 도울 때도 있었다.

젊은이들이여, 우리도 했는데 자네들이 못 할 일이 어디 있겠나. 절대 기죽을 것 없다. 겁낼 것 없다. 나아가자! 나도 한다고.

나. 중국인의 일상생활

중국의 강점은 뭐니 뭐니 해도 인구다. 덩샤오핑(鄧小平)이 개혁개방을 시작한 1992년 당시 인구는 약 11억 5,000만 명, 당시 세계인구 약 54억의 약 21%. 현재는 15억 명으로 인도와 막상막하다. 속설에 의하면 중국의 전 국민이 4열종대로 천안문 앞을 행진하기 시작하면 지구가 끝나는 날까지 이 행진 대열은 멈추지 않는다는 거다. 행진을 계속하는 가운데도 새로운 인구가 계속 태어나서 인구가 늘어나기 때문이다. 10억이란 숫자는 그렇게 무서운 것이다. 누구나 귀하다는 사람 목숨, 그 목숨이 10억이다. 한 사람이 1달러씩만 기부를 해도 당장에 10억 달러의 기부금이 모이는 게 아닌가. 그런데 중국과학원에 의하면 중국의 인구는 16억을 넘을 수 없다고 판단한다. 국토는 넓은데 국토의 활용면적이 제한되고 물 부족이 심각하기 때문이다. 험준한 산악과 사막 지역을 뺀 가용 면적은 국토의 34%. 연간 강수량은 650mm. 16억 이상을 수용하기는 어렵다고 보고 있다.

중국 얘기에서 중화(中華)사상을 빼면 얘기가 성립되지 않는다. 중화사상이란 중국이 세계 중심이요, 자기들이 가장 문명한 민족이라는 자부심이다. 사실이다. 황하문명이 가장 무르익었던 서주(西周) 시대, 한족(漢族)은 주위의 이민족과 비교하면서 자기들의 문화적 우월 의식을 갖기 시작하였다. '중(中)'이란 지리적, 문화적 중심이며, '화(華)'란 뛰어난 문화를 가리킨다.

중화사상의 배후에는 다른 민족을 천시하는 화이사상(華夷思想)이 도사리고 있다. 그것이 문제다. 결국 중화사상은 이웃을 깔보는 화이사상과 같은 거다. 이(夷)는 오랑캐. 우리 조선족은 동이(東夷), 월남은 남만(南蠻), 위구르는 서융(西戎), 몽골은 북적(北狄)이라고 부르며 사람 차별을 했다. 그러니까 중화사상은 근본적으로 문제가 있다. 자기들 외에는 처음부터 저급한 사람으로 치부해 버린다. 자기가 소중한 만큼 남도 존중되어야지, 그런 경우가 어디 있나. 자신감(自信感)만 있고 자존감(自尊感)은 없는 사람 아닌가. 자존(自尊)하면 타존(他尊)도 해야지.

중국 하면 화교(華僑)를 말하지 않을 수 없다. 1860년, 영국과 청나라 사이에 베이징조약이 체결되면서 해외 이주가 시작되었다. '바닷물이 닿는 곳이면 어디든지 화교가 있다.'란 말이 있을 정도로 많은 중국인이 해외로 나갔다. 물론 동남아가 중심으로, 이들은 원래 근면한 사람들이라 거의 모두가 그 나라의 상권을 쥘 정도로 정착지에서 성공을 거두었다. 동남아 지역에서 사회적으로 이름을 떨치고 국가에 공헌한 화교를 들라면 필리핀의 건국 아버지 호세 리살, 베트남 건국의 아버지 호치민, 왕년의 자유월남의 응오딘지엠과 응우옌반티에우 대통령, 싱가포르의 리콴유(李光耀) 수상, 미얀마의 네윈 수상 등, 쟁쟁한 인물들을 수없이 들 수 있다.

화교들이 타향에서 성공할 수 있는 것은 중국인 특유의 초국가적 성격, 가족과 혈족 간의 응집력, 인내, 근면성, 뛰어난 금전 감각이다. 또한 화교들은 자신들의 오랜 유교 전통을 살려 예의, 염치, 신의를 가르치고, 사업을 하는 데도 도덕성을 중시한다. 그들이 자주 쓰는 경구로 '군자도 재물을 좋아하지만 돈을 버는 데도 도가 있다(君子愛財取之有道)', '아이들이나 의지할 데가 없는 사람은 속이지 않는다(童醨無詐)' 등이다.

화교들의 영향력은 막강하여 현지에서는 물론 본국과도 깊은 관계를 유지하고 있다. 지금 세계적으로 흩어져 사는 화교 수는 160여 개국에 2020년 기준으로 약 4,000만 명, 적지 않은 숫자다

중국은 땅이 큰 만큼 다수 민족이 모여 산다. 인구 구성비는 한족이 절대다수인 92%를 차지한다. 나머지가 55개 소수 민족으로 구성되어 있다. 55개 민족 중 100만이 넘는 민족은 19개 민족이다. 그중 장족이 최대 민족으로 약 1,600만, 다음이 만족 약 1,000만, 후이족이 약 900만, 위구르족, 티베트족 순이다. 조선족은 13위로 약 130만 명 정도이다. 이들 주요 소수 민족에 대해서는 자치권을 주고 있다.

중국의 언어는 워낙 나라가 큰 데다가 다민족 국가라 수많은 말이 사용된다. 같은 한족 사이에서도 국토가 광대하여 방언이 심하고, 의사소통이 전혀 안 되는 경우가 허다하다. 그래서 공통어가 필요한 것은 당연하다. 공통어를 보통어(普通語)라고 부른다. 우리가 일상생활에서 쓰는 말로 북경어를 표준으로 한 것이다. 텔레비전, 라디오 방송, 학교 교육에서 보통어가 사용된다.

중국어의 특징은 문언(文言)과 백화(白話)로 크게 나누어진다. 문언은 일반적으로 쓰지 않고 고전 문학, 역사, 철학 등의 작품에서 사용되는 언어이다. 그리고 백화, 곧 보통어는 육조시대 이후 북방어가 발전하여 오늘날 통용되는 말이 되었다. 지금은 정부의 노력으로 표준어인 보통어가 널리 보급되어 전국 어디서나 교육을 받은 사람이면 소통할 수 있다. 그러나 20여 년 전만 해도 북경 사람이 상해 사람과 소통이 어려웠고, 광동에 가면 전혀 말이 통하지 않았다.

1991년 「신시(信息)일보」에 의하면 산둥성 사람 둘이 우한(武漢)의 한 농장에 갔다가 소통이 안 돼 상대방의 오해를 사서 한 사람은 죽고 남

은 한 사람도 크게 상처를 입은 사고도 있었다.[29]

중국 사람들이 좋아하는 색깔은 붉은색과 노란색이다. 붉은색은 부귀영화를 상징한다. 노랑은 임금과 황실에서만 사용되던 전용 색상이었다. 이것은 고대 태양신과 대지(大地) 신에 대한 숭배에서 기원된 것으로 보인다. 붉은색은 태양을 상징하고 황색은 땅을 상징하는 것으로, 대지는 만물의 본원이라고 생각했다. 오행(五行) 철학이 생긴 이래 땅은 언제나 오행(木火土金水) 중에서 중앙에 있으므로 황색은 왕의 색으로 굳어진 것이다.

유교는 중국을 대표하는 문화전통이지만 공산화되면서 많은 관습이 봉건 잔재란 이유로 척결되었다. 특히 문화대혁명 때는 공자(孔子)까지도 격하되는 판이라 웬만한 전통 관례는 많이 소멸하였다. 그러나 긴 역사와 함께 중국인의 혈관 속에는 중후한 문화의 피가 흐르고 있어 예(禮)에 대한 무게를 느낄 수 있다.

중국인은 대체로 마음이 깊다. 우리와 달리 농담을 즐기지 않는다. 그러나 친구가 되면 의리와 신의를 지키고 서로 돕는다. 우리 민족과 같이 손님 인심이 좋고, 작은 예로 술잔이 조금만 줄어도 채워주는 게 관례다. 그들은 가득히 채우는 것을 좋아한다. 넉넉한 대국의 여유인지도 모르겠다. 그림이나 예술품도 우리는 여백의 미를 추구하는 데 비해 빈틈없이 꽉 채우는 것을 선호한다. 모두가 '채울 만(滿)'과 통한다.

중국의 일상생활에서 아주 중요한 일이 하나 있다. 인간관계다. 중국 사람들은 이를 '관시(關係)'라고 한다. 쉽게 말해 공식적으로 접근하면 안 되는 일도 맥을 찾아 부탁하면 의외로 쉽게 해결된다는 비결이

---

29) "우한에는 무엇하러 가는가(去武漢啥)?"를 "우한 가서 죽이려고(去武漢殺)"로 오해. 여기서 啥(사)는 '무엇, 어느' 등의 뜻인데, 그곳 방언과 殺(살)과 억양만 다를 뿐, 같은 음이었기 때문(信息日報, 1991. 2. 11).

다. 관시는 비단 남과의 관계에서만이 아니라 친족 간에도 널리 행해져서 친족을 돌봐주는 게 미덕으로 여기는 것 같다. '먼 친척이 한자리하면 집에 기르던 닭이나 개도 덕 본다'라는 속담이 있을 정도다. '일인득도 계견승천(一人得道, 鷄犬昇天)' 직역하면 '한 사람이 득도하면 집에 기르던 개나 닭까지도 승천한다.'는 뜻이다. 근래는 이런 풍조가 용인되지 않는다. 당국의 단속도 있지만 그만큼 공직자의 인식이 달라졌기 때문이다.

앞에서 언급한 일본 육상연맹 회장 아오키로부터 오래전에 들은 얘기다. 그의 스승은 야스오카 마사히로(安岡正篤)[30] 일본의 유명한 국학자다. 야스오카가 중일전쟁 중 일본군 점령지역을 방문한 적이 있었는데, 그곳에서 야율초재(耶律楚材)[31]의 후손이란 학자를 만났다는 것이다. 야스오카는 당대 일본의 저명학자라 야율의 후손은 그를 통해 일본 조야의 여론을 환기하려 했던 것이다.

> 우리 중국은 유사 이래 전화(戰禍)가 그친 적이 없어 전쟁의 후유증에는 비교적 잘 적응해 왔다고 본다. 그런데 일본군에 점령당한 후

---

30) 포항제철을 설립하면서 미국·독일·영국·이탈리아에 연속 기술협력 요청이 거절을 당했을 때 박태준 회장이 일본에 건너가 가장 먼저 만난 사람이 바로 이 야스오카였다. 그는 정·재계의 '보이지 않는 손'으로 통하는 거물이었다. 야스오카는 '과거를 반성하고 한국을 돕는 것이 일본의 국익(國益)'이라는 한국관(觀)을 갖고 있었는데, 그의 도움으로 일본철강연맹 회장과 전 총리 등을 만나게 되면서 미온적이던 일본 정부와 기업의 기술 협력을 받아 포항제철이 탄생하게 된 것이다.('박태준이 본 일본', 「조선일보」, 2015. 3.5.)
31) 야율초재(1190~1244)는 만주인으로 천문, 지리, 수학, 불교에 통달해 칭기즈 칸에게 발탁되었던 당대 대학자다.

우리 중국 사회에 큰 변화가 왔다. 다름 아닌 누규(陋規)가 무너졌다는 일이다. 누규란 청규(淸規)의 반대말로, 청규가 사대부, 지식계급, 지배계급의 사이에 통하는 관례, 도덕인 데 반해, 누규란 소매치기, 도둑, 하층계급, 뒷골목에서 통용되는 풍습 같은 것이다.

우리 중국에는 도둑이나 깡패 사이에도 일정한 도덕 같은 게 있었다. 내가 얘기하고 싶은 것은 일본군이 점령하고부터 이 누규가 무너졌다는 사실이다. 왜 이것이 문제인가 하면 지식계급, 지도계급의 퇴폐는 혁명을 통해 고칠 수가 있는데, 누규는 한 번 무너지면 돌이킬 수 없다는 데 문제가 있다.

누규에서 가장 민감한 부분이 뇌물이다. 중국은 고래로 관리가 일정 뇌물을 받는 것은 사실 사회적으로 묵인됐다. 중국은 대가족제도로 친족 중에 누군가 벼슬을 하게 되면 집안 내에서 생활 능력이 없는 자를 벼슬하는 사람이 먹여 살리는 것을 미덕으로 알아왔다. 말하자면 누규의 일종이다.

그런데 일본군이 점령하고 난 뒤부터는 뇌물도 턱없이 많아지고 분배 질서도 많이 문란해졌다. 중국은 개국 이래 걷잡을 수 없는 혼란에 빠졌다. 누규가 무너졌기 때문이다.

야율의 후손이 토로한 우려는 일리가 있다고 생각한다. 중국은 한때 대 제국을 이루어 세계를 호령한 적이 있었다. 이런 오랜 제국의 전통 속에서 중국은 중국 나름대로 세계와 제국의 질서를 유지할 수 있었을 것이다.

산업혁명 이후 완전히 세계 경제 질서가 새로이 정립되었다. 그에 따르는 정치 질서와 구도도 일신하였다. 그러나 사람이 사는 사회의 하부 조직은 변화가 없었다. 그 작동 원리도 동서가 다르지 않을 것이다.

지금 세계는 새로운 질서를 예고하고 있다. 3차 산업혁명에 이어 4차 산업혁명까지, 거기에 코로나 역병까지 겹쳐 세계는 요동치고 있다. 우리의 다음 행보는 어디로 향해야 하는가?

우리는 중진국의 정상에서 멈춰 섰다. 정상에서는 내리막길밖에 없다. 우리는 어디로 가야 할 것인가? 물어볼 것도 없다 벽을 넘어야 한다. 중진국의 완고한 벽을 넘어 새로운 고지를 찾아야 한다. 선진국으로의 길, 그리고 새로운 등정을 준비해야 한다. 중국의 굴기(崛起)는 어쩌면 우리의 행운이다. 우리를 긴장시키고 우리를 분발케 한다. 우리는 제국의 경험은 없다. 그러나 우리는 벽을 넘는 방법은 알고 있다. 개도국에서 중진국으로 넘어갈 때의 발상과 흥분과 결의를 경험하였다.

젊은이여! 한 번 도전해보자. 못 할 것 없다. 새로운 무대가 여러분 앞에 펼쳐질 것이다. 두고 보라. 기회는 온다. 지금 중국의 굴기는 장차 지정학적 대형 지각 변동을 예고하고 있다. 지각 변동은 우리에게 절대 불리하지 않다.

다. 중국정치의 겉과 속

(1) 중국은 공산주의 국가인가?

중국은 공산주의 국가인가? 아니다. 공산주의 국가라 할 수 없다. 공산주의의 출발점은 경제 이론인데 공산주의 경제 원리에서 일탈한 지가 오래다. 일탈만 한 게 아니라, 숫제 자본주의 시장경제 원리를 작동시켜놓곤 작명까지 근사하게 했다. 이름하여 '사회주의 시장경제'라고.[32]

---

32) 사회주의 시장경제란 사회주의 정치체제에 자본주의를 일부 반영한 용어로 1992년에 중국의 개혁개방을 설명하기 위해 장쩌민(江澤民)이 도입하였다.

그러니까 공산주의 국가가 아니라 자기들 말대로 '사회주의 시장경제 국가'라고 해야 옳다. 어디까지나 내 생각이다.

덩샤오핑(鄧小平)은 위대한 인물이다. 중국을 위해서는 그렇다. 그러나 그가 위대한 만큼 세계는 힘들어졌다.

덩샤오핑이 공장 시찰을 갔을 때이다. 컴퓨터를 가리키며 직원에게 물었다.

"이것은 자본주의인가, 사회주의인가?"

직원이 어리둥절해 하자,

"외국에 있을 때는 자본주의였지만, 중국에 들어왔으면 사회주의지." 라고 했다는 것이다.

'흑백 고양이'에 비유할 때나, 지금의 이 얘기는 자본주의나 사회주의가 모두 의미가 없다는 뜻이 아니겠는가. 자본주의 경제 원리를 갖다 쓰는 자체가 이미 공산주의를 떠났다는 뜻이요, 이는 공산주의 자체에 대한 통렬한 부정이다.

'사회주의 시장경제'라고 우기면 저들의 최고 스승인 공자의 정명사상(正名思想)에도 어긋난다. 공자는 정치가 바로 서려면 용어, 이름부터 제대로 쓰라고 안 했던가.[33] 공산주의 근본은 어디까지나 '통제경제'지, '시장경제'는 아니다.[34] 군인이 너무 나갔나? 이 정도로 해두자.

---

33) 자로(子路)가 물었다. "위(衛)나라 임금이 정치를 맡기면, 무엇을 먼저 하시겠습니까?" "반드시 이름을 바르게 할 것이다(必也正名, 子路 13)." 또, 제(齊)나라 공경(景公)이 공자에게 정치에 대해 묻자 "임금은 임금다워야 하고 신하는 신하다워야 한다(君君臣臣父父子子, 安淵 11)." 이 말은 그 이름에 걸맞아야 한다는 말이다.

34) 1840년 청나라가 아편전쟁에서 패한 후, '中體西用論(본체는 바꾸지 말고, 가지는 바꾼다)'으로 서양의 우수한 기술을 도입, 부국강병을 이루어 서양에 대

공산주의건 아니건 딴은 내가 시비 걸 일이 아니다. 주목해야 할 일은 중국의 부상(浮上)과 앞으로의 행보다. 부상 정도가 아니라 자기들 말대로 굴기다. 우뚝 섰다. 내가 떠든다고 멈출 중국이 아니다.

2019년 현재 중국의 GDP는 14조 3,430억 달러로 미국 GDP의 67%에 육박한다. 2027~28년에는 미국을 추월, 세계 1위 경제 대국이 된다고 큰소리치고 있다.

'흰 고양이 검은 고양이' 따지지 않고 세계 돈을 긁어모았다. 온천지가 불황인 이 난장판에도 중국은 2020년 2.3%의 성장률을 보여 세계 유일의 플러스 성장을 기록하였다. IMF는 2021년 중국의 성장률을 8.7%로 전망하였다. 무섭다.

역사는 연기(緣起)[35]의 소산이다. 나의 생각이다. 역사는 인간의 지혜로는 헤아릴 수 없는 얽히고설킨 사람의 인연과 업(業)의 결과로 전개된다. 시대가 영웅을 만드는지 영웅이 한 시대를 여는지는 알 수 없다. 그것은 신의 영역이다.

멀리 산황오제(三皇五帝)나 진시황까지 거슬러 올라갈 필요도 없다. 마오쩌둥(毛澤東)이 없는 중화인민공화국을 상상할 수 있는가. 저우언라이(周恩來)나 덩샤오핑이 없었다면 오늘의 중국이 존재할 수 있었을까?

1949년 10월 1일, 마오쩌둥이 톈안먼 광장에서 중화인민공화국을 선

항하자는 양무운동(洋務運動)을 일으킨 적이 있다. 통제경제에서 시장경제로 이름을 바꾼 것은 바로 중국의 오랜 정신문화인 본체를 바꾸면 안 된다는 정신에도 반(反)하는 것이다.

35) 역사는 여러 가지 인연으로 전개된다고 보는 필자의 견해 참조(졸저, 『어느 할아버지의 문명론』, 삶과꿈, 1999).

포했을 때 왜 그 자리를 장제스(蔣介石)는 대신할 수 없었을까? 마오쩌둥의 등장은 필연인가, 우연인가?

모두가 연기의 소산이다. 연기는 신의 역사(役事)하심이다. '사회주의 시장경제?' 이거 말이 되는 건가? 안 되지. 그러나 말이 안 되는 거로 중국은 일어섰다.

젊은이여! 논리에 묶이지 말라. 지식에 매몰되지 말라. 마음을 열어라. 머리 뚜껑을 활짝 열어라. 지식이나 논리는 때때로 우리를 바보로 만든다.

콜럼버스는 달걀 밑동을 잘라서 달걀을 세웠다. 세우라니까 잘라서 세웠다. 밑동을 자르지 말라는 말은 아무도 하지 않았다.

덩샤오핑이 자본주의 시장경제를 덥석 잡았다. 그리고 중국 인민을 살렸다. 공산주의로는 죽어도 안 되니까, 공산주의로는 인민을 먹여 살릴 수가 없으니까, 공산주의는 사실상 버렸다. 차마 버렸다고는 못 하니까 '사회주의 시장경제'라고 근사한 작명까지 해버렸다. 사회주의는 '통제경제'지 사회주의 어디에도 '시장경제'는 없다. 그러나 시장경제 한다고 누가 뭐라 하겠나?

덩샤오핑의 위대성은 바로 버리는 데(포기) 있었다. 공산주의까지도 버렸다. 안 버리면 그러한 발상이 안 나온다. 신주(神主) 같은 공산주의를 버렸기 때문에 시장경제가 나온 것이다.[36] 실사구시(實事求是)의 정

---

36) 새로운 발상은 버리는 데서 시작이다. 야율초재의 명언 '不若減一事(보태는 것보다 버리는 게 낫다)'는 일리가 있다. 스티브 잡스가 Apple에 복귀했을 때, 제일 먼저 착수한 일이 새로운 제품 생산에 앞서 불요불급의 제품부터 없애고 4개만 남긴 것도 좋은 예이다. 장자는 '자기부터 장사지내라(吾喪我, 『莊子』齊物篇)'는 극단적인 처방을 얘기했다.

신, 굶는 공산주의보다 배부른 자본주의가 좋지. 그는 대의(大義)를 따랐을 뿐이다. 덩샤오핑은 아무나 되나? 어림도 없다. 열린 가슴, 고집, 용기, 그리고 목숨을 걸어야 한다. '벽'을 넘는다는 것은 정말 어렵고 아무나 할 수 있는 게 아니다.

그런데 요즘 중국이 변하고 있다. 2012년 시진핑이 국가주석이 되면서 진짜 공산주의 국가로 서서히 회귀하고 있다. 그는 국가주석 임기제를 이미 폐지하였다. 내년 당 대회에서는 시 주석의 3연임이 승인될 전망이다. 어느 언론인은 시진핑 집권 10년도 못 되는 사이 중국을 60년 전 문화혁명 시절로 되돌려 놓았다고 평했다.

시진핑은 최근 '공동부유(公同富裕, 함께 잘살자)'를 내세웠다. 그러면서 재계는 물론, 교육, 연예계로까지 통제를 확대해 나가고 있다.

이런 변화에 대해 지식층의 반발도 만만치 않은 듯 베이징대 경제학 교수 장웨이잉(張維迎, 옥스퍼드대 경제학 박사)은 2021년 9월, 공익성 민간학문 기구인 '경제 50인 논단(CE50)'에 정부가 경제를 통제하면 "시장의 힘에 대한 신뢰를 잃고, 정부 개입에 자주 의존하면 오히려 공동빈곤(公同貧困)으로 이어질 것"이라고 비판하였다. 진정 중국을 위하는 뜻에서 걱정스럽다.

젊은이들이여! 우리 앞에는 넘어야 할 벽이 수도 없이 많다. 새로운 시대를 위해 우선 버릴 그것부터 과감히 버리자. 열린 사고로 뜨거운 가슴으로 내일을 맞이하자.

(2) 중국 공산당

・태동기

1919년 5월 4일, 톈안먼 광장에 3,000여 명의 대학생들이 집결하였다. 소위 5.4운동이다.[37] 1차 대전 후 전후처리를 위한 파리강화회의에서 중국의 요구가 관철되지 않았기 때문이다.

중국의 요구는 1차 대전 전 독일이 소유한 산둥성(山東省)의 권익과 일본과 맺은 불평등 21개 조를 무효로 하자는 것이었다. 학생과 시민들은 기대했던 파리회의가 무산되자 분노했다. 우여곡절 끝에 5.4운동은 성공을 거둔다. 학생뿐만 아니라 나중엔 시민과 노동자들까지 가세했기 때문이다. 5.4운동은 중국 국민의 눈을 뜨게 한 최초의 운동이었다. 제국주의와 봉건주의 타파를 외치며 일어난 이 운동은 중국 현대사의 출발점이 되었다.

5.4운동은 학생, 일반 시민, 노동자 등의 국민적 연대감을 형성하였다. 이때 노동자들의 정치참여는 이에 앞서 천두슈(陳獨秀)[38]가 제창한 마르크스주의와 맞아 떨어져 1921년 마오쩌둥의 공산당 창당을 촉진하는 계기가 되었다.

이미 10여 년 전인 1911년 신해혁명이 성공하자 쑨원은 1912년 1월 난징(南京)에 민주공화국을 수립하였다. 쑨원은 민족(民族), 민권(民權), 민생(民生)을 강령으로 하는 삼민주의(三民主義)를 제창하였다. 아시아에선 처음 보는 공화국 탄생이다.

한편 1921년 7월 31일, 마오쩌둥 등 12명은 상하이(上海)에서 천두슈

---

37) 5.4운동은 조선의 '3.1운동'과 러시아 혁명의 영향을 받아 중국에서 일어난 반제국주의·반봉건주의 혁명운동으로, 신민주주의 혁명의 출발점으로 평가되는 중요 사건이다.
38) 천두슈(1879~1942)는 중국의 공산주의자, 코민테른 혁명가이자 언론인, 트로츠키주의 혁명가이다.

를 위원장으로 하여 중국공산당을 창당하였다.[39] 위안스카이가 죽고 천하는 다시 군벌이 할거하는 현대판 전국시대가 시작되었다.

1922년, 천하 정세를 예의 관망하던 쑨원은 코민테른과 손을 잡는다. 할거하는 군벌들을 정복할 길이 요원했기 때문이다. 1923년엔 당시 중국 담당 코민테른 요원 보로딘(Mikhail M. Borodin)과 협의, 중국공산당과도 적극적으로 협력하기 위해 공산당 인사들의 개인 자격 국민당 가입을 허락한다.

쑨원의 생각과는 달리 보로딘은 국민당에 다수 코민테른 요원을 침투시킨다. 보로딘은 국민당을 소비에트 연방의 공산당 산하조직으로 만들려고 공작을 시작한 것이다. 당시 중국공산당의 활동은 매우 미약했다. 실제로 1921년에 중국공산당 당원은 인텔리를 중심으로 한 300여 명, 1925년에도 1,500여 명에 불과했다. 반면 국민당은 1922년에 이미 50,000여 명의 당원을 확보하고 있었다.

1924년, 중국국민당 1차 광저우 전국대회에서 제1차 국공합작(國共合作)이 결성되었다.

1923년 초, 쑨원은 장제스를 소비에트 군의 전략, 전술 연구를 위해 모스크바에 파견한다. 1923년 말 귀국한 장제스는 황푸(黃埔)군관학교를 설립(1924), 교장으로 취임한다. 이때 정치 주임으로 발탁된 사람이 저우언라이다. 학생들의 실태를 누구보다 잘 파악할 수 있는 요직의 저우언라이는 이때 많은 우수 학생들과 특별한 사제관계를 맺는다. 린뱌오(林彪)[40] 등 다수가 훗날 장제스와의 전쟁 때 중국 공산군의 중요 지

---

39) 중국공산당은 프랑스의 탄압으로 프랑스 조계(租界)인 상하이에서 쫓겨나 오직 12명의 대표만 회의를 할 수 있었다. 회의 마지막 날에 대표들은 중국공산당의 창당을 공식적으로 선포하였고, 천두슈를 대표로 선출하였다.
40) 린뱌오는 중화인민공화국 부총리 겸 총리 권한대행, 국방부 부장과 원수를

휘관으로 활약하게 된다.

1925년 3월, 쑨원이 서거하자 장제스가 후계자로 등장한다. 1926년 3월, 소련 고문단을 추방하고 국민당 내 공산당원을 숙청하기 시작하였다. 코민테른도 장제스의 정책 변경에 놀라 조정을 시도했으나 실패하고 마침내 1927년 국민당과 공산당은 결별하였다. 1차 국공합작이 무산된 것이다.

중국은 이때 두 개의 정부를 갖게 된다. 국민당의 난징(南京) 정부, 공산당과 국민당이 합작한 좌파의 우한(武漢) 정부. 그러나 이런 상황은 오래 가지 못한다. 다음 해 장제스는 우한 공산정부를 공격, 공산당은 숙청하고 우파는 흡수하여 장제스의 국민정부가 국제사회의 공인된 정부가 되었다.

1926년 장제스는 북벌을 시작한다. 강성한 군벌들을 차례로 굴복시키며 1928년에는 동북 3성(봉천, 길림, 흑룡강)까지도 석권하여 명실공히 중국을 통일한다. 중국대륙의 통치자가 된 장제스는 공산당을 뿌리 뽑기 위해 1930년과 1934년 사이에 4차에 걸친 대대적인 토벌 작전을 폈다. 그러나 큰 성공을 거두지 못한다. 그러나 장제스는 34년 10월, 역량을 다시 집결, 70만의 대병력으로 공산당의 근거지인 중국 남부의 장시(江西)성 루이진(瑞金)을 포위 공격, 공산군은 전멸의 위기를 맞게 된다.[41]

최대 위기를 맞은 공산군(홍군)은 포위망을 탈출, 산시(山西)성 어딘가에 새로운 근거지를 만들기 위해 험지(險地)를 골라 도망치기 시작하였다. 산시성을 목적지로 한 것은 지형이 험하고, 소련의 지원을 받기

역임했다. 쿠데타 실패 후 소련으로 망명하던 중 항공기 추락사했다.
41) 루이진은 마오쩌둥과 주더(朱德)가 1931년에 수립한 소비에트 공화국의 수도이다. 장정(長征) 이후 수도를 즈단(志丹)현으로 옮겼다.

용이한 지역이기 때문이다.

주력인 제1방면군 내에는 마오쩌둥, 저우언라이, 덩샤오핑 등 지도급 인사가 많았다. 저우언라이와 지도력을 양분하고 있던 마오(毛)는 소련의 압력으로 지도력을 한때 상실하였다. 그러나 홍군이 패전의 원인을 분석한 결과 강한 적과 싸울 때는 게릴라전이 유리하다는 결론이 났다. 그리고 1935년 1월 마오쩌둥의 노선이 다시 채택되고 당 지도권도 주어졌다.

대장정(大長征)은 여러 가지 의미에서 공산당의 성장에 지대한 영향을 준다. 표면적으로는 대장정이란 장제스 군의 포위 공격에 공산군(紅軍)이 패주(敗走)한 사건이다. 86,000명의 제1방면군이 368일 동안 12,500km를 걸어서 이동한 고난의 역사다. 바로 고난의 역사에 뜻이 있다.

강한 쇠는 담금질을 잘해야 강해진다. 인간도, 조직도 담금질 없인 새로 날 수 없다. 마오쩌둥이 장제스와의 대결에서 최후의 승리를 거둘 수 있었던 가장 중요한 계기가 바로 이 대장정 때의 담금질 덕이라고 생각한다.

대개 사람은 40km를 걸으면 물집이 생기고, 100km를 걸으면 물집이 터지고, 200km 이상을 걸으면 피가 나오고, 발가락과 발이 고장 나고, 300km 이상 걸으면 몸에 이상이 오게 마련이다.

공산군은 12,000km 이상을 제대로 먹지도 못하며 적과 싸우며 이동했다. 추위와 질병과 기아에 시달리며 자연의 험로를 돌파하였다. 이것은 마치 미국의 서부시대, 개척민들이 겪었던 상황과 비슷하다. 공산군이 옌안(延安)에 도착한 수는 불과 7,000여 명, 처음 도망칠 때 86,000명의 불과 1/10 미만이 살아남았다. 그들의 도망 길은 18개의 험준한 산맥을 넘고 24개의 큰 강을 건너 11개 성을 통과하면서, 지방 군벌과 싸우며 1년 이상 추위와 질병에 시달리며 12,000여 km를 돌파한 것이다.

대장정의 길은 험하고 멀었다. 길이 멀고 길수록 그들은 더 많은 농민을 만나고 접촉할 수 있었다. 약탈을 일삼던 장제스 군이나 지방 군벌들과는 달리 홍군은 농민을 보호하고 가능하면 도왔다. 대장정 중 공산군이 영향을 준 지역 농민의 수는 무려 2억 명에 달했다. 이때 공산군이 농민들의 환심을 산 것은 훗날 장제스 군을 격파하는데 엄청난 역할을 한다. 살아남은 7,000명은 정예 중에도 가장 정예로군 공산당원이 되었다. 처음 시작은 패전에서 출발했지만 고난의 길은 결과적으로 공산당을 새로 나게 한 계기가 되었다. 이 담금질이 장제스의 국민당 군을 끝내 굴복시켰고, 국가의 위기 때마다 국난을 극복하는 정신적 지주가 되었다. 미국의 '명백한 운명'이 미국 발전의 원동력이 되고 있듯, 중국의 대장정은 두고두고 중국의 정신적 지표로서 국민을 분발케 하는 동력이 될 것이다.

・국공 내전(國共內戰)

국공내전이란 국민당과 공산당이 중국의 패권을 두고 싸운 내전이다. 통상 1927년부터 1936년까지를 1차, 1936년부터 1949년까지를 2차 국공내전으로 구분한다. 국공내전은 1949년 마오쩌둥이 톈안먼 광장에서 중화인민공화국 건국 수립을 선포하였을 때 사실상 종결되었다.

1925년 쑨원이 죽고 장제스가 집권한 후 30년 동안 마오쩌둥과 장제스가 벌이는 천하 쟁패는 역사상 유례를 볼 수 없는 장관이요, 일대 드라마다. 혹자는 유방(劉邦)과 항우(項羽)의 대결에 비유하나 시공(時空)적으로 비교가 안 될 뿐더러 동원된 인물, 무력, 권모, 규모 등을 통틀어 초군급(超群級, 여럿 중 뛰어남)이다.

제군, 드라마를 시작해 볼까? 주의할 것은 내 얘기를 그냥 읽지 마라. 지배(紙背)를 읽으란 말이다. 이것은 내가 쓴 글이다. 역사가의 서술도 글이다. 불교에 불립문자(不立文字)란 말이 있다. 글이란 한계가 있는 법, 모든 사실을 글로 옮길 수가 없다는 뜻이기도 하다. 실제 사건은 서술과 다를 수 있다. 그러니까 내가 풀어가는 사건을 눈으로만 읽지 말고 마음으로 보라. 역사를 읽을 때는 상상의 날개를 활짝 펴고 읽어야 한다. 지배를 보란 말이다. 실제 사건은 나의 글과는 다를 수 있다. 그래야 진짜 교훈, 감동, 영감을 얻을 수 있다.

1927년 4월 12일 상하이에서는 대학살극이 벌어졌다. 세력이 불어난 공산당을 완전히 청소하려는 장제스의 결단이었다. 체포된 공산당 지도자 리다자오(李大釗)를 포함하여 수많은 공산당원을 색출, 괴멸에 가까운 숙청을 단행하였다. 소위 '상하이 쿠데타'다. 1차 국공합작이 깨진 건 당연하다.

마오쩌둥은 독자적인 무력단체의 필요성을 절감한다. 난창(南昌)봉기 후 중국 공농홍군(工農紅軍)을 조직하였다. 난창봉기란 1927년 8월 1일 장제스에 대항하여 농민들을 중심으로 폭동을 일으킨 사건이다.

중국 전역을 석권한 장제스는 이제 두려울 게 없어졌다. 교만해진 것이다. 공산당도 웬만큼 소탕했겠다, 국민당의 세력은 날로 커졌다. 집중된 권력, 강성해진 힘은 언제나 문제를 잉태한다. 오만해지고, 위아래로 독버섯이 자라기 시작한다. 바로 부정부패다. 장제스 국민당도 예외일 수 없다.

처음엔 조그만 부정부패도 힘의 크기에 비례해서 세월과 함께 자란다. 지도자가 정신을 차리고 특별한 조치를 하지 않으면 걷잡을 수 없는 속도로 커진다. 부패란 괴물은 역사상 수많은 사람, 조직, 나라를 망쳤다. 국민당이 부패하면서 비리와 수탈이 공공연히 자행되었다. 민심이 이탈하기 시작했다. 특히 노동자, 농민들의 불만이 고조되었다.

그런데 마오쩌둥은 달랐다. 삼대기율 팔항주의(三代紀律八項注意)라는 엄격한 기율을 선포, 홍군의 기강을 잡았다. 군기는 추상같았다. 민가의 닭 한 마리를 훔쳐도 사형에 처했다. 점령지역마다 지주들을 숙청하고 토지개혁을 하였다. 농민들을 도울 수 있는 데까지 크게 도왔다.

여기서 잠깐 두 사람의 지도자, 장제스와 마오쩌둥을 비교해 볼 필요가 있다. 한 사람은 중국 천하를 차지했는데, 다른 한 사람은 대만으로 쫓겨가야 했던 이유가 있을 게 아닌가.

장제스는 군인에서 정치가로 변신한 사람이다. 마오쩌둥은 사상가요, 모략가다. 군인이 아니면서도 용병과 전술이 능한 전략가였다.

장제스가 4차례에 걸쳐 토공전(討共戰)을 벌였지만 매번 실패한다. 장제스는 홍군보다 항상 5~10배의 병력과 좋은 장비를 갖고도 마오쩌둥을 격파하지 못했다. 마오쩌둥은 네 차례 장제스와 전투 중, 세 번은 직접 실병(實兵) 지휘를 했다. 치고 빠지는 게릴라전이다. 장제스를 매번 이겼다는 것은 마오의 전술은 물론 지휘관으로서 자질도 뛰어났다는 증거다. 마오쩌둥의 전쟁 재능은 한국전쟁 때도 빛을 발했다. 인천상륙을 미리 경고하였고, 중공군 개입 후에는 펑더화이(彭德懷)가 아니라 베이징의 마오쩌둥이 실병 지휘를 했다.

실패를 거듭한 장제스는 전열을 다시 갖추고 70만 명을 동원하여 제5차 토공전을 펼친다. 1934년 10월, 루이진의 소비에트 해방구 공격이다. 제5차 공격에서 장제스는 비로소 승리한다. 그러나 이때 마오는 지병으로 실병 지휘를 못 했다. 대신 리리싼(李立三), 장궈타오(張國燾)와 볼셰비키 요원 28명이 대신했다.

장제스는 독일 군사 고문 폰 젝트(Johannes F. "Hans" von Seeckt)를 참모로 기용하여 전과 다르게 진지를 하나씩 점령하였다. 점령한 진지를 거점으로 삼아 점진적으로 포위망을 압축하였다. 그리고 최후거점을 공략하는 지구전을 택했다. 압도적으로 우세한 병력이 있었기에 가능한 작전이었다.

게릴라전이 힘을 못 쓴 이유가 치고 빠질 데가 없었기 때문이다. 결국, 홍군은 전멸의 위기를 맞아 겨우 탈출하여 대장정의 길에 오르게 된 것이다.

장제스와 마오쩌둥의 다른 점은 무엇인가.

지도자의 중요한 덕성으로 나는 균형감각을 친다. 균형감은 중심이 무언가, 어딘가를 안다는 말이다. 중심은 좌우, 앞뒤를 알아야 중심이 어딘지 안다. 중심을 모르면 한편으로 기운다. 고집을 너무 부리거나, 과욕하거나, 겉만 알고 속을 모르거나 기울면 사달난다.

마오(毛)는 인간의 양면을 다 보고 있었다. 인간의 어두운 면─게으르고, 부패하고. 그러니까 '기율팔항'을 공포하고 무섭게 실행했다. 장(蔣)은 부패를 못 보았거나, 못 본 체했다. 중심을 잃었다. 곧 균형감각을 잃은 것이다. 루이진에서 군인도 아닌 마오쩌둥한테 장제스가 번번이 패한 것도 균형감각을 잃었기 때문일 것이다.

경서(四書三經)를 탐독한 장(蔣)은 선(善)만 보았을 것이다. 기울었다. 사서(史書)에 심취한 마오(毛)는 인간의 선악(善惡)을 다 보았다. 균형을 잡았다. 천하는 마오쩌둥의 것이 될 수밖에 없었다.

옌안에 자리를 잡은 홍군은 이제 산시성 일대의 강자 장쉐량(張學良)과 싸우게 되었다. 장쉐량은 동북군의 지휘관으로 국공내전의 부사령관을 겸하고 있었다.

사실 장쉐량은 홍군과의 싸움보다 일본군에 대한 적개심이 더 컸다. 만주라는 고향도 일본군에게 뺏기고 아버지까지 그들 손에 죽었다. 홍군에 앞서 일본군부터 무찌르는 게 순서라고 생각했다. 따라서 장제스의 '선 통일, 후 저항(일본에 대한)'이라는 방침도 마음에 안 들었다.

1936년 초, 장쉐량은 홍군과 비밀리에 접촉한다. 서로 적대적 행위를 중지하고 일본과 싸우기 위해 통일전선을 펴기로 합의하였다. 이러한 비밀합의는 물론 장제스 모르게 진행하였다.

12월 7일, 장제스는 공산군 토벌을 독려하기 위해 시안(西安)으로 날아가 동북군 지휘관들을 독려하였다. 일본군에 앞서 홍군부터 섬멸하여야 한다고. 그러나 현지 지휘관들은 반대하였다. 대(對)일본 통일전선을 형성하고, 소련과 동맹하여 내전부터 종식하는 게 순서라고 주장하였다.

장 총통은 의외의 사태에 놀랐다. '이상하다, 나한테 정면으로 덤벼? 있을 수 없는 일이다. 아차! 이놈들이 그동안 공산당에 설득당했구나.' 사태의 심각성을 알아차리고 장쉐량을 교체하는 동시에 항일을 주장하는 장교단까지 제거하기로 마음먹었다. 그러나 장쉐량이 한 발 빨랐다. 위험을 감지한 장쉐량은 선수를 쳤다. 12월 12일, 반란을 일으켰다. 새벽 6시에 시안시를 완전 장악하고, 장 총통 참모들을 모조리 체포하였다. 교외 온천휴양지 린퉁(臨潼)에 머물고 있던 장 총통은 잠옷 바람으로 도망치다 야산에서 체포당하는 수모를 당했다.

반란에 참여한 동북군과 서북군은 내전을 즉각 중단하는 동시 항일투쟁을 중심으로 하는 8개 조항을 장 총통에게 강요하고, 이의 승인을 요구했다. 소위 병간(兵諫, 군사력으로 간청)이다. 장제스는 끝내 승인하지 않는다. 그러나 구두로만 약속한다. "그래, 일본과 먼저 싸우자."라고. 끝내 서명은 안 했다. 서명하지 않은 장제스를 놓아준 반군이나, 약속을 지킨 장제스가 멋있다. 대륙 기질이다.

12월 14일, 동북군 14만(장쉐량), 서북군 4만(국민당), 홍군 9만 명으로 구성된 항일 연합군이 구성되고, 장쉐량이 연합군 군사위원회 주석으로 추대되었다. 실은 반란의 소란 중 장 총통의 운명도 우여곡절을 겪는다. 동북군 다수 장교들이 총통을 처단하자고 주장했기 때문이다. 이 무렵 저우언라이나 의협심 강한 장쉐량 같은 사람이 조정을 안 했으면 장 총통도 시안에서 죽었을 것이다. 장쉐량이 몸으로 막은 덕분에 살게 되었다.

반란을 일으켰던 장쉐량은 죄책감을 떨쳐버릴 수가 없었다. 의형(義兄)인 총통에게 총부리를 겨누었다. 대의를 위한 일이라고는 하지만 개인적으로 미안한 마음이 가슴을 짓누른다. 장쉐량은 큰 결단을 내린다. 형님에게 용서를 빌자. 난징까지 같이 가서 사죄하자. 그의 결단은 생명을 거는 모험이다. 반란군의 괴수가 난징에 간다? 그러나 그는 서슴지 않고 자기의 전용기로 총통을 호위해서 난징으로 함께 갔다.

장쉐량은 당시 군벌 중 최강 동북군 50만 명(시안의 14만은 동북군의 일부)의 주인이다. 만주에 남아서 얼마든지 권세를 휘두를 수 있는 사람이다. 그런데 그는 총통과 동행했다. 난징에 도착해서는 군율에 따라 처벌까지 하라고 자청하였다.

장쉐량은 의협심이 강한 열혈 36세, 장 총통과는 형님, 동생 하는 의형제 사이였다. 존경하는 형님에 대한 배반은 스스로를 용서할 수 없었을 것이다. 아무리 대의(大義)를 위한 배반이라지만 장제스도 난감하였을 것이다. 쉐량이가 나를 배반해? 이놈을 그냥……. 괘씸하다. 그러나 자기를 따라 난징까지 왔다. 집안에 들어온 새는 잡지 않는다고? 총통이라는 공인으로서, 의형제란 사적 관계 사이에서 총통은 고민했을 것이다. 반란은 물을 것도 없이 사형이다. 그걸 알고도 쉐량은 난징에 왔다. 총통은 곤혹스러웠을 것이다. 12월 31일, 군법회의에 회부되었다. 정상이 참작되어 사형은 면하고, 10년 금고형과 5년간 공민권 박탈 선고를 받는다. 총통은 바로 다음 날 사면령을 내린다.

두 남자의 우정과 미움이 얽힌 복잡한 인간관계는 한 편의 드라마다. 유비의 도원결의 현대판인가. 쉐량이 멋있고, 장제스도 대인이다. 장제스는 마오쩌둥에게 패하여 대만으로 도망갈 때도 쉐량을 데리고 간다. 시안사건 후 장쉐량은 한 번도 정치 정면에 나서지 못하고 포로 같은 생을 보냈다. 그는 2001년, 하와이에서 101세를 일기로 눈을 감았다.

왜 시안사건을 중시하는가? 시안사건을 계기로 중국 공산당은 항상 쫓기던 신세를 벗어나 처음으로 제대로 된 정치공작과 군사작전을 펴나갈 수 있었다고 본다. 시안 이후, 기복은 있었지만 대세는 공산당으로 기울어졌다고 나는 본다.

시안사건의 연출자는 누구였을까? 장(蔣)—마오(毛)의 대결에서 운동장을 기울게 한 'Mastermind(숨은 지모자)'는 과연 누굴까? 내 생각이지만, 저우언라이다. 저우는 진짜 거물이었다. 천하를 보는 눈, 설득력, 지모, 잔인성에 인물 좋은 것까지, 중국 지식인 사이에 인기는 마오쩌둥을 능가할 것이다.

중국 공산당의 두 거물을 들라면 마오(毛)와 저우(周)다. 마오가 우뚝한 보스였다면, 저우는 명참모였다. 마오가 거산(巨山)이라면 저우는 대하(大河)였다. 마오가 태산처럼 버티고 있으면, 저우는 물처럼 골짜기마다 스며들어 채우고, 어루만졌다. 마오는 실수를 해도 저우는 빈틈이 없었다. 둘 다 권모에는 달인이며, 냉혈한들이었다. 마오 없는 중국 공산당을 생각할 수 없고, 저우 없는 공산 중국을 생각할 수 없다.

저우언라이는 황푸군관학교 때부터 장제스 교장을 모시면서 딴 살림을 차렸다. 상사의 무덤을 몰래 파기 시작한 것이다. 훗날의 홍군을 위하여 우수한 학생들을 많이 포섭하였다. 1946년, 다 죽은 홍군을 기사회생시킨 린뱌오도 이때 포섭된 사람이다. 황푸 제4기, 불패의 장군이란 별명이 붙은 명장이다.

국공내전 전 기간을 통해 장제스에게 물을 제일 많이 먹인 사람도 저우언라이다. 시안사건을 포함, 국공내전이 끝날 때까지 장제스는 계속 저우언라이에게 당했다. 그래도 저우를 좋아했던 장제스. 역사의 아이러니다.

역사의 여신이 있다면, 그녀는 어떤 남성을 좋아할까? 그 변덕은 알 길이 없다. 중화인민공화국은 마오쩌둥의 리더십과 저우언라이의 지모로 탄생한 국가다.

사건이지만, 중국 공산당은 창당 이래 5번의 중요한 고비가 있었다. 즉 1) 대장정, 2) 시안사건, 3) 마오쩌둥의 궤도(詭道, 기만), 4) 문화대혁명, 그리고 5) 덩샤오핑의 개혁개방이다.

얘기를 계속하자. 1937년 7월, 일본군은 노구교(蘆溝橋) 사건[42]을 구실로 본격적인 중국 침략을 개시하였다. 만주(1932. 3)도 모자라 더 큰 떡, 중국까지 넘본 것이다.

일본의 참모본부는 2년 이내에 중국 문제를 처리하기로 계획했다. 기병(起兵, 군대를 일으킴)과 함께 초기 전개(展開)는 빨랐다. 37년이 다 가기 전에 베이징, 상하이, 국민당의 수도 난징까지 모두 점령하였다. 어디까지나 나의 생각이지만, 우리같이 조상 대대로 작은 국토에서 살아온 사람은 대국을 이해 못 한다. 중국은 일본 국토의 25배다.

---

42) 1937년 베이징 서남쪽 노구교(루거차오우)에서 일본군이 일으킨 자작극. 중일 전쟁의 발단이 되었다.

중국인은 당(唐) 제국도 경영해봤고, 청나라도 다스려본 5,000년 역사 민족이다. 중국은 일본 같은 나라가 그냥 삼킬 수 있는 그런 나라가 아니다. 우선 크기부터 문제가 되지만 5,000년 역사는 움직일 수 없는 큰 산이다. 만주와는 다르다. 만주 땅은 원래 주인이 애매한 곳이다. 물리적 힘은 항상 한계가 있다. 시간과 거리(크기)는 물리적 힘을 무력화한다. 나폴레옹이나 히틀러가 실패한 것도 이 계산을 잘못했기 때문이다. 그뿐만 아니라 문화적 힘은 시공(時空)을 초월한다. 일본도 이 계산을 못 했다. 큰 실수를 한 것이다. 외적이 쳐들어오니 장제스와 마오쩌둥은 다시 합치기로 약속한다. 2차 국공합작이다(1937. 9. 23). 홍군은 팔로군과 신 4군으로 개편되어 국민혁명군(국민당군)에 배속되었다. 그러나 작전은 양측이 독자적으로 수행하기로 했다.

일본이 상하이 공격 때는 양민을 많이 죽였다. 점령이 계획보다 3개월이나 늦었다. 화가 난 일본은 이때부터 비전투원도 마구 죽이기 시작했다. 소위 '삼광작전(三光作戰)'이다. '뺏고, 죽이고, 불태운다.' 일본의 역사적 오점이 된 비전투원 학살 사건이 모두 삼광작전의 결과다. 이후 한커우(漢口), 난징 등 학살은 계속되었다.

군인들은 이 역사적 교훈을 한 번 깊이 생각해야 한다. 막말로 군이란 폭력 집단이요 살인 집단이다. 그러나 임무는 신성하다. '나라를 지키고 백성을 보호한다'가 아닌가. 임무가 훌륭한 만큼 행동도 훌륭해야지. 그러므로 군은 더욱 도덕적이요 윤리적이어야 한다. 억지로 들릴 것이다. 그런데 미국은 벌써 시도(試圖)하고 있지 않은가.

약탈, 비전투원 살상은 한 번 생각해야 한다. 역사적으로 약탈을 일삼고 강간을 묵인하는 군대가 잘 된 적이 없다. 일본군이 망했고 중국 국민당도 그래서 망했다. 서양 전사(戰史)에도 예외가 없다. 인간 역사를 통틀어 군기가 문란한 군대, 부정부패 정권은 반드시 망했다.

1941년까지 중국군은 일본군과 밀고 밀리며 많은 사람이 죽었다. 싸움은 주로 장제스가 했다. 마오쩌둥은 일본을 핑계로 어부지리를 챙겼다. 전쟁보다 시민, 노동자, 농민들을 상대로 민심 잡기에 총력을 기울였다. 국공합작을 했으면서도 심심하면 국민당과 홍군은 싸웠다. 가볍게 싸우는 게 아니라 사생결단하고 싸웠다. 이념의 차이란 무섭다. 특히 공산당의 집요한 세력 확장은 곳곳에서 충돌을 일으켰다. 1940년 이후 공산당도 상당한 기반을 잡아 중국 대륙은 이제 크게 세 개 지역으로 분할된다. 즉 충칭(重慶)을 중심으로 하는 중화민국 직할 지역, 옌안을 중심으로 하는 공산당의 섬강녕변구(陝甘寧邊區), 도시와 해안을 중심으로 하는 일본군 점령지역이다.

1941년 후반부터 중일전쟁의 성격이 바뀐다. 일본이 진주만을 기습했기 때문이다. 겁도 없이 미국에다 대고 한 방 먹였다. 한 방치곤 대형사고다. 미국의 태평양 함대를 완전히 결딴냈으니. 일본은 건국 이래 최대 실수를 저질렀다. 일본이 망할 것은 뻔한데 그런 사고를 낸다.[43]

누가 봐도 대미전쟁은 망국의 길이다. 일본만 그걸 모른다. 모르는 게 아니라 일본 사정을 깊이 들여다보면 그 사람들은 그길로 가게 되어 있다. 매우 교훈적이다. 우리 지식인들은 일본의 쇼와사(昭和史), 특히 쇼와 말기 역사를 한 번은 읽어야 한다.

---

43) 미국이 일본의 공격을 유도했다는 '음모론' 중 하나가 진주만 공격 당시 미 해군이 일부러 구식 전함들만을 배치했다는 주장이 있다. 그러나 오해다. 미군은 워싱턴 군축 조약에 따라 1920년대 이후에 신형 전함을 건조하지 못했다. 진주만이 궤멸할 정도로 큰 타격을 입었다는 점에서 일본의 공격을 유도했다는 설은 신빙성이 부족하다.

미국은 그동안 중일전쟁에 대해 사실상 팔짱을 끼고 있었다. 중국이 일본군을 묶어 두는 것만도 고마웠다. 모르긴 해도 일본이 진주만까지 치고 오리라곤 꿈에도 생각 안 했을 것이다.

일본은 선전 포고도 없었다. 미국이 격노할 것은 뻔한 일.

"Remember Pearl Habor!"

전 국민이 들고일어났다.

미국의 앞마당에까지 불똥이 떨어지자 미국 조야에서는 전쟁처리는 물론, 전후 동아시아 전체의 경영까지 포함해서 진지한 검토를 시작했다. 후술하지만 이때 계산을 잘못했다. 전략적 미스다. 이때의 오산이 동아시아의 판도를 바꾸고, 우리 한반도와 배달의 처지를 어렵게 한다.

국제정세에 밝은 장제스도 발 빠르게 소위 구축국(일본, 독일, 이탈리아)에 선전 포고를 한다. 또 직속부대를 미얀마 전선으로 파견하여 영국군과 합동작전까지 펴게 한다. 이때부터 중일전쟁은 2차 대전 일부로서 세계의 인정을 받게 되고, 그동안 홀로 일본과 싸워온 중국의 공로도 재평가받게 된다. 그뿐만 아니라 2차 대전의 시작은 1939년 9월, 독일의 폴란드 침공부터가 아니라, 37년 7월 일본의 중국 침략이 시작이라는 주장이 설득력을 얻게 하였다.

실제로 중국의 장제스는 진주만 사건이 일어날 때까지 혼자 힘으로 일본과 싸웠다. 일본의 80만 명의 육군병력을 중국에 4년 동안이나 묶어 놓았다. 우방 동맹국들이 장제스에게 이만저만 덕을 본 게 아니다. 그러나 중국이 치른 대가는 혹독하였다. 중국인 2,000만 명이 희생되고, 8,000만 명의 난민이 고향을 잃고, 국가 기반시설의 80%가 파괴되었다. 큰 도시는 모두 폐허가 되었다. 한편 중국 공산당은 장제스가 일본과 싸우는 동안 농민의 지지기반을 공고히 다져갔다. 과감한 사회개혁 정책으로 중국인들의 인심을 사로잡았다.

엄정한 홍군의 군기는 장제스 군의 문란한 군기와 좋은 대조를 이루어 혁명의 근거지는 날로 커졌다. 사소한 일 같지만, 홍군은 상해를 점령했을 때 민폐를 피하고자 길거리에서 잠을 잤다. 반면 국민당군은 새로운 지역으로 이동하면 으레 좋은 집을 접수하고 재산까지도 약탈하였다. 결과적으로 장제스는 전쟁엔 이기고 나라는 공산당에게 빼앗긴 셈이다.

일본군은 태평양지역에서 연이은 참패를 거듭했다. 중일전쟁도 7년째로 접어들면서 일본의 패색도 완연해졌다. 일본은 미국과의 전쟁 실패를 중국에서 만회나 하려는 듯 1944년 3월, 미얀마—윈난으로 연결되는 원장(援蔣, 중국군을 돕는 보급로) 루트를 봉쇄하겠다고 임팔(Imphal) 작전을 시작하였다. 대령 때 노구교 사건을 일으켰던 무타구치 렌야(牟田口廉也)란 군단장이 둔 무리수다. 이 작전에서 병사들만 4만 명 이상이 굶어죽었다. 전후에도 두고두고 욕을 먹은 대표적 실패 작전의 하나다. 44년 4월엔 북부 점령지역과 남쪽의 하이난섬을 잇는 '이치고(一号) 작전'을 폈고, 초기에는 잠깐 성과를 거두다가 주저앉는다. 기울어진 판세는 어쩔 도리가 없었다.

마침내 일본은 원자탄을 두 발이나 얻어맞고 1945년 8월 15일 무조건 항복한다. 일본은 물러갔지만 대륙의 천하제패(天下制霸) 싸움은 끝나지 않았다. 1946년, 국민당군은 공산당을 전면적으로 공격하기 시작했다. 2차 국공 내전이 다시 시작되었다.

국민당은 1947년 초만 해도 잘 나갔다. 47년 3월에는 중화 소비에트 공화국 수도 옌안도 점령했다. 그러나 국민당군은 병력을 지나치게 분산하는 우를 범한다. 국민당 군의 부정부패는 여전하였고 인플레로 경제까지 붕괴하여 민심이반은 가속화되었다. 1945년, 홍군의 병력은 약 120만, 국민당군은 430만으로 무력은 여전히 국민당 군이 월등히 우세하였다. 민심의 이반에도 장제스 군은 우세한 군사력으로 대부분의 중국 대륙을 평정하였다. 지금까지는 운이 잘 따라 주었다. 이제 남은 곳은 동북의 만주 땅. 홍군은 린뱌오의 둥베이(東北) 인민해방군만이 건재한 셈이다.

1946년 늦은 봄, 장제스 군은 마지막으로 동북지방 하얼빈에 집결한 린뱌오 군에 대해 총공격을 시작했다. 그대로 둔다면 홍군은 멸망할 수도 있는 위기였다. 그야말로 '쿠더그라스(coup de grace, 최후의 일격)'였다. 바로 이때, 미국 국무장관 마셜(George C. Marshall)이 나선다. 장제스와 담판이다. '공격을 즉시 중단할 것. 대신 어려운 경제를 타결하도록 5억 달러를 제공하겠다.'[44] 장제스는 선뜻 받아들일 수 없다. 지금이 기회인데, 마지막 뿌리를 뽑을 절호의 기회인데, 억울하다. 분하다. 그러나 마셜은 어떤 경우에도 거역할 수 없는 존재였다.

장제스는 수락한다. 안 할 수가 없다. 그러나 5억 달러가 있지 않은가! 눈물을 머금고 억울함을 삭인다. 이 극적인 상황은 역사의 흐름을 바꾼 중대한 사건이 되었다. 왜? 이 시점을 계기로 홍군은 기사회생(起死回生)하여 끝내 천하를 통일한다. 마셜은 왜 그런 엉뚱한 실책을 범했나? 실책이 아니라 다 계획된 일이었다. 다만 계획에 허점이 있었을 뿐이다.

아시아 경영에서 미국의 중요 관심 대상은 항상 러시아다. 일본의 진주만 공격 후 미국은 아시아에 대한 전후의 경영까지를 포함하여 전략을 재구상한다. 이때부터(1941) 미국은 직업 외교관, 군사 전문가들을 중국에 파견한다. 장제스한테만 보낸 게 아니라 옌안까지 사람을 보

---

44) Richard Burnstein 저, 이재황 역, 『치명적 실수』, 책과함께, 2016, 578쪽.

내 마오쩌둥과도 만나게 한다. 미대사관의 2등 서기관 서비스(John S. Service)는 옌안으로 마오쩌둥을 찾아가 여러 날을 같이 보내며 중국의 장래 문제를 토의했다.

마오쩌둥이 누구인가. 피비린내 나는 혁명의 소용돌이와 권력투쟁에서 살아남은 노회한 인물, 수억의 중국 인민들이 우러러보는 거물, 중국 역사를 통틀어도 몇 안 되는 인물이다. 한편 Mr. John Service, 직업 외교관, 곱게 살아온 미국 신사가 마오쩌둥을 어떻게 당하겠는가.

"우리는 미국인의 민주주의 이상을 존중한다."

"나는 링컨식 민주주의를 본받고 싶다."

마오쩌둥이 선수를 쳤다. 링컨까지 들먹이며 미국을 찬양하자 서비스는 정신이 혼미해졌다. 동굴 속의 산적(山賊) 정도로 생각했던 누더기 인물들이 딴 사람으로 보이기 시작하였다.

국무성으로 보낸 서비스의 보고서 내용은 물을 것도 없다. 미국의 조야는 마오쩌둥과 공산당들을 다시 생각하게 되었다. 정신 나간 서비스는 미국의 전쟁물자 지원을 국민당뿐만 아니라 공산당에게도 적정하게 나누겠다고 약속했다.[45]

마오쩌둥을 믿게 된 미국은 '만주를 마오에게 맡겨서 러시아를 견제하고, 중국 대륙은 장제스가 맡아서 러시아를 막는' 게 미국의 전략이 되었다. 그렇게 되면 자연스럽게 분할 통제(Divide and Rule)도 되는 계책치곤 양책(良策)이다.

마오쩌둥이 서방세계에 좋게 알려진 이유가 또 있다. 『중국의 붉은 별』이란 책이 있다. 스노우(Edgar Snow, 1905~72)가 썼다. 세계 3대 르

---

45) 「월스트리트저널」에 의하면 존 서비스는 1999년 90세로 죽기 직전까지도 '자신은 중국 공산당이 이기길 바랐다'고 고백했다고 밝혔다.

포문학 중에서도 최고로 치는 세계적 명작이다.[46] 얼마나 잘 썼으면 마오쩌둥이 "내 전기는 이 책으로 대신한다"라고까지 했을까.

서른한 살의 스노우는 중국으로 건너가 7년 동안 머물면서 산시성 북쪽의 소비에트 지구를 방문, 마오쩌둥과 공산당 중요 인물들과 인터뷰하였다. 그들이 살아온 길, 중국의 미래가 어떻게 전개될 것인지를 전망하였다. 세계는 이제 중국에서 무엇이 일어나고 있는지를 상세하게 알게 되었다.

전설 같은 대장정은 사실이 되었고, 누더기를 입은 주인공들은 영웅이 되었다. 스노우의 글솜씨가 너무 뛰어났기 때문이다. 마오쩌둥은 일약 영웅이 되었다. 미국의 조야에서도 마오쩌둥을 좋게 보기 시작했다. 공산주의자가 아니라 민족주의 인물로 간주하였다. 이런 분위기가 전후 아시아 경영을 위한 큰 그림에 영향을 준 것이다.

1945년 12월 20일, 트루먼(Harry S. Truman) 대통령은 마셜 장군을 특사 자격으로 중국에 파견하였고,[47] 마셜은 이때 마오쩌둥을 처음 만난다. 미국의 대표적인 전략가 마셜과 모략가 마오쩌둥의 첫 만남이다. "나는 마오쩌둥과 긴 대화를 나눴다. 그는 어떤 불만도 없었고, 최선을 다해 우리와 협력하겠다고 약속했다." 마셜의 보고서다. 마셜까지도 이런 보고서를 쓰다니. 마오쩌둥의 화술과 술수에 마셜 정도의 인물도 나

---

46) 스노우의 『중국의 붉은 별(Red Star Over China)』은 "잭" 리드(John Silas "Jack" Reed)의 『세계를 뒤흔든 열흘』, 조지 오웰의 『카탈루냐 찬가』와 더불어 세계 3대 르포 문학으로 평가된다.

47) 마셜(1880~1959)은 West Point가 아닌 VMI(Virginia Military Institute) 출신(1897)으로 2차 세계대전 중 육군참모총장, 루스벨트 대통령의 군사 고문, 미 육군 원수, 트루먼 행정부에서는 국무장관, 국방부 장관을 지냈다. 1953년 노벨평화상 수상.

가떨어진 것이다. 그래서 5억 달러로 장제스를 달래가면서까지 공격을 중지시키고 마오쩌둥을 살려준 것이다. 사실 이때 홍군은 약화될 대로 약화되어 장제스의 결정적인 일격을 놔두기만 했어도 마오쩌둥이 끝장이 나는 상황이었다.

한편 미국의 스틸웰(Joseph Stilwell) 소장은 버마 전선에서 싸우다 1943년부터 장제스의 참모장으로 일한 사람이다. 불행히도 장제스는 스틸웰 장군과 사이가 안 좋았다. 처음엔 전술 문제로 의견이 갈리다가 시간이 지나면서 인간적 갈등으로 발전했다.

스틸웰은 미 육군이 알아주는 인물. 그와의 불화는 결국 장제스의 신뢰를 그만큼 떨어뜨리는 결과를 가져왔다. 공교롭게도 장제스는 만나는 미국 관리마다 잘못 사귀었다. 반면 마오쩌둥은 만나는 사람마다 좋은 인상을 주었다. 장제스는 경서(四書五經)를 애독했고, 마오쩌둥은 사서(史書)를 탐독했다. 인생을 바라보는 각도가 달랐다. 장제스는 곧이 곧대로인데, 마오쩌둥은 만나는 사람마다 자기편을 만들었다. 종국에는 키신저(Henry A. Kissinger)의 마음까지 샀다.[48]

마오쩌둥이 머리맡에 두고 읽은 책이 『자치통감』이다. 이 책은 북송의 사마광(司馬光)이 지은 것으로 주(周)의 위열왕(BC 403)부터 후주 세종(959)까지, 1362년간의 역사를 기록한 것이다. 1,300년간의 역사적 사건을 다룬 역대 제왕과 장상(將相)들의 치국, 처세, 인간관계를 생동감 있게 그린 책이다. 사람의 한평생 경험도 값진 것인데, 1,300년 동안의 왕후, 장상(將相)들이 싸우고 고민한 기록은 더 말할 게 없지 않은가. 마오쩌둥의 내공의 깊이를 알 만하다.

---

48) 헨리 키신저(1923~)는 1971년 대통령 안보보좌관으로 베이징을 극비리에 방문해 저우언라이 총리와 회담을 가진 후, 1972년 닉슨과 마오쩌둥 간의 정상회담이 이루어졌다. 1973년 노벨평화상 수상.

결국 장제스는 무릎을 꿇었다. 역사적 사건은 사정없는 인과응보의 결과다. 그는 앞서 보았던 여러 가지 원인, 인연과 사정으로 몰락할 수밖에 없었다. 그의 침몰은 장제스 한 사람의 불행으로 끝난 게 아니라, 수천만 민초가 고통을 받고, 훗날 국제정치, 특히 우리 한반도와 아시아 전체의 역학관계를 복잡하게 만들었다. 따지고 보면 장제스의 몰락은 미국의 확고한 지지를 못 받은 데 있다. 왜 못 받았나? 그걸 우린 따져 봐야 한다. 우리 젊은이들이 깊이 연구할 대목이다.

1946년 하얼빈에서 기사회생한 홍군은 47년부터 전략적인 공세로 전환하여 48년 초에 만주의 99%와 허베이성의 대부분을 점령한다. 1948년 10월, 진저우(金州) 함락에 이어, 창춘(長春)을 수비하던 국민당 제60군(사령관 정동궈鄭洞國)이 반란까지 일으켜 만주 전역과 함께 약 70만의 정예 병력을 잃었다. 11월엔 만주의 최후거점 선양(瀋陽)까지 홍군이 접수한다.[49]

1949년, 베이징(1.31), 국민당의 수도 난징(4.23)이 함락되고, 5월 27일에는 중국 최대도시 상하이까지 홍군 손에 들어갔다. 1949년 10월 1일 마오쩌둥은 톈안먼 광장에서 중화인민공화국 수립을 선포한다. 8년 동안 끌어온 두 영웅의 천하쟁패가 막을 내렸다.

어쩌다가 세상이 이렇게 바뀔 수 있나? 역사의 도도한 흐름은 우리를 언제나 숙연하게 만든다.

---

49) 랴오선-선양 전역은 2차 국공내전 후기에 마오쩌둥의 홍군이 벌인 3대 전역 (화이하이 전역, 펑진 전역) 중 하나다. 이 전역에서 장제스 군은 만주를 잃었다.

라. 중국인은 위대했다

(1) 천지인(天地人)

아주 옛날, BC 5,000년경. 한 무리의 사람들이 물을 찾아 강을 찾아왔다. 황토물이 도도히 흐른다. 황허(黃河)다. 보기완 달리 고기도 살고 큰 조개도 산다.

이들은 황허 중류와 하류 일대에서 촌락을 이루어 동굴에서 살다가 집도 짓고, 흑도(黑陶)도 만들어 훗날 중원(中原) 룽산문화(龍山文化, BC3,000~1,800)와 산둥(山東) 룽산문화를 이룬다. 소위 세계 4대 문명의 하나인 황허 문명이다.

BC 2,100년경 이들은 하(夏)나라를 세우고, BC 1,600년경 은(殷)나라를 세운다. 하나라는 기록에만 있을 뿐 고고학적으로 증명은 안 된 나라다. 반면 은(혹은 商)나라는 20세기 초에 허난성(河南省) 안양(安陽)시에 은허(殷墟)가 발견되면서 당시의 사회상과 찬란한 문화가 알려져 일약 세계를 놀라게 했다. 당시 발견된 대량의 청동기 제기(祭器)와 갑골문은 그 옛날의 고도한 문명을 알려 준 경이(驚異) 그 자체였다. 은의 청동기 기술은 정교한 제기뿐만이 아니라 당시에는 무엇보다 우수한 청동기 무기를 만들어 석기를 쓰는 강족(羌族)을 완전히 제압, 끝내 멀리 양쯔강 상류 고원지대로 추방하였다.

갑골문자는 거북의 껍질 또는 소 어깨뼈의 이면에 새겨진 고대 문자다. 은나라 사람들은 뼈나 갑골에 일정한 홈을 만들고, 이 부분을 달구어진 나무나 금속으로 태워 표면에 금이 생겨나게 했다. 그리고 갈라진 금의 모양을 주술사가 읽고 길흉을 판단했다.

당시 사람들은 이 동물의 뼈 위에 생긴 금의 모양을 매우 신성시하고 하늘(神)의 뜻이라고 믿었다. 이번 전투는 우리가 이기는가, 올 농사는 풍년인가 흉년인가 등 모든 일의 길흉을 점쳐서 정하였다. 이렇듯, 고대인은 하늘(神)을 믿었다.

BC 1,000년, 마침내 은나라가 망하고, 봉건제 국가인 주(周)나라가 약 800년의 중국 역사상 최장 왕조를 유지하다가 BC 221년, 진나라가 중국을 통일하면서 수명을 다한다. 주는 서주(西周)와 동주(東周)로 나뉘는데, 대개 BC 1,000년부터 BC 403년까지를 서주, BC 403년부터 BC 221년까지를 동주라 부른다.[50]

중국 역사상 중요한 춘추전국시대를 둘로 나누어, BC 770~BC 403년이 춘추시대, 전국시대는 BC 403~BC 221년, 진나라가 중국을 통일할 때까지이다.

왜 이렇게 장황한 옛날얘기를 하는가.

기원전 BC 5세기 전후한 시기에 인류 역사상 매우 중요한 사건이 일어나기 때문이다. 기원전 5세기는 춘추시대가 끝나는 시기와 전국시대가 시작하는 시기가 맞물리는 때이다.

바로 이 시기에 인류의 수수께끼라 불리는 대단한 일이 일어난다. 바로 공자와 노자, 그리고 묵자가 등장한다. 그뿐만 아니라 세계적으로도 인도에 석가모니와 우파니샤드, 그리스에 소크라테스, 플라톤, 이스라엘에 예레미야, 이사야 같은 위인이 등장한다.[51] 그러면 공자나 노자가 하필이면 이 시기에 나오게 된 이유는 무엇인가. 기원전 약 550년 동안

---

50) BC771년 견융(犬戎)이 주나라를 침략하자 수도를 뤄양(洛陽)으로 옮겨 동주로 불려졌다.

51) 독일 철학자 야스퍼스(Karl Jaspers)는 1949년 그의 『역사의 기원과 목표(The Origin and Goal of History)』에서 오늘날의 세계 주요 종교와 사상이 등장한 이시기를 '축의 시대(die Achsenzeit)'라 불렀다.

(BC 771~BC 221) 계속된 중국의 춘추전국시대는 중국 역사상 일찍이 볼 수 없는 격동의 시대였다. 특히 전국시대(BC 403~BC 221)는 역사상 최악의 혼란기였다. 200년 가까이 계속된 전화(戰禍)로 수백만 민초들이 죽어 나갔고, 제후나 귀족들도 내일을 점칠 수 없는 암흑기였다.

기원전 5세기, 인간은 철기를 발명한다. 철기로 만든 무기는 청동기나 석기 무기에 비교가 안 되는 살상력과 파괴력을 발휘하여 전쟁을 더욱 잔혹하게 만들었다.

철기 농기구는 청동기 농기구보다 농업 생산량을 서너 배나 증가시켰다. 철기로 사냥을 하니, 풍부한 단백질 공급이 가능해져 인간의 지능이 발달하였다. 잉여 농산물이 생기자 소인들의 재산이 불어나면서 피지배계급인 소인과 농민들의 신분이 상승하였다. 사회가 흔들리기 시작하였다. 권력 관계에 갈등이 생기고 위계질서가 무너지기 시작하였다.

천자와 제후 사이도 제후의 세력이 커지면서, 동주 시대가 되면 천자는 소멸한다. 본래 혈연으로 질서를 유지하였던 것인데 몇백 년 세월이 흐르면서 혈연관계도 애매해졌기 때문이다. 이제 70여 제후국은 약육강식의 무자비한 싸움을 시작하였다. 전국시대 말기에는 위, 제, 연, 진, 한, 초 7개 제후국만이 남았다. 소위 '전국 7웅'이다. 천자도 사라지고, 하늘의 뜻이란 것도 자연현상의 하나일 뿐, 하늘에 대한 경외감, 믿음도 약화하였다. 인간은 자각심이 생겼다. 자기를 발견한 것이다. 인간의 문제도 신에게 의탁할 게 아니라 인간 스스로 결정하고 개척해야 한다는 것을 깨닫기 시작한 것이다. 마침내 하늘을 대신할 도(道)가 나오고, 이를 선도할 공자, 노자가 안 나올 수가 없게 되었다. 이제 신의 시대에서 인간의 시대로, 신화의 세계에서 철학의 시대로 들어선 것이다.

(2) 제자백가(諸子百家)

춘추전국시대는 전쟁으로 얼룩진 혼란하고 잔혹한 시대였다. 수많은 영웅호걸이 싸우며 부침이 계속되었다. 그런데 그 혼란의 극한 와중에도 수많은 학자와 다양한 철학자가 치열한 경쟁 백가쟁명(百家爭鳴)을 벌여 인류 역사상 유례를 볼 수 없는 학문의 꽃을 피웠다. 인간이 자각하면서 일어난 일들이다.

백가쟁명은 중국이 세계 어디에 내어놓아도 가슴을 펴고 자랑할 수 있는 위대한 사건이다. 제자백가가 없었으면 실례지만 중국은 별 볼 일 없는 나라다. 나는 그렇게 생각한다.

그 옛날, 300년이라는 오랜 세월에 걸쳐 벌인 지적(知的) 대 논쟁은 세계 어느 민족도 흉내 내지 못할 세계인의 유산이요, 영원히 빛날 위대한 금자탑이다. 그 논쟁 가운데는 다양한 정치사상과 주장, 날카로운 비판과 변론은 때로는 우레와 같은, 때로는 무지개와 같은 화려하고 웅장한 지혜의 꽃을 피웠다. 뿐만이 아니라 삶의 지표를 제시하는 고도한 윤리체계, 상상을 초월하는 다양한 철학사상, 죽고 죽이는 전쟁에서조차 싸우지 말고 이기라는 심오한 병학(兵學) 등 21세기를 사는 우리도 배워야 할 게 너무 많다.

'수신제가 치국평천하(修身齊家 治國平天下)'. 내가 좋아하는 글귀다. 남자의 일생을 이 몇 마디에 다 담았다. 누가 한 말이냐? 『대학(大學)』에 있단다. 대학? 대학이 무언데? 사서오경(四書五經)의 하나란다. 사서오경이 뭔데?

사서오경도 나는 잘 몰랐다. 그런데 '수신제가……'는 어디서 들었다. 남자의 일생이다. 멋지다. 그런데 고작 아홉 자다. 그런 말을 누가 만들었나? 이 어구 때문에 나는 사서(四書; 논어, 맹자, 중용, 대학)를 알게 되었다.

동양의 고전(古典)은 놀라운 지식의 보고다. 유가(儒家), 묵가(墨家), 도가(道家,) 법가(法家) 등 그들은 놀라운 지식체계를 3,000년 전에 모두 설파해 버렸다. 그때 중국인은 위대하다. 존경한다.
  그때 우린 무엇을 했나. 단군 조선? 이유야 어쨌든 별 기록이 없다. 다만 『삼국사기』, 『삼국유사』 등 우리 역사서에서 보면, 알에서 태어난 박혁거세가 신라의 첫 번째 왕으로 즉위한 것이 BC 57년, 가야국의 시조 김수로왕이 금 보자기에 싸인 9개의 알 중에서 태어났다는 것이 AD 42년, 신라 김씨 왕조의 시조인 김알지가 계림의 금궤에서 발견된 것이 AD 65년이다. 이렇게 신화나 전설로 남아 있는 우리보다 무려 4~500년 앞서 제자백가들이 중원에서 대논쟁을 벌였다. 그래서 솔직히, 나는 할 말을 잊는다.

  제자백가 중 누가 제일 좋은가. 공자다. 왜 공자인가? '공자 왈, 맹자 왈'로 나라까지 망했는데?
  모르는 소리, 그는 공리공론을 싫어했다.
  "말을 앞세우는 것은 실행을 못 할까 두려워서다(恥其言而過其行, 『論語』 憲問29)" 뿐만 아니라 말보다 행동을 앞세웠다. "말은 더디고 행동은 민첩하다(欲訥於言而敏於行, 『論語』 里仁24)." 이처럼 말을 앞세우거나 공리공론을 꺼렸다. 나아가 그는 관념적인 걸 꺼렸다. 인생론도 정치론도 모두 합리적이고 실용적 철학이다.
  사람은 효도하고, 충성하고, 신의를 지키는 것이다. 정치는 "스스로 몸을 닦고 백성을 편안하게 하는 것이다(修己而安百姓, 『論語』 憲問45)". 얼마나 알기 쉬운가.
  유가의 철학이 형이상학으로 흐른 것은 공자의 손자가 쓴 『중용(中庸)』 이후이고, 송(宋)대 성리학(性理學)에 와서 너무 정교하게 다듬어지는 바람에 관념적으로 된 것이다. 실은 주자(朱子)가 뛰어나도 너무 뛰어난 게 문제였다.

현실에 충실했던 공자는 사후 세계에 관한 얘기도 꺼렸다. "사는 것도 잘 모르는 내가 어찌 죽음에 대해 말하리오(未知生 焉如死,『論語』先進12)." 그뿐만 아니라 귀신, 괴이한 것, 폭력 같은 것은 입에도 담지 않았다(不語怪力亂神,『論語』述而20). 훗날 우리 조상들이 공리공론으로 나라를 망친 것은 유교의 탓이 아니라 공자를 잘못 이해한 후학들의 잘못이다. 그는 성(性)이나 이(理) 같은 말보다 덕(德), 충(忠), 신(信), 의(義) 같은 용어를 좋아했다. 사람의 정서, 희로애락을 존중했기 때문에 금욕주의를 부정하였다. 인간의 실존적 존재, 삶 자체를 소중히 여겼다.

『논어』에 좋은 말이 한둘이 아니지만, 이 말이 마음에 든다. 제자 자공(子貢)이 공자에게 묻는다.

"선생님의 일관된 가르침이 있다면 그게 무엇입니까(有一言而可以終身行之者乎)?"

"서(恕, 용서)라는 거지." 이어서 그는 "내가 진실로 원하는 것은 남도 원하는 것이다. 따라서 내가 원치 않는 바를 남에게 시켜서는 안 되지!(子曰 其恕乎, 己所不欲 勿施於人, 衛靈公23)".

내가 싫어하는 것 남 시키지 말라? 쉽고 당연한 말이지만 위대한 발언이다. 인간관계에서 이게 실천되면 웬만한 문제는 다 풀린다.

예컨대, 리더십의 제1조는 모범이다. 모범은 대개 남이 먼저 하길 꺼리는 일이다. 전쟁 때 앞장서는 것, 아무도 원치 않는다. 그러나 지휘자가 앞장서야 남이 따른다. 남이 원치 않는 것이니 내가 한다. 내가 먼저 한다. 쉽지 않은 일이다. 그러나 그걸 해야 리더십이 성립한다. 평범하지만 얼마나 위대한 발언인가.

정치사상도 소박하다. 실질적이다. 정치란 사람을 위한, 쉽게 '백성을 편안하게 하는 것(安百姓)'이라고 하였다. 동양적 휴머니즘이다. 그러나 이 같은 현실 지향적 성향은 현실에 안주하기보다 현실을 개혁하려는 의지가 내포되어 있다. 왜냐하면, 유교는 사람의 본성이 가진 덕성이 '세상을 밝히는 것'[52]을 지향하기 때문이다.

공자의 현실주의를 단적으로 나타내는 구절이 있다. 노자는 "원한을 덕으로 갚으라"[53]고 하였다. 노자다운 말이다. 그런데 공자는 "악이나 원한을 은덕으로 갚으면 어떻겠습니까"라고 누가 묻자, 공자 왈, "그렇다면 착한 덕행은 무엇으로 갚겠단 말인가. 악이나 원한에는 바른 것으로 갚고, 덕행에는 은덕으로 갚아야지."[54]

공자는 이런 말도 하였다.

"군자는 천하에 대해 무조건 꼭 그래야 할 것도 없으며, 절대로 안 된다는 것도 없다. 도리에 견주어 실행한다(君子之於天下也 無適也 無莫也 義之與比, 里仁10)." 현실에 맞게 의(義)를 따를 뿐이란 말이다.

복잡다기(複雜多岐)한 세상일, 꼭 그래야 할 일도 없다? 공자는 왜 그런 말을 했을까. 놀랄 일이다.

10여 년 전에 마이클 샌델(Michael Sandel)이란 하버드대 교수가 온 적이 있다. 그가 쓴 책 『정의란 무엇인가』는 한국에서 미국의 열 배가 넘는 200만 부 이상이 팔리고, 서울의 모대학 공개강연 때도 열기가 뜨거웠다는 유명교수다.

나는 강연장에 갈 수가 없어 CD를 사 보았다. 입을 다물 수가 없었

---

52) 明明德於天下, 『大學』 3章.
53) 報怨以德, 『道德經』 63章.
54) 以直報怨, 以德報德, 『論語』 憲問36.

다. 너무 놀라서. 명강의다. 황홀하다. 나는 세계적 유명교수를 접한 게 이때가 처음이다.

우리 세대는 전쟁 중에 공부했다. 교실이 없어 공장에서, 심지어 냇가에서도 수업했다. 우리 학생 시절은 가난에 전쟁까지 겹쳐 학습을 제대로 해본 적이 없다. 그러니 샌델 같은 명교수를 어떻게 볼 수가 있었겠는가. 그의 명강의는 많은 것을 생각하게 했다. 그는 공리주의자 벤덤(Jeremy Bentham)의 '최대 다수의 최대 행복'을 설명하면서 이런 예를 들었다. '철로를 달리던 기관사가 멀리 일하는 사람들을 발견했다. 5명이다. 그때 기관사는 깜짝 놀란다. 기관차의 브레이크가 고장 난 것이다. 그대로 달리면 5명이 죽거나 다친다. 위기다. 그때 문득 옆 지선 쪽에도 일하는 사람이 보인다. 그런데 한 사람뿐이다. 그대로 달리면 5명이 결딴나고, 지선으로 빠지면 한 사람만 다친다.' 여기서 교수는 질문을 던진다.

"당신이 기관사면 어느 길을 택할 것인가?"

당연히 대다수 학생은 한 사람만 죽이는 선택을 한다.

"그렇다면 한 사람을 죽이는 것은 옳은가?" 교수의 질문이다.

토론은 가열된다. 벤덤이 나오고, 자유주의자 롤스(John Rawls)의 정의론이 나오고,[55] 아리스토텔레스의 정의관까지 등장한다. 그러나 '이거다' 하고 똑 부러지게 정답은 낼 수가 없다. 어떤 논리도 현실적 문제에 명쾌한 답을 제시할 수 없는 한계를 드러낸다. 결국 정의를 판단하는

---

55) 롤스는 『정의론』에서 모든 사람에게 최대의 이익이 돌아가게 하는 실질적 과정을 정의라고 보았다. 또한, 차등의 원칙을 강조하며 약자에게 더 많은 지원을 해야 하고, 재능이 있는 사람이 모든 혜택을 다 소유한다는 것은 정당하지 않다고 했다. 그래서 모든 사람에게 돌아갈 최대의 이익을 고려하다 생기는 불평등은 정의롭고 공정한 것이라고 하였다.

세 가지 기준인 행복, 자유, 미덕을 모두 충족시키는 완전한 답은 없기 때문이다.

여기서 우리는 공자의 말을 새겨볼 필요가 있다. "꼭 그래야 할 것도 없고 꼭 안 된다는 일도 없다. 도리에 견주어 실행한다." 얼마나 위대한 말인가! 그런데 샌델 교수의 강의실 현수막엔 이런 글이 쓰여 있었다. 그날 강의의 제목과 결론이다. "RIGHT AND WRONG" - It is not always black and white. 엄밀한 의미에서 세상사 현실 문제의 옳고 그름이란 꼭 이거다 저거다 할 수 없다는 말이 아닌가?

내 짧은 공부의 속단인지 모르나 공자의 중용(中庸)도 바로 이런 이유에서 나온 게 아닐까? 과하거나 부족함이 없이 떳떳하며, 한쪽으로 치우침이 없이, 그때 그 도리에 맞도록 대비하는 것이 중용(中庸)이라면, 중용이야말로 얽히고설킨 세상사 문제들에 대한 해답이 아닐까.

젊을 때 고전을 더 볼 수도 있었다. 그런데 너무 어려웠다. 병서(兵書)가 우리한테는 필요하니까 병서를 좀 더 보았다.

노자는 정말 모르겠다. 처음부터 골치 아프다. '도를 도라고 하는 것은 괜찮다. 그렇다고 언제나 도라고 할 필요는 없다. 도를 도라고 불러도 좋지만, 꼭 도라고 해야만 하는 것은 아니다.'[56] 아이고, 두(頭)야! 노자의 『도덕경』 제1장이다. 너무 형이상학적이다. 무부(武夫, 군인)라선지 이해가 잘 안 간다.

"배우고 때맞추어 익히니 기쁘지 아니한가. 벗이 멀리서 찾아오니 또한 즐겁지 아니한가. 남이 알아주지 않아도 노여워하지 않으니 정녕 군자가 아니겠는가?"[57] 『논어』의 첫 문장 학이편이다. 우선 몸에 쉽게 와

---

56) 道可道 非常道 名可名 非常名,『道德經』1章.
57) 子曰 學而時習之 不亦說乎, 有朋自遠方來 不亦樂乎, 人不知而不慍 不亦君子乎,『論語』學而1.

닿지 않는가. 그런데 노자는 처음부터 기를 죽인다. 도(道)란 말부터가 너무 관념적이다. 그러나 너무 좋다고들 해서 두어 번은 읽었다. 정말 어렵다. 무위(無爲)가 어렵고 또 쾌히 받아들여지지 않아서다. 나는 현실참여를 중시하니까.

그런데 『장자(莊子)』는 우선 재밌다. 우화와 비유가 통쾌하다. 허풍도 쎄고, 스케일도 크다.

장자의 아내가 죽었다. 아내가 죽자 장자는 그릇을 두드리며 노래를 불렀다. 친구 혜시(惠施)란 사람이 하도 괴이하여 물었다. "본래 삶과 죽음은 없었던 것, 형체와 기(氣)도 없었던 것일세. 혼돈 속에서 무언가 변하여 기가 생겼고, 기가 변하여 형체가 생겼던 것. 오늘 내 아내도 변해서 죽음에 이른 것. 이것은 춘하추동 사계절이 반복되는 것과 마찬가지. 강물이 흐르고 계절이 바뀌는 것처럼 자연스러운 현상이라네." 세상에 기인이 없는 것은 아니다. 기인도 있고, 잘난 사람도 있고, 못난 놈도 있고, 광인도 있으므로 세상이 재밌고 살맛이 나는 것이 아니겠나. 세상은 자기 인생을 사는 것. 남의 인생을 두고 평할 생각은 추호도 없다. 나는 나니까.

초나라 위왕(威王)이 사신을 보냈다. 위왕이 그를 재상으로 모시기 위해서다. "당신은 제사 때 제물로 쓰는 소를 아는가. 소는 몇 년간 좋은 사료로 사육되다가 제삿날 화려한 비단을 걸치고 끌려 나와 제단의 희생물이 되는 거요. 당신이 보기엔 내가 누추한 곳에서 놀고 있다고 생각하겠지만 이게 내 즐거운 삶이요. 이렇게 즐거운데 무엇하러 권력을 탐해 목숨을 걸겠소. 이렇게 사는 게 내 간절한 소원이요."

천지간에 훨훨 나는 새보다 더 자유로운 삶이 장자다. 철저한 무위자연(無爲自然)이다. 죽음까지도 초월한다.

장자의 무위자연은 노자를 잇는 것이지만, 두 사람 다 인간의 끝없는 욕망이 어지러운 세상을 만든 것이요, 그래서 유가(儒家)의 인위적인 도덕, 윤리도 혼란만 가중할 뿐이라고 비판했던 것이다. 자연은 바로 자유자재하고, 스스로 그러하고, 무엇에도 의존하지 않는 것이다. 그러므로 억지로 무엇을 하지 않고, 스스로 그러한 대로 사는 것―. 세상을 구하는 길은 바로 무위자연이다. 그런데, 노자는 "무위를 하면 다스려지지 않음이 없다"[58]라고까지 하였다. 그럴까? 다음 말은 나를 더욱 혼란케 한다. "학문을 하면 날로 보태는 것이고, 도(道)를 함은 날로 덜어내는 것이다. 덜고 덜어서 함이 없음(無爲)에 이르면 함이 없으면서도 하지 못 하는 것이 없다."[59] 대저 사람의 일이란 무위(無爲)가 아니라 유위(有爲)로 이루어진다고 보는데, '무위로 다스려지지 않음이 없다'함은 도(道)가 역사하여 일을 이룬다 함인가?

더구나 장자는 중요한 벼슬자리도 사양하였다. 나는 벼슬을 준다면 성큼 받겠다. 자리가 높을수록 좋다. 권한도 클수록 좋다. 큰 만큼 일도 더할 게 아닌가.

벼슬이 욕심나는 게 아니다. 일하기 위해서다. 일하려면 돈이 있어야 하고, 권모가 있어야 하고, 힘도 있어야 하고, 사람을 동원해야 하는데, 벼슬도 안 하고, 천지간에 안빈낙도(安貧樂道)에 유유자적(悠悠自適)만 한다면 일은 누가 할 것인가.

그만두자. 군인이 너무 나갔나?

나는 솔직히 제자(諸子)를 다루면서 두려웠다. 고전(古典)을 얘기할 자신이 없었기 때문이다. 위편삼절(韋編三絶)[60]은 해야지, 얘기할 자격

---

58) 爲無爲 則無不治, 『道德經』 3章.
59) 爲學日益 爲道日損 損之又損 而至於無爲 無爲而無不爲, 『道德經』 48章.
60) 공자가 책을 꿰맨 가죽끈이 세 번이나 끊어질 때까지 주역을 공부했다는 고사.

이 있는 게 아닌가.

제군, 좀 지루했을 것이다. 이제 『손자』로 넘어가자. 중국을 얘기하면서 병학(兵學)을 빼면 얘기가 안 된다는 게 내 생각이다. 춘추전국이라는 혹독한 역사적 체험을 한 국가나 국민은 그 치열한 생존과정을 통해 우리가 모르는 역사적 앙금을 가슴속에 묻고 있을 것이다. 오늘날 우리가 선뜻 중국을 이해 못 하는 영역이 있다면 바로 이런 역사적 체험 때문이 아닐까. 내가 중국의 병학 사상을 얘기하는 이유도 난세의 주역을 맡았던 병법가들을 이해하기 위해서이며, 이를 통해 중국을 다른 각도에서 조명해 보기 위해서다.

(3) 손자

"병자 국지대사 사생지지 존망지도 불가불찰야."(兵者 國之大事 死生之地 存亡之道 不可不察也)『손자』1장 시계(始計) 편 첫 문장이다. "전쟁은 나라의 중대사다. 사람이 죽고 사는 문제일 뿐만 아니라, 나라가 망하기도 하는 길이다. 어찌 깊이 살피지 않을쏘냐."

전쟁을 국가의 존망이 걸린 중대사로 인식하고 있다. 그냥 전쟁 얘기가 아니다. 그리고 이어서 시계 편 두 번째 문장이 오사칠계(五事七計)다.

오사(五事)란 전력(戰力)의 5가지 요소로 첫째, 나라의 도덕(道德) 둘째, 천시(天時) 셋째, 지리(地利) 넷째, 장수(將帥) 다섯째, 법도(法度)다.

7계(七計)는 1) 바르게 정치를 잘하고 있는가 2) 장수는 더 유능한가 3) 자연현상과 지세는 더 유리한가 4) 조직·규율은 더 잘 정비되어 있는가 5) 군대는 더 강한가 6) 장병은 잘 훈련이 되어있는가 7) 상벌은 더 분명한가를 판단하고 임기응변술, 궤도(詭道)를 헤아려 전쟁에 임해야 한다는 말이다.

손자는 이렇듯 전쟁을 말하기 전 정치를 먼저 설파한다. 다시 말해 병가라고 전쟁만을 다루지 않는다는 점이다.

중국의 현재를 이해하는 데도 쑨원으로부터 장제스, 그리고 오늘날 중국을 세계적으로 주목받게 만든 마오쩌둥까지, 모두 병학가라는 사실을 주시할 필요가 있다.

쑨원은 『손중산치병어록(孫中山治兵語錄)』, 장제스는 『장중정치병어록(蔣中正治兵語錄)』, 마오쩌둥은 『손자』를 인용하여 『모순론』, 『중국의 혁명전쟁과 전략문제』, 『지구전론(持久戰論)』 등을 썼다. 다시 말해 『손자』를 읽는 것이 마오쩌둥을 이해하는 첩경이기도 하다.

예컨대 마오 전술의 유명한 '적이 한 발 나오면 우리는 한 발 물러서고, 적이 멈추면 나도 멈추고, 적이 피곤할 때 이를 치고, 적이 도망가면 이를 쫓는다.' 이 대목도 바로 『손자』의 시계(始計) 편에 있는 "강한 적은 피하고, 적을 화나게 만들어 냉정함을 잃게 하고, 짐짓 서툴게 보여 적을 방심케 하며, 일을 꾸며 피로케 한다(强而避之 怒而撓之 卑而驕之 佚而勞之)"를 원용한 것이다.

마오쩌둥만한 인물이 신화시대에 가까운 손자에 그토록 심취하는 이유는 어디 있을까. 뭇 사람들이―심지어 트럼프까지도―매료되는 손자의 오의(奧義, 깊은 뜻)는 어디 있는가?

나는 손자를 한 병법가로만 보지 않는다. 단견인지는 모르나 손자는 노자나 장자에 비견할 수는 없어도 적어도 도가의 최고 인물의 하나라고 보고 싶다. 시비가 많을 것이다. 어디까지나 나의 생각이다. 왜 하필이면 도가냐고 또 다른 시비가 따르겠지만 그의 병법은 노자의 영향을 많이 받은 게 사실이다. 그의 우주관, 인간관을 보면 매우 노자적(的)이다. 그는 무위자연을 중시하고 있음을 그의 병법 곳곳에서 발견할 수 있다. 예컨대 그가 주창하는 '테제(These)'의 핵심도 '내가 적극적으로 적을 공격하기보다 적이 스스로 무너지도록 하는 것'을 상책으로 치고 있는 점이다. 무엇보다 '싸우지 않고 이기라'는 그의 철학은 통렬한 반전주의 선언이요, 고매한 인도주의다.

손자는 이 우주가 강유(强柔), 한온(寒溫), 천지(天地), 남녀(男女)와 같은 대립하는 두 형상으로 이루어졌다고 보았다. 이 상반(相反)되는 두 형상이 서로가 반대이기에 오히려 하나로 상성(相成)한다는 동양의 오랜 음양사상에 따라, '상반되는 적(彼)과 나(己)도 결국 하나로 상상(相成)할 것이거늘 어찌하여 싸워야 하는가? 그러니 안 싸우고도 이기는 길은 있을 게 아닌가.'라고 하였다

결국 '적을 알고 나를 알아야 한다'도 바로 음(敵)과 양(我), 두 사상(事象)에서 출발한다. 바로 이 시각은 일견 별것 아닌 것으로 볼 수도 있으나 비길 데 없는 탁월한 착안이다. "적을 알고 나를 알면 백 번 싸워도 위태롭지 않다." 손자병법을 모르는 사람도 이 구절은 다 안다. 그런데 이 평범한 구절이 내포하고 있는 깊은 뜻을 제대로 이해하고 있는 사람이 과연 얼마나 될까.

손자 사후(死後) 2,500여 년이 지난 현대에 와서 마오쩌둥은 손자의 이 오의(奧義)를 그의 유명한 세 가지 혁명사상, '모순론'과 '중국 혁명전쟁의 전략문제', 그리고 '지구전론'의 논거(論據)로 삼은 것이다. 마오쩌둥의 번뜩이는 혜안(慧眼)을 보여준 사례다. 그의 수없는 실책에도 불구하고 중국인들의 존경을 잃지 않는 이유를 알만하다.

1937년, 그가 쓴 『모순론』에서 당원들의 주의를 이렇게 환기한다. "주관성을 고집하거나 한쪽만 보는 잘못을 경계해야 한다. 공산당은 알면서 국민당을 모르거나, 프롤레타리아는 알면서 부르주아를 모른다는 것은 바로 모순의 각 측면을 다 보지 못한다는 뜻이요, 이러면 모순해결의 실마리를 찾을 수 없어 혁명 임무를 완수할 수 없게 된다." 그는

정(正)·반(反)·합(合) 변증법적 접근으로 손자를 인용, 당원들을 각성시키고 있다. 손자는 "공격명령이 내린 날, 앉은 병사의 옷깃은 눈물에 젖고, 누운 자의 눈물은 턱밑으로 흐른다."[61]라고 하였다. 손자는 병사들의 전장 심리를 정확히 알고 있다. 병사들이 남몰래 운다고 하였다. 얼마나 떨리고 겁이 나겠는가. 그게 사람이다. 장수 된 자는 그들의 아픔을 알고 있어야 한다는 말이다.

손자는 휴머니스트였다. 그래서 처음부터 싸우지 않고 이기는 길을 찾으라고 한 것이다. 그 길은 반드시 있다. 그러니 백 번 싸워 백 번을 이기는 것이 최선이 아니다.

강물이 밤낮으로 쉬지 않고 흘러간다. 한 생명은 왔다가 간다. 새 생명이 다시 그 뒤를 잇는— 큰 강을 이루며 흘러가는 것이 이 우주다. 한 번 이기고 한 번 지는 것이 한 번 나서 한 번 죽는 것과 무엇이 다르리오. 역사의 완성을 궁극의 목표로 도도히 흐르는 이 생명의 강물은 이기는 자나 지는 자 모두 껴안고 흘러가는 것이다. 전쟁이란 본래 사람이 지은 업(業)의 소산인 것을. 지도자의 잘못된 생각과 밝지 못한 눈이 짓는 연기의 산물이 아니던가. 그러므로 무릇 지도자란 처음부터 옷깃을 적실 일을 벌이지 말아야 하며, 피치 못할 사정으로 전쟁으로까지 번지면 싸우되 피를 흘리지 않고 이기는 길을 찾는 게 장수 된 자의 도리가 아니겠는가.

손자야말로 위대한 인도주의자요, 심원한 철인(哲人)이다.[62]

---

61) 令發之日, 士卒坐者涕霑襟, 偃臥者淚交頤, 『孫子』 九地篇.
62) 『한서(漢書)·예문지(藝文志)』에 의하면 중국의 병서는 『손자』 외에도 『오자』, 『손빈』 등 무려 182가(家)의 병법서가 있었다고 전한다. (『中國, 兵法』, 日本 德間書店刊, p20).

4 일본이라는 나라

가. 일본의 실체

일본이란 어떤 나라인가. 왜놈의 나라? 재수 없다.
'일본'이란 말에 여러분이 보이는 첫 반응이다. 왜 싫은가? 뭐가 그리 못마땅한가? 그냥 싫다.
세상을 기분대로 살 수만 있다면 좋지. 그게 가능한가? 안 되지.
일본이 싫으면 미워하지 말고 이겨야지. 미워하면 나만 손해다. 몸에 해롭다.
이기려면 알아야 한다. 먼저 지피지기(知彼知己)다. 지피지기하려면 감정을 앞세우면 안 된다. 객관적으로, 이성적으로 접근하자.

우선 일본의 실태부터 보자.
인구 1억 3,000만, 세계 10위. GDP 4조 9,800달러(2020년)로 세계 3위, R&D 투자 1,300억 달러로 세계 3위, 기초과학 분야 노벨상 수상 15명, 삶의 질 순위 세계 12위, 군사비 지출은 491억 달러로 세계 9위,[63] 1,000년 전부터 자기 고유문자(히라가나) 사용, 세계에서 제일 오래된 소설 『겐지모노가타리(源氏物語)』(11세기), 18세기 세계 최대도시 에도

---
[63] 스톡홀름국제평화문제연구소 2020년 보고서.

(江戶, 도쿄의 옛 이름), 인구 100만여 명.

일본은 만만찮은 나라다. 그래서 세계는 일본을 겁낸다. 그런데 유독 한 나라만이 일본을 우습게 본다. 대한민국! 그것도 우습게 보는 정도가 좀 심하다. 발가락의 때만도 안 친다. 대한민국, 겁나는 나라다. 그 배짱 한 번 좋다.

지금의 일본은 그렇다 치고 옛날엔 어땠을까.

모든 걸 우리한테 배웠다. 우리 조상이 건너가서 왕이 되고, 지배계급이 되었다. 불교, 문자, 건축 등 문화와 문명은 우리한테서 배워 갔다. 신라, 백제 시대 얘기만 하면 우리가 너무 속 좁은 인간이 되겠지.

16세기엔 어땠을까? 1592년 임진왜란이 났다. 임진왜란 때 일본은 총 22만 병력을 동원했다. 16만 명을 조선 공격군으로 보내고, 6~7만은 본토에 남겼다. 동원한 선박만 수백 척,[64] 대단한 국력이다.

일본 수군의 주력함은 안택선(安宅船, 아타케부네)이다. 수용 능력 90명, 배 밑이 좁고 속도가 빠르다. 신속한 방향전환에는 불리. 그러나 대한해협 도양(渡洋)에는 유리하다.

선박의 재질이 삼나무라 소나무로 만든 우리 판옥선(板屋船)에 비교해 약하다. 판옥선은 배 밑이 편편하여 속도는 느리나, 연안에서 운용이 편하고 방향전환에 유리하였다. 여기에 천지현황, 대장군전 등 대포를 장착하여 원거리에서 일본 배를 견제, 그들의 장기인 근접전을 못 하게 했다. 일본 배는 가벼워서 대포를 사용하는 데 큰 제한을 받았다.

현대전에서도 20만 명 원정군을 바다 건너 보낸다는 것은 대규모 작전이다. 이런 대규모 작전을 임진년과 정유년, 두 번에 걸쳐 단행했다. 20여만 명을 관리하고, 보급 지원하고, 용병까지 하는 것은 대단한 국력

---

64) 임진왜란 당시 일본군 선박이 바다를 덮었다고 했으나 정확한 숫자는 알 수 없다. 동원한 선박으로 원정군을 수차 왕복으로 수송하였다.

이다.

　1543년 9월, 포르투갈 선원 100여 명이 다네가시마(種子島) 섬에 도착했다. 가고시마(鹿兒島)에서 페리선으로 3시간 거리다. 당시 15세의 도주(島主) 도키타카(時堯)는 포르투갈인으로부터 조총 두 자루를 샀다. 조총의 가치를 금방 알아본 것이다.[65]

　조선에 조총이 처음 들어온 것은 1554년, 비변사가 명종(明宗, 1534~67)에게 총통 주조를 건의했으나 허락되지 않았다.

　조선에선 왜 조총(鳥銃, 새총)인가? 날아가는 새도 맞힌다? 참새나 잡으면 딱 좋겠다! 그래서 새총(鳥銃)이 되었다.

　새총 얘기를 하자는 게 아니다. 신무기 조총을 대수롭지 않게 보는 지도자들의 눈이 문제다. 전쟁이 났을 때 조총 때문에 얼마나 곤욕을 치렀나. 전쟁? 말이 전쟁이지 임란 초기에 조선은 제대로 싸움 한 번도 못했다. 창피하다. 충무공이나 의병이 아니었으면 어떻게 되었겠나. 모골(毛骨)이 송연(悚然)하다.

　임진란을 돌이켜 보면, 가슴 아프다. 선조가 조선의 왕이었던 것은 조선의 불행이었다. 한심한 선조는 그렇다 치고, 정승 판서들은 무얼 했는가.

---

65) 도키타카는 두 자루 중 하나를 대장장이에게 하사하여 역(逆)설계토록 해 총을 제작했으나 격발이 되지 않았다. 대장장이는 자신의 외동딸을 포르투갈인에 시집(상납)보내는 대가로 기술을 얻어 소총(철포) 개발에 성공했다. 이후 이즈미(현 오사카) 상인들이 와서 철포제작 기술을 습득해 가서 교토 주변까지 철포가 퍼져나갔다. 그로부터 6년 후 1549년 당시 열다섯 살의 오다 노부나가(織田信長)가 500자루를 구입, 1575년 6월 막강 기마군단 다케다군을 전멸시키고 드디어 천하 통일을 이루게 된다.

김성일(金誠一) 어른은 그게 무슨 말씀인가.[66] 그 훌륭한 어른이! 나라의 존망이 달린 때에 자기 당파 때문에 거짓 보고를 해? 지식인의 충(忠)이 크게 잘못되었다. 500년 사직(社稷)이 아니라 백성이어야지. 지금도 헷갈리는 지식인이 너무 많다.

일본의 선봉 고니시 유키나가(小西行長)가 부산에 상륙한 것이 1592년 4월 15일 오후다. 부산진과 동래부를 차례로 점령하고, 상주를 거쳐 18일 만에 한양을 점령하였다. 무인지경을 진격하는 격이었다.

조선에는 군사도 없고, 무기도 없고, 훈련도 안 되었다. 전쟁 준비가 전혀 안 된 상태였다. 이것은 국왕의 책임이기 전에 현령, 절도사, 판서들의 책임이다. 관리자들이 문제의식이 없고, 눈을 감고 있으니 나라가 관리될 턱이 없다.

그럼 18세기에는 어땠나?

『해유록(海游錄)』이란 책이 있다.[67] 1719년 조선통신사 기록 담당관(製述官)으로 간 신유한(申維翰, 1681~1752)의 일본 기록이다. 왜를 싫어하는 조선 선비의 기록이라 객관성이 있다. 그는 일본 사회를 병농공상(兵農工商)의 계급사회로 보았다. 사회가 안정되고 질서가 있다고 썼다. 예컨대 조선통신사 행차를 구경 나온 민중들의 질서가 정연한데 놀라움을 표시하고 있다. 식자(識者)들과 필담(筆談)을 했을 때 그들의 지식과 기언미담(奇言美談)에 놀란다. 주점의 음식이 깨끗하고 환경이 청결한 점을 주목하였다. 여자들이 개방적이고, 외국인한테도 손을 흔들고,

---

66) 김성일은 곽재우를 도와 함양, 산음, 단성, 거창, 합천에서 경상우도 순찰사로 항왜전(抗倭戰)을 독려하다 병사했다. 퇴계의 제자로 불천위(不遷位, 신주를 치우지 않고 후손 대대로 제사지내는 것)에 봉해졌다.

67) 신유한 지음, 김찬순 옮김, 『해유록』, 보리, 2016.

웃고 말하는 게 낭랑하다고 하였다. 출판도 성행하여 책이 흔하고 민중도 책을 많이 읽는다고 하였다. 실제로 에도 막부시대 일본의 발전상은 우리를 놀라게 하는 점이 한둘이 아니다.

  직업 외교관으로 일본대사관에서 근무한 신상목이란 사람이 쓴 책에 의하면[68] 조선과 일본의 국력 차이는 이미 16세기에 역전되었다고 했다. 그에 의하면 일본의 에도시대가 서구의 르네상스, 대항해 시대에 맞먹는 전환의 시대라고 하였다. 도쿠가와(德川) 막부는 수도인 에도를 권력의 중심지답게 하려고 대대적인 토목공사를 일으킨다. 운하와 도로를 정비하고, 해자(垓子) 공사와 축성을 새로이 조성하였다. 당시 서구의 어떤 도시 못지않은 인프라를 완비했다. 특히 40여km 이상 떨어진 다마가와(多摩川)의 물을 에도까지 끌고 와 상수도로 만들어 음료수로 사용토록 했다. 이는 공사 규모도 규모지만, 물을 그 멀리서 자연히 흐르게 하는 고도의 토목기술 문제도 해결했다는 말이다.

  막부는 지방 제후들을 견제하는 여러 가지 정책을 폈는데 가장 대표적인 것이 참근교대(參勤交代, 산킨코타이)제이다. 이는 지방 제후들이 격년으로 일 년씩 에도에서 근무하도록 하는 제도이다. 말이 근무지 본래 목적은 제후를 인질로 잡아 두기 위한 제도다. 제후국은 크기에 따라 적게는 100명으로부터 많게는 700~2,000명의 인원이 제후와 함께 움직였다.

  전국의 제후는 북으로는 아키타(秋田) 영주로부터 규슈 남단의 사쓰마(薩摩)번까지, 중요 다이묘(大名)만 30여 명이다. 예컨대 62만석의 대제후국 사쓰마번의 경우 수행원이 약 1,900명, 에도까지 약 1,650km를 두 달 넘게 걸려 2년마다 한 번씩 수도를 왕복해야 한다.

---

[68] 신상목, 『학교에서 가르쳐주지 않는 일본사』, 뿌리와이파리, 2017.

제후는 적어도 일국의 왕이다. 전국의 크고 작은 왕의 행차가 에도까지 가야 하니 전국의 도로망이 잘 정비되었다. 에도까지 가면서 먹고 자고 해야 한다. 여관이 성업한다. 음식점도 잘된다. 유통이 잘된다. 풍습, 문화가 교류한다. 백성은 살판났다. 지역사회 경기가 좋아지고 전국의 백성 살림이 역동적으로 되었다. 화폐경제가 활성화하면서 금융 산업이 발달하였다. 조진(町人, 서민)들이 돈을 벌기 시작했다. 사회계층에 변화가 일기 시작했다. 돈 많은 상인은 무사 못지않은 실세로 성장했다.

한편 제후들은 죽을 지경이다. 그들은 행차 때마다 경비를 대느라 정신을 못 차렸다. 느긋한 건 바쿠후(막부). 제후들은 모반할 국력이 점점 없어졌다.

또 하나 에도시대의 특기할 일은 출판과 관련된 사업이다. 17세기 말 이하라 사이카쿠(井原西鶴)가 쓴 「호색일대남(好色一代男)」이란 오락소설이 히트를 쳤다. 주인공의 파란만장한 섹스 라이프를 그린 소설이다. 뒤이어 수많은 인기 작품이 출판되었다. 책이 많이 팔린다는 것은 경기와는 또 다른 의미가 있다. 서민들이 글을 알고 여유와 문화생활을 즐겼다는 말이다. 300년 전에 일본은 이런 사회를 만든 것이다.

나. 정신주의

내가 볼 때 일본은 무서운 나라다. 일본인은 좋은 점도 많다. 인정할 건 인정하자.

일본의 장점은 순수성이다. 정신주의다. 내가 보는 관점이다. 동의하지 않을 사람도 있을 것이다. 싫으면 참고만 하시도록.

유리알같이 맑고 순수한 정신주의를 그들은 추구한다. 그냥 마시는 차도 일본으로 건너가면 다도(茶道)가 된다. 살인을 위한 칼 솜씨도 일본에서는 검도(劍道)가 되었다. 예술과 문학이 그렇고, 장인(匠人)정신, 3대나 5대를 잇는 오뎅집도 다 정신주의를 추구한 산물이다.

깨끗한 나라다. 깔끔하다. 항복할 줄도 안다. 정직하다. 안 속인다. 옛날 사무라이는 의심받으면 배를 갈랐다.

와비(侘,わび)와 사비(寂,さび)라는 일본말이 있다. 다도에서 쓰이는 말로 일본의 문화적 미(美)의식, 미적 관념이다. 소박하고, 조용한 상태를 가르킨다. 참선할 때 무아의 경지? 솔직히 그 경지를 나는 알 길이 없다.[69]

일기일회(一期一會)란 말도 있다. 다 다도에서 쓰이는 말이다. '당신을 만나는 것은 일생에 단 한 번, 두 번 없을 이 기회에 최선을 다하여 모시리라'라는 마음으로 손님을 응대한다는 것이다. 아름다운 마음이다. 모두가 정신주의를 추구하면서 도달하는 순수성, 화경청적(和敬淸寂)의 경지—조화와 존경, 맑음과 부동심의 산물이다.

18세기 초, 눈이 하얗게 내린 어느 날 밤, 미가와국(三河國, 지금의 아이치현)의 영주인 기라 요시나카(吉良義央)의 저택을 사무라이 47명이 급습했다. 그들은 영주인 기라의 목을 들고 센가쿠지(泉岳寺)라는 절 앞에 모였다. 그곳은 바로 사무라이들의 주군이었던 아사노 나가노리(浅野長矩)의 묘였다.

아사노는 한 해 전, 자기를 모욕한 기라를 죽이려고 칼을 빼들었다가 기라를 죽이진 못했다. 그러나 쇼군이 거처하는 막부 내에서 칼을 뺐다

---

[69] 오다 노부나가와 토요토미 히데요시(豊臣秀吉)의 다도 스승인 센노리큐(千利休, 승려)는 와비차(わび茶) 전통의 원조로 일본에서 다조(茶祖)로 불린다.

는 게 문제가 되어 쇼군의 노여움을 사 할복을 명받고 자살을 했다.

사무라이들은 자기들의 주군 아사노를 죽게 한 원수를 갚은 것이다. 그러나 이들의 충성스러운 행동은 곧 문제가 되었다. 비록 주군의 원수를 갚은 것이지만, 평화로운 에도시대에 사무라이들이 떼지어 쳐들어가 다른 영주를 살해한 것은 용서가 안 되는 일이었다. 사무라이들도 자기들이 용서받지 못하리란 것을 잘 알았다. 그들은 적장의 머리를 주군 묘에 바치고, 막부의 명령에 따라 전원 할복자살을 한다.

이 사건은 '주신구라(忠臣藏)'라는 이름의 가부키(歌舞伎) 등 여러 장르의 작품으로 만들어져 18세기부터 오늘까지도 성황을 이루고 있다. 그 인기는 우리 『춘향전』이나 『심청전』 이상으로 흥행한다. 이것은 일본 사회가 지금도 무사도 정신에 대한 향수가 있다는 증거이다. 즉 영주에 대한 충성, 충성을 위해서는 죽음도 마다하지 않는 희생정신, 동지끼리는 끝까지 비밀을 지키는 신의를 아름답게 보는 풍조가 있다.

1945년 8월 15일 새벽 4시, 아나미 고레치카(阿南惟幾) 일본 육군대신(장관)은 공관 뜰에 조용히 꿇어앉았다. 상반신을 나체로 드러낸 채. 지금 그는 일본 무사의 전통적 할복자살을 하려는 것이다. 곁에 시립(侍立)한 군인은 다케시타(竹下正彦) 중좌(중령). 아나미 장관과는 처남매부 사이다. 장관의 부인이 그의 누나. 타케시타가 떨리는 목소리로 묻는다.

"각하, 남기실 말씀은?"

"아내에게 뒷일을 잘 부탁한다고 일러주게."

"그럼…… 각하, 카이샤쿠(介錯)[70]는 제가……"

슬픔이 복받쳐 말을 잇지 못한다.

---

70) 카이샤쿠는 할복하는 사람의 고통을 줄여주기 위해 보호자가 할복자의 뒤에서 큰 칼로 목을 치는 행위이다.

"쓸데없다. 물러가라!"

아나미는 단도를 뽑아 거침없이 일자로 배를 그었다. 그는 해가 공중에 뜰 무렵에야 숨을 거두었다. 막심한 고통 끝의 절명이었다. 카이샤쿠를 거절한 대가다.

아나미 육군대신은 '무조건 항복'을 반대했다. 연합군이 요구하는 무조건 항복에는 천황 존속을 보장하지 않았기 때문이다. 소위 국체(國體) 보존 조건이다. 육군성 군무국(軍務局) 내 엘리트들의 주장도 국체 보존이다. 국체 보존은 천황제 보존을 뜻한다. 천황은 일본 정신의 기둥이다.

자기들의 주장이 관철되지 않으면 근위(近衛) 사단과 동부군사령부(도쿄지역 담당)를 동원, 쿠데타로 국론을 뒤집겠다는 계획을 세웠다. 총리, 외상, 해군장관 등이 종전을 찬성하고 있는 터라 각의에서 종전 결정이 날 것은 뻔하기 때문이다. 그런데 해방 전날인 8월 14일 어전회의에서 천황이 포츠담선언을 받아들인다고 태도를 분명히 밝혔다. 어전회의에 참석했던 아나미는 정신이 혼미해졌다. 천황이 전쟁을 반대하는 것을 알고는 있었다. 그러나 저렇게 단호히 전쟁을 끝내겠다는 태도에 정신이 아찔해진 것이다. 천황의 뜻은 성단(聖斷)이다. 군인은 어떤 경우에도 성단은 따라야 한다. 그게 제국 군인이다. 그러나 자신의 신념에 반(反)한다. 부하들과의 약속도 있다.

군무국 엘리트 다케시타 중좌가 찾아왔다. 그도 쿠데타 주모자 중 하나다.

"각하, 어떻게 하시겠습니까?"
"나는 성단을 따르겠다."
그리고 한 마디 덧붙였다.

"내 몸을 밟고 넘어가라!"

순간 다케시타의 정신이 무너졌다. 무너진 것은 다케시타만이 아니었다. 아나미는 그때 죽음을 생각하였다.

나를 따르던 부하들과의 의리를 저버릴 수 없다. 그렇다고 천황을 거역할 수도 없다. 그가 살아온 보람은 두 가지, 부하와 천황이다. 지금이 둘 중 하나를 선택해야 한다.

그는 천황을 선택했다. 대의(大義)를 위해서다. 그러나 소의(小義)를 저버렸다. 아나미는 부하들도 저버릴 수 없는 사람이었다. 그렇다면 그의 마지막 선택은? 죽음이다.

그는 할복을 택한 것이다. 사무라이의 사고방식이다. 그는 20세기 사무라이였다. 모두가 정신주의를 추구한 결과다.

여기 동양과 서양의 가치관이 갈리는 순간이다. 유교나 신도(神道)[71]의 현실주의 세계관에는 내세관이 없다. 선험적 관념이 부족하다. 일신교의 절대자가 없기 때문이다. 자칫하면 생명경시 현상이 일어나는 주원인이다. 그런데 그렇게 깔끔하고, 사꾸라(벚꽃)처럼 활짝 피었다가 깨끗이 지는 화끈한 민족이 세계적으로 정당한 평가를 못 받는 이유는 무엇일까?

베네딕트(Ruth Benedict)는 유명한 『국화와 칼』을[72] 썼다. 그녀의 책 제목이 상징하는 이중성 때문이 아닐까. 즉 손에는 국화를 들고, 허리엔 날 선 일본도를 찼다. 겉과 속이 다르다. 스스로 이중성을 인정하는

---

71) 신도(神道)는 교조가 없는 자연 발생적인 민족 종교로 정비된 신학이나 철학이 아니다. 기본적인 가치체계, 사유형식, 행동 양식으로 일본인의 생활에 깊이 관련되어 있다.
72) 루스 베네딕트, 김윤식·오인석 역, 『국화와 칼』, 을유문화사, 1999년.

일본말도 있다. 혼네(本音, 속마음)와 다데마에(建前, 겉모습)다. 그러니까 일본 사람 말은 자기 속마음과 전혀 반대일 수 있다. 싸움을 좋아하면서 얌전하고, 불손하면서 예의 바르고, 제 것은 지키면서도 남의 그것을 잘 받아들이고, 충실하면서 불충실하고, 용감하면서 겁쟁이다.

일본 사람의 이중성은 일본인만의 결점은 아니다. 어느 민족, 어떤 개인에게도 조금씩은 다 있다. 다만 다수 경향이 그런 특성이 있다는 말이다. 예컨대 2차대전 중 미군이 도저히 이해할 수 없었던 일의 하나가 일본군 포로의 태도였다. 일본군은 전쟁포로를 최대 불명예스러운 것으로 교육했다. 따라서 전쟁 초기에는 포로가 되기 전 대부분이 자결을 택했다. 그런데 죽음으로 반항하던 일본 군인이 일단 포로가 되면 놀라울 정도로 미군에 협조를 잘한다. 부대 비밀도 서슴지 않고 분다.

처음 미군은 당황했다. 포로의 진술이 연막은 아닌가 의심했을 정도였다. 그런데 놀랍게 모두가 사실이다. 죽기로 싸우던 병사의 태도가 돌변해서 진짜 협조를 하다니, 이중성이란 말을 듣게 될 수밖에 없다.

무슨 일이건 일본인들은 닦고 다듬어서 순전한 본질, 원형으로 접근시킨다. 에센스만 남긴다. 곧 끝없는 아름다움의 추구다. 그래서 그들은 남다른 미각, 심미안을 갖고 있다. 이 정신주의가 좋은 점도 있지만 부작용도 많다. 무엇이건 지나치면 부작용을 일으키는 법. 죽는 것조차 아름다움으로 보는 죽음의 미학(美學), 20세기 일본 천재 미시마 유키오(三島由紀夫)의 할복[73] 같은 게 대표적인 부작용이다.

2차 대전 때, 미국이 일본과 싸우면서 큰 의문에 싸인다. 서양에서는

---

[73] 1970년 11월 25일 일본 작가 미시마 유키오와 방패회(楯の会)가 자위대 총감을 인질로 잡고 헌법개정을 위한 궐기를 선동했으나 장병들에게 야유를 받자 할복한 사건이다.

인간의 본성상 당연한 일로 받아들여지던 전시관례(戰時慣例)[74]가 일본인에겐 안 통하기 때문이다. 미국은 당황했다. 도대체 일본인이란 어떤 인간인가?

죽어도 항복은 안 한다. 더는 못 견딘다 싶으면 반자이(萬歲) 돌격을 해서 전원이 죽는다. 비행기에다 폭탄만 싣고 항공모함에 돌진한다. 미군 기준으로는 모두가 상식에 벗어난 행동이다. 미친 짓이다.

일본군의 돌격 전술은 오랜 역사적 전통이 있다. 전국시대 선봉에 서서 적진 깊이 쳐들어가는 게 무사의 영예요 미덕이었다. 그 전통적 돌격 전술이 1905년, 러일전쟁 때도 주효한 게 탈이었다. 다롄(大連)의 203고지 공격 때, 잘 준비된 방어진지를 소위 백병돌격(白兵突擊)으로 고지를 점령하였다. 그때부터 돌격 전술이 서구식 현대전에서도 통한다고 속단하고, 1909년 일본인 보병 교범인 「보병조전(步兵操典)」을 제정하면서 육군의 최고 전술로 채택하였다.

돌격 전술의 밑바닥엔 강력한 화력도 정신력으로 극복할 수 있다는 믿음이 깔려 있다. 그러니까 화력으로 잘 편성된 방어진지에 대해서도 겁없이 돌격을 감행한다.

어떻게 사람의 육신이 기관총이나 지뢰, 크레모아 같은 강력한 화력을 뚫을 수가 있나. 진짜 임자를 못 만난 게 일본 육군의 불행이다. 전쟁이 끝날 때까지 전술을 못 고친다. 그냥 돌격을 고집하다가 수많은, 무고한 생령(生靈)들만 제물이 되었다. 모두가 지나친 정신주의의 폐단이다.

---

[74] 서구 여러 나라는 일정한 전시관행을 공유하였다. 즉 전사자와 항복한 자의 일정한 비율, 포로가 지키는 행동규칙 등이 있는데, 일본군은 적이 포로를 모조리 고문하고 죽여 버린다고 믿었다. (『국화와 칼』 2장 참조.)

다. 와(和)

일본인이 중히 여기는 정신으로 와(和)의 문화가 있다. 천여 년에 걸쳐 일본인 마음속을 흐르는 정신적 가치. 이것은 아득한 옛날부터 면면히 이어온 것이다.

일본은 섬나라다. 나라에 큰일이 생기면 달아날 데가 없다. 따라서 섬 안에서 함께 살려면 모두가 화목해야 한다. 쇼토쿠(聖德)태자[75]는 '와(和)'를 건국이념으로 삼았다.

와는 공동체의 목표에 개인이 협조해야 한다는 암묵적 요구다. 즉 조직의 평화를 위해 내 주장을 너무 내세워도 안 되고, 더구나 남에게 폐를 끼쳐 남을 불편하게 해서는 더욱 안 되는 것이다. 따라서 개인적인 생각이나 행동은 극히 조심해야 하고, 생활 공동체를 항상 생각하고, 그 일원으로 행동해야 한다. 즉 집단적 생활규범이 지배하는 사회가 된 것이다.

일본은 우리와 마찬가지로 전통적 농업국이었다. 특히 일본은 수경 농업이 성하다. 수경 농업은 노동력이 많이 필요하고, 조상 대대로 토지를 이어받기 때문에 토지에 대한 집착과 정착성이 강하다. 농경민은 어느 민족이나 자연에 순응하고, 경작도 계절 따라 관례대로 행하게 되므로 자연스럽게 공동체 의식이 강해진다.

---

[75] 쇼토쿠 태자는 아스카 문화의 중심인물로 우마야도(厩戸) 황자에 대한 후세의 호칭. 요메이(用明) 천황의 장남이고 어머니는 긴메이(欽明) 천황의 황녀이다. 스이코(推古) 천황의 치세에 섭정을 맡아 소가노 우마코(蘇我馬子)와 협력하여 정치를 했다. 중국의 선진 문물제도를 수입하고 12계(十二階)의 관위와 17개조 헌법을 제정하는 등 일본 정치체제를 확립한 인물이다.

전통적으로 마을 공동체는 에도시대부터 다음 규약을 잘 지켰다. 1) 살상하지 말 것, 2) 도둑질하지 말 것, 3) 불을 내지 말 것, 4) 소송을 하지 말 것. 이 규약은 마을의 평화와 화합을 유지하는 데 유효했을 뿐 아니라 일본 사회 전체의 안정을 이루는 데도 주효하였다. 이런 규약이 잘 지켜진 것은 은근하면서도 무서운 응징이 뒷받침했기 때문이다. 즉 규약에 어긋나게 튀는 사람은 '무라하치부(村八分, 동네팔푼)' 같은 집단 따돌림으로 철저히 응징하였다.

일본은 15세기 말부터 100년 동안은 살벌한 전국시대였다. 이어서 250년을 계속한 에도 막부의 평화로운 사회는 산업의 발달과 함께 일본인들에게 여유와 안정을 제공하였다.

남에게 폐 안 끼치고, 자기주장 너무 내세우지 않고, 공동체 집단의 번영을 위해서는 멸사봉공하는 순한 국민, 곧 와(和)의 문화를 다시 꽃피웠다. 나라도 부강해졌다. 메이지유신까지 성공하고, 국가 '에너지'가 넘쳐나니까 정한론(征韓論, 조선 침략)이 일본 내 여론으로 들끓기 시작했다. 남의 나라를 넘보다니! 그게 힘의 논리다. 세상의 원리이기도 하고. 힘이 남아돌면 남는 힘을 써야 한다. 임진왜란 때 당해보지 않았나.

1980년대, 일본은 평균 GNP 14,807달러로 미국 17,843달러 다음으로 세계 제2의 경제 대국이 되었다. 그 당시 일본의 기세는 하늘을 찔렀다. 간이 커질 대로 커진 일본은 보이는 게 없는 듯했다. 뉴욕의 엠파이어 스테이트 빌딩에 일장기를 달고, 페블비치 컨트리클럽까지 사버렸다.

하버드대 교수이자 동북아 관련 최고의 석학인 보겔(Ezra Vogel)이 쓴 『Japan as Number One』이란 책은 세계가 일본을 주목하는 계기가 되었다. 일본이 금세라도 미국을 따라잡을 것 같은 여론이 돌았고, 도쿄 도지사 이시하라 신타로(石原慎太郎)는 『No라고 말할 수 있는 일본』을 출판하여 세계를 향해 있는 대로 큰소리를 쳤다. 80년대 일본의 오만방자한 태도는 가관이었다. 모두가 힘이 생기면 일어나는 부작용이다.

1986년 9월, 일본의 문부대신 후지오 마사유키(藤尾正行)는 '국권침탈은 당시 일본을 대표한 이토 히로부미(伊藤博文)와 조선의 고종이 담판, 합의하여 이루어진 것'이라는 글을 『문예춘추』 10월호에 실었다. 그의 글이 정치적으로 문제가 되자, 당시 수상 나카소네(中曽根康弘)는 그를 해임했다. 나카소네는 친한파 총리로 알려진 사람이다. 그런데 놀랍게도 다음 달 같은 잡지에 후지오는 '방언대신(放言大臣) 다시 짖는다'라는 글을 올려 자기의 정당성을 굽히지 않고 다시 주장하였다.[76] '방언대신'이란 우리 언론이 그를 비하하여 붙인 이름이다.

1945년 10월 25일, 일본 외무성은 연합국에 보내는 기밀문서를 작성하였다. 주요 골자는 '연합국은 한일합방 조약과 한국병합선언에 대해 미국, 영국, 소련 어느 나라도 이의를 제기한 적이 없다'는 이유로 한국에 대한 기득권을 주장하였다.[77] 오만하게도 한국의 해방과 독립을 약속한 포츠담선언을 부인한 것이다. 연합국은 이 문서를 무시해 버렸다.

일본은 나라가 망해서 무조건 항복까지 한 처지에서도 이런 방자한 문서를 연합국에 보냈다. 이것이 변함없는 일본의 혼네(속마음)란 걸 우리는 깊이 새겨야 한다. 그래서 국제관계는 항상 냉철히 바라보아야 하고, 우리를 우습게 안 보도록 힘을 길러야 한다.

전후 일본을 독일에 비교할 때, 일본은 자기 잘못을 모르는 무뢰한이라고 욕먹는다. 그건 사실이다. 독일은 회개하고 과거를 반성하는 점에

---

76) 더 이해할 수 없는 일은 이 글로 후지오는 『문예춘추』 독자상을 수상하게 된다.
77) 이도형, 『일본 다시보고 생각한다』, 조선일보사, 1988, 34쪽.

서는 정말 철저하였다. 브란트(Willy Brandt) 수상이 비가 오는데도 폴란드 전몰자 묘에서 무릎을 꿇었다. 지금도 나치 관련 사실이 드러나면 가차 없이 처벌한다. 독일 국민이 용서 안 한다.

그러나 일본은 다르다. 전후 총리까지 지낸 기시 노부스케(岸信介)는 A급 전범으로 도쿄재판에 부쳐졌다가 풀려난 사람이다. 세상은 용서 안 하지만 일본 국민은 대수롭지 않게 생각한다. 독일과는 분위기가 다르다. 분위기가 그러니까 오히려 활개치고 다닌다.

독일 국민은 나치를 학살자로 본다. 유대인을 죽여도 너무 많이 죽였다.[78] 일본은 전쟁지도자를 애국자로 본다. 그들은 사죄할 이유가 없다고 생각한다. 그러니 사죄라는 게 겉발림이요, 시늉만 한다.

이유는 복잡하다. 일본의 집단주의 문화에는 배타성도 내포하고 있다. 집단주의 문화는 원천적으로 경쟁의식이나 배타성은 배제할 수 없다. 그게 집단의 특성이다. 우리끼리, 우리 식구, 자신이 속한 집단 외의 사람, 곧 외인이다. 외인과의 대화가 편하지 않은 것은 당연하다. 식구가 아니니까.

한편 같은 집단의 사람에 대해서는 웬만한 일은 덮고 넘어간다. 한 식구니까. 일본의 집단주의 문화는 자기들끼리는 관대할 수밖에 없다. 그러니 전범도 총리가 된다. 게르만의 개인주의 문화에서는 어림도 없는 일이다. 총독부 관리였던 모리타 요시오(森田芳夫)에 의하면[79] 조선총독부 경무국은 1945년 해방 며칠 전부터 단파 방송을 통해 포츠담선언의 귀추에 신경을 쓰고 있었다고 하였다.

총독부가 걱정한 일은 소련군이 참전(8월 9일)함에 따라 소련군에 의

---

78) 사망자 6백만여 명은 유럽에 거주하던 9백만 명의 2/3이다. 어린이 백만 명, 여자 2백만 명, 남자 3백만 명이 죽었다.

79) 森田芳夫, 『朝鮮終戰の記錄』, 巖南堂書店, 1964.

한 무장해제, 뒤이어 정치범 석방 등으로 폭동이 일어날 때 일본인 거주자들의 안전 문제였다.

소련은 8월 9일 함경북도 웅기를 점령하고, 12일에는 나진까지 점령한 터라 그대로 진격하면 언제 소련군이 서울에 닥칠지 모르는 불안한 상황이었다. 소련군은 일본이 항복한 후에도 진격을 계속 8월 23일에는 개성을 점령하였다. 다행히 미국이 38선을 미리 그어 놓았기 때문에 북한으로 철수하였다.

총독부는 급한 나머지 조선 지도자들의 협력을 구하기로 하였다. 총독부 내 제2인자인 정무총감 엔도 류사쿠(遠藤柳作)는 8월 15일 여운형 씨를 불렀다. 아침 6시, 일본의 천황이 항복선언을 하기 6시간 전이다.

엔도는 여운형 씨에게 조선 동포의 협력을 구하였다. 여운형 씨는 흔쾌히 승낙하였다. 다행히 해방 당일 불상사는 없었다.

일본과 우리는 이웃으로서 정치, 경제, 사회, 문화, 안보에 이르기까지 사실은 뗄 수 없는 관계국이다. 불행히도 경술국치(庚戌國恥)로 두 나라는 원수지간이 되었다. 피차 불행한 일이다.

나는 재계, 체육계 등에 비교적 일본 친구가 많은 편이다. 한 번은 한 일본 친구에게 우리의 어떤 점이 가장 못마땅하냐고 솔직히 물었다. 그의 얼굴이 굳어지며 매우 당황하는 눈치였다. 미안한 나는 얼른 말을 돌려 당신 생각이 아니라 일반 식자들의 생각이 무어냐고 고쳐 물었다. 그 친구 한동안 말없이 나를 쳐다본다. 이윽고 작심한 듯 조심스레 말을 잇는다. 첫째가 사과 문제였다. 한국은 대통령이 바뀔 때마다 사과를 요구하는 것이다. 그의 지적은 자기들은 열심히 사과했다고 생각하는데 어쩌면 그리도 집요하게 요구를 거듭하는지 솔직히 지친다고 하였다. 정확히 옮기면 너무 '피곤'하다는 것이다. 다음이 배상과 징용 관련 일이었다. 문재인 정부가 들어서며 박근혜 정권 때의 조약을 깬 것과 한국대법원의 배상 판결 문제였다. 그의 관점은 비록 대통령은 바뀌었지만 같은 대한민국이 언제는 '예스'고, 또, 언제는 '노'가 되는 게 이해가 안 된다는 것이다. 사실 이 문제는 법리적으로도 복잡할뿐더러, 우리 법원에서조차 이랬다저랬다 엇갈리는 판결을 내려 누가 봐도 우리 체면이 안 서는 사안이다.

그런데 이를 제대로 따지자면 정말 골치 아픈 문제다. 왜? 그 원인은 100년 전 국권 침탈부터 따져야 한다. 말할 것도 없이 원죄는 일본에 있다. 왜 남의 나라 조선을 침탈했느냐 말이다. 사정이야 어떻든 일본이 잘못했다. 멀쩡한 나라를 강점하다니. 그런데 국제법에는 식민지 지배를 금지하는 법이 없다. 어디 가서 호소하나? 누구한테 책임을 물어야 하나? 답답하다. 더 답답한 일은 대법원 판결 대로 우리 국내에서 강제로 배상을 집행했을 경우 국제법정에서는 한국 손이 아니라 일본 손을 들어 준다는 게 우리 하급법원의 판단이다. 이게 현실이요 국제정치다. 세계는 아직은 힘의 논리가 지배하는 세상이다. 그래서 우리는 힘을 길러야 한다.

외국인이 일본인과 우리를 단적으로 비교해서 말할 때 한국 사람은 정이 많다고 한다. 한편 일본 사람은 겉과 속이 다르다고 한다. 맞는 말이다. 그렇게 느끼는 것은 당연하다. 우린 속을 쉽게 털어놓는데 일본 사람 속 얘기 절대 안 한다. 속 얘기를 하는 우리를 당연히 가깝게 여긴다. 정이 간다.

그럼 왜 일본 사람은 속 얘기를 안 하는가. 못한다. 조심스럽다. 혹여나 상대 기분을 상할까 봐 못하는 것이다. 소위 메이와쿠(迷惑, 폐끼침) 때문이다. 더 거슬러 올라가면 와(和)의 문화 때문이다. 1,000년 가까이 이어온 전통이다. 그래서 소심하다는 말도 곧잘 듣는다. 지금 젊은 사람들은 좀 달라졌겠지만, 내가 알고 있는 세대들은 회의할 때도 좀체 자기 의견을 내놓지 않는다. 튀는 행동은 '와'를 깨는 행동이기 때문이다.

내가 중동에서 일본 사람들하고 같이 일해본 경험이 있다. 일과를 마치기 직전 간부들만 모여서 소위 '우찌아와세(打合せ, 회의)'를 한다. 현장 조장들 사이의 업무협조가 주된 내용이고 마지막으로 현장 책임자의 지시와 주의 사항이 전부다. 물론 매일 하는 회의니까 특별한 안건이 없기도 하지만 그 사람들 분위기를 흐리는 어떤 행동도 스스로 삼간다.

포로가 된 일본 군인들이 미군에게 협조한 것은 포로가 어떻게 행동해야 하는지를 모르기 때문이다. 일본군에서는 포로가 없는 것으로 간주하기 때문에 따로 행동준칙을 만들지도 않았다. 그뿐만 아니라 포로가 되면 자포자기부터 한다. 자기는 이제 돌아갈 수도 없는 사회 이단자가 되었다고 생각한다.

이것은 쇼와군인(昭和軍人)들의 실책이다. 메이지 군인(明治軍人)들은 달랐다. 러일전쟁 때는 포로가 귀국해서 훈장을 탄 전례도 있다. 쇼와 군인 지도부의 짧은 생각이 2차 대전 때 무고한 생명을 무더기로 죽였다.

개인적으로 나는 일본 사람을 좋아한다. 예의 바르고, 정직하고, 질서와 청결을 중히 여기는 점이 좋다. 특히 일본 지도자들의 자기희생과 봉공 정신이 아름답다.

악랄한 왜놈들이 좋다고? 옛날 일은 물론 괘씸하지만 다 잊기로 했다. 그러나 일본에는 꼭 이기고 싶다. 여러 면에서. 특히 국력 면에서. 안 될 것 없지 않으냐? 여러분이 나서면 된다!

일본아, 기다려라! 대한민국이 나가신다.

제3장

무엇이 문제인가

1 한국이 없어진다

가. 인구절벽[80]

그동안 '나는 누구인가'를 물으며 자신을 돌아보았다. 그리고 우리 주위를 살피며 내가 설 자리는 어딘가도 생각해보았다. 이제 우리 사회가 안고 있는 문제는 무언가를 따져 볼 때가 되었다. 그런데 우리 문제가 예사롭지 않다. 심각하다! 세상은 급변하고 있다. 적자생존은 자연의 섭리다. 변화에 적응 못 하면 죽는다. 급한 문제는 무엇인가?

인구문제다. 전문가가 아닌 내가 인구문제를 거론하는 게 정말 조심스럽다. 그러나 문제의 심각성을 생각할 때, 한시도 지체할 수 없는 일들이라 젊은이들의 주의를 불러일으키려는 것이다.

옥스퍼드 인구문제연구소에 의하면, 이대로 가면 대한민국이 제일 먼저 지구상에서 사라질 나라라고 하였다. 끔찍하다. 소름 끼친다. 어쩌다 이 지경이 되었나?

젊은 사람들이 애를 안 낳아서 그렇단다. 출생률이 세계 최하위(2018

---

80) 미국의 경제학자 해리 덴트(Harry Dent)가 2014년 자신이 쓴 『인구절벽(Demographic Cliff)』에서 제시한 개념으로, 생산가능인구(15~64세)의 비율이 급격히 줄어들고 고령인구(65세 이상)가 급속도로 늘어나는 현상을 말한다.

년에 이미 0.92)이니 당연한 결과다. 세상은 젊은 사람이 시집, 장가 안 간다고 젊은이를 탓하는데, 그게 어찌 젊은 사람만의 잘못이던가? 어른들 탓이지!

　일자리 없애고, 집값 올리고, 효과적인 대책 하나 제대로 세워놓지도 않은 채, 결혼 안 한다고 청년들만 나무랄 수 있느냐는 거다. 인구문제는 대한민국의 명운(命運)이 달린 절박한 문제다. 섣불리 손 못 댄다. 정말 어려운 문제다. 그러나 이 나라를 짊어질 우리 젊은이들은 어느 문제보다 이 문제부터 관심을 두고 고민해야 한다. 물론 여러분의 처지에서 손을 쓸 수 있는 한계는 크게 제한된다. 따라서 이 인구문제는 일자리, 주택 문제, 교육제도, 육아, 사회보장 등 국가 능력을 총동원해야 하는 문제이기에 어디까지나 우리 기성세대가 처리했어야 할 과제다. 그러나 이것은 국가의 명운이 달린 중대 문제이기에 우리 모두가 이 문제에 관심을 두고 지금부터라도 해결책을 생각하고 고민해야 한다.

나. 초고령화 사회와 청년 실업

　국회 조사처 「인구 전망 조사서」에 의하면 80년 후인 '2200년에는 우리 인구가 절반으로 줄면서, 수많은 지방 도시가 사라진다'라고 하였다. 서울시 인구도 급격히 줄어 현재 운영 중인 9개 전철 중 4개 노선은 폐쇄해야 할 것이라고 했다. 말이 되는가? 낭패(狼狽) 중의 낭패다. 이대로 가면 나라가 없어진다는 게 아닌가?

　조사에 의하면 지난 10년 동안 15~25세 사이의 우리 청년 65만 명이 사라졌다. 증발한 게 아니고 장수(長壽) 사회가 오면서 이 세대는 중, 장(中, 壯)년층으로 올라갔고, 출산율은 떨어져 새로운 세대가 이들을 받쳐주지 못한 것이다.

청년 인구가 줄면 사회적으로 여러 문제를 일으킨다. 우선 병력자원이 줄고 왕성한 노동력 공급에도 큰 차질을 낳고, 국가적·사회적 동력이 죽는다. 그런데 요즘 내가 의아스럽게 생각하는 점이 바로 청년 취업난이다. 60여만의 청년이 줄었다는 통계가 정확하다면, 젊은 사람들 일자리에는 그만큼 여유가 있어야 할 게 아닌가? 그런데 지금의 취업난은 최악이라고 들었다. 이게 무슨 조화인가! 일자리도 비례해서 없어졌다는 말인가?

세계에서 초고령 사회로 진입한 나라는 일본(2006), 이탈리아(2008), 독일(2010)이다. 공부 삼아 그들의 형편을 잠깐 살펴보았다.[81] 일본이나 이탈리아는 인구문제로 이미 중병이 들었다. 특히 청년들 문제도 시원한 해결점을 찾지 못하고 있는 듯했다.

이탈리아의 경우 국가 전체 실업률은 13.4%인데 청년(15~25세) 실업률은 43.9%였다.[82] 우리는 2025~6년이 되어야 초고령 사회로 진입한다. 그런데 2000년대 들어오면서 5년간의 청년실업률은 이미 국가 평균 실업률의 3배였다. 우리는 초고령 사회가 오기도 전에 청년실업 문제에 큰 결함을 안고 있다.

이탈리아 청년 70%는 부모한테 얹혀사는 소위 캥거루족이다. 그리고 해마다 4만 명이 일자리를 찾아 외국으로 떠난다고 한다. 그 소중한 인력들이 제 발로 나라를 등지고 있다니![83] 왜 고국을 등지나? 못 살겠으

---

81) 65세 이상이 전체의 14% 이상이면 고령, 20% 이상이면 초고령 사회다.
82) 이탈리아는 자발적 실업자인 니트족(NEET; Not in Education, Employment or Training)이 2016년 19.9%로, EU 국가 중 가장 높다(한국노동연구원, 『유럽의 니트: 특성, 비용 및 정책대응』, 2013년 5월호).
83) KBS PD 저널 명견만리, '청년을 잃어버린 나라', 2015. 4. 10.

니까! 왜 못 사나? 일자리가 없으니까! 일 있고 살기 좋으면 왜 그들이 떠나겠나? 그러니까 무엇보다 일자리부터 마련하는 게 우선이라고 나는 생각한다.

　일본 청년 문제의 심각성도 이탈리아를 능가하고 있다. 일본의 청년 인구는 그전보다 1/3이나 줄었는데, 90년대 후반부터 고용형태는 더욱 악화되어 취업은 더 어려워지고 임금까지 줄었다. 그리고 비정규직, 임시직, 일용직만 늘었다. 청년 인구가 감소하면 기회는 증가할 것으로 보았던 기대가 거기서도 완전히 무너졌다. 젊은이들의 경제활동이 이렇게 힘들어지자 의외의 사회적 부작용이 터져 나오기 시작했다. 예컨대 6~7만 명의 '사토리(さとり, 得道) 세대'라는 별종 세대가 탄생했는데, 이들은 직장을 구할 생각도 안 하고, 결혼 안 한다. 물론 연애도 이성친구도 사귀지 않는다. 기껏해야 온라인 친구를 갖는 정도다. 이 친구들 생활비는 어떻게 버는가? 그들은 하루나 이틀 아르바이트로 벌어 한두 달 산다. 그 수입에 그들 살림 꼴이 오죽하겠는가? 실제로 KBS 「명견만리」에서 한 영화감독이 현지 취재한 것을 보면 2~3평짜리 좁은 방에 세 사람이 함께 침식하고, 끼니는 라면이나 김밥으로 각자가 해결하고 있었다. 인터뷰에 응한 한 청년은 미래에 대해 생각은 해 본 적이 없다고 한다. 다만 지금은 자신에게 정직하게 살고 싶다고 하였다.

　'사토리'란 일본 말로 '깨닫다(悟)'란 말이다. 그러니까 '사토리족'이란 깨달은 사람들이란 거창한 이름이다. 내가 보기엔 거처만 길거리가 아닐 뿐, 노숙자와 다를 게 없었다. 수치(羞恥)를 가장 못 견디는 민족이 일본인이다. 옛 사무라이들은 수치를 당하면 상대를 죽이거나, 자기 배를 갈랐다. 그게 일본인들의 전통이요 미덕이었다. 그런 민족의 후예가 그런 수모를 거리낌없이 받아들인다. 인생이 가엾다. 이런 비극이 왜 일어났는가?

인구문제는 강 건너 얘기가 아니라 우리가 지금 당장 직면하고 있는 문제다. 초고령 사회에 아직 진입하지도 않은 우리가 이탈리아나 일본이 당면하고 있는 고통과 별로 차이가 없다. 앞으로 우리가 겪을 문제의 심각성은 이들 두 나라보다 더 클지도 모른다. 그런데 초고령 사회에 진입한 같은 입장의 독일의 경우, 이탈리아나 일본과는 다르게 청년 문제에 대응하였다. '게르만'다운 현책(賢策)이었다.

일본은 일자리를 만든다고 사회간접자본에 수조 엔(円)을 투자했다. 다리를 놓고, 비행장도 새로 건설했다. 나중에 투자 효율성을 평가한 결과 일자리에는 30%의 효과밖에 보지 못한 것을 알았다. 차라리 그 돈을 모두 청년들에게 투자했어야 옳았다고 반성하고 있다.

반면 독일은 일찍이 청년들에게 직접 투자를 시작하였다. 한 예를 들면 우리의 경우 직장을 잃은 다음에야 주는 실업수당을 취업과 관계없이 지급하였다. 2,000년대 초에 독일의 폭스바겐은 본사가 있는 볼프스부르크(Wolfsburg)시에 새로운 공장을 지었다. 처음 회사의 구상은 새로운 공장을 해외에 짓기로 했다. 독일 자동차의 경쟁력이 계속 떨어졌기 때문이다. 그러나 회사는 처음 구상을 취소하고, 자국 내에 새 공장을 지었다. 그리고 5,000명의 인원을 신규로 채용하고 5,000마르크의 임금까지 보장하였다.

청년들의 벌이가 좋아지자 소비시장도 살아나고, 도시는 잃었던 활기를 되찾았다. 그뿐만 아니라 기술력이 우수한 독일 인력을 확보해서 경쟁력까지 높였다. 이런 움직임은 전국적으로 파급되었다. 과거에는 땅이 넓고 자원이 많은 게 부자였다. 하지만 온 세상의 출산율이 떨어지고 있는 지금은 인력이 무엇보다 귀중한 자산이요, 그중에서도 청년들이야말로 대치할 수 없는 국가의 소중한 자원이라는 것을 독일은 알고 있었

다.[84]

 독일의 청년 투자는 비용이 아니라 진짜 장래를 위한 투자라는 교훈이요, 일자리부터 만드는 게 답이라는 것이다. 청년층의 붕괴로 길을 잃어가는 일본과 이탈리아, 한편 그들과 같은 형편이면서도 다른 길을 선택한 독일은 우리의 좋은 본보기다.

---

84) KBS 명견만리 #5. 대한민국 청년들이 사라진다!「투자의 법칙」편, (박종훈 KBS 경제기자), 2015. 4. 14.

2 선진국이 되려면

국제투명성기구(Transparency International)의 2020년 국가별 공직자 부패 인식지수 보고서에 의하면 우리나라 청렴도는 180개국 중 33위였다. 덴마크, 뉴질랜드가 공동 1위, 일본이 19위였다. 20위 이내가 청렴 선진국이다.

UN이 발표한 「2021년 세계 행복 보고서(World Happiness Report)」에 의하면, 우리나라 2020년 행복지수는 95개국 중 50위였다. 1위가 핀란드, 미국이 14위, 대만이 19위, 일본이 40위, 중국이 52위였다.

이것이 경제 10위권의 우리나라 정치 현주소다. 정치가 경제를 따라가지 못하고 있다.

사람이 사람답기 위한 가장 기본적인 덕목은 무엇인가? 정직(正直)이다. 정치라고 다를 바 없다. 정치라 하면 거창한 수식어로 설명하지만, 정치에서도 기본 중의 기본은 역시 정직이다.[85]

정직하지 않은 정치, 거짓말하는 정치가 제대로 될 리가 없다. 불행히도 우리나라의 정치에서는 정직과 정의가 무너지고 있다. 조국 사태, 라

---

[85] 노(魯)나라 권력자인 계강자(季康子)가 정치에 관하여 묻자, 공자가 "정치란 바로잡는 것(政者正也) 입니다. 선생이 바름으로써 본을 보인다면 누가 감히 바르지 않겠습니까?" 대답하였다. 『論語』, 顔淵 17.

임 사태, LH 사태 등, 차마 입에 담기도 부끄럽다.

　이들 문제의 근본을 따지고 보면 단 한 가지 이유로 귀결된다. 즉 바르지 않은 '생각'이 그 시작이다. 그릇된 생각, 올바르지 않은 방법, 남이야 어떻게 되든 내 욕심부터 차리는 이기심 등, 모두가 바른 생각을 저버리는 데서 시작된다. 바꾸어 말하면 정직한 사람은 꿈에도 그런 생각을 못 할뿐더러, 그런 행동을 감히 못 한다. 그러니까 정직한 국민을 키워내는 게 선진국으로 가는 왕도(王道―목적을 달성하는 지름길)다.

　왕도에는 지도자가 필요하다. 앞서가는 선구자가 필요하다는 말이다. 우리 경제가 세계가 우러러보는 초고속 성장을 한 것도 정부주도형으로 경제를 끌었기 때문이다. 바로 박정희 같은 위대한 지도자를 앞세웠기 때문에 그게 가능했다.

　'박정희' 하면 싫어하는 사람도 있다. 심한 사람은 박정희를 천하에 몹쓸 군사 독재자로 낙인찍고 있다. 내 생각은 다르다. 조상 대대로 굶주렸던 우리 백성을 기아에서 해방한 사람이요, 그의 치하에서 일반 국민은 불편 없이 살았다. 물론 그의 경제개발에 대항했던 야당 인사나 학생들은 억압을 받았을 것이다.

　앨빈 토플러(Alvin Toffler, 1928~2016)는 이런 말을 하였다.

　　민주화는 산업화가 끝난 후에 가능하다. 이런 인물을 독재자라고
　　말하는 것은 언어도단이다. 박정희 모델은 누가 뭐라고 해도 세계가
　　본받고 싶어 하는 모델이다.

　지나친 역설이지만 토플러의 말대로라면 박정희야말로 이 나라의 민주화를 앞당긴 사람이다. 그러니까 덩샤오핑이 그를 존경하고, 리콴유 같은 인물도 박정희를 본받으려 했던 게 아니겠나.

4대째 한국에서 의료 봉사와 선교 활동을 하는 인요한 박사(John Linton, 1959~)가 있다. 그의 증조부는 고종 때 조선에 와서 학교도 세우고 선교 활동을 했고, 그의 아버지는 한국전쟁 때 유엔군으로 참전도 하였다. 전북 전주에서 출생한 그는 이런 말을 하였다.

> 나는 어릴 때 솔직히 박정희가 나쁜 사람이라고 생각했다. 철이 들어서야 박정희가 너무너무 위대한 사람인 걸 알았다. 인권 문제 가지고 따지는 사람이 있는데 생계가 보장 되어야 인권도 논할 수 있는 거다.

지금 우리는 웬만한 집에 자동차는 한 대씩 다 있다. 단군 이래 처음으로 중국보다 잘사는 나라가 되었다. 세계 경제 랭킹 10위권! 이건 기적 중의 기적이다. 그러니까 민주화도 저절로 된 게 아니겠나.

원래 흙수저가 금수저를 절대로 못 따라가는 게 세상 원리다. 왜?

100m 경주를 한다. 모두가 출발 선상에 정열하였다. 흙수저들이다. 그런데, 금수저들은 저 앞의 50m 선상에서 출발한다. 결승선은 같은데 50m를 어떻게 따라잡느냐 말이다.

19세기 산업혁명 이후 선발 주자인 영국, 프랑스, 독일 등은 지금도 선진국이다. 200년이 지난 지금까지, 산업혁명 때 구축된 세계 경제 질서가 그대로다. 후진국은 그들을 못 따라간다. 바로 금수저의 원리 때문이다. 그런데, 오직 금수저의 원리를 깨버린 나라가 하나 있다. 대한민국이다. 후진국에서 거의 선진국 문턱까지 와버린 대한민국! 누가 그 일을 했나? 박정희 대통령이다. 박정희 대통령은 바로 이 원리를 무너트리고 기적을 이룬 분이다. 그래서 민주화도 달성하였다.

미얀마 대사를 지낸 김정환 장군(육사 19기)의 얘기다. 미얀마 대사 시절(1993~96), 미얀마 주재 UNDP(유엔개발계획) 라르조 대표가 퇴임을 앞두고 한 말이다.

"내가 한평생 참회하는 일이 있는데, 오늘 말씀을 드려야 마음의 짐을 덜 것 같습니다. 내가 젊은 시절, UNDP 본부에서 일할 때, 아시아 후진국들의 발전 가능성을 평가하면서, 한국은 중진국으로 도저히 갈 수 없는 희망 없는 국가로 분류해서 보고했습니다. 그때 우리 소위원회가 가장 희망 있는 나라로 필리핀을 지목했지요. 그런데 이게 웬일입니까? 한국은 이미 중진국을 넘어섰고 필리핀은 제자리걸음을 하고 있으니. 나는 그 이후 한국의 발전상을 지켜보면서 항상 한국 국민에게 미안한 마음에 괴로웠습니다."

나는 라르조의 당시 분석이 틀렸다고 생각하지 않는다. 그들은 경제 전문가로서 객관적 지표를 토대로 평가를 하였을 것이다. 흙수저가 금수저를 이길 수 없는, 똑같은 결론 때문이다. 굳이 UNDP 분석위원회의 실수를 짚으라면 '리더십'의 위력을 고려 안 했다는 점이다. 그들 위원회가 놓친 것은 박정희의 위대한 리더십이다.

리더십은 경제 논리가 아니라 인문학 영역이요, 철학 논리다. 경제 전문가들이 놓친 것은 어쩌면 당연하다. 박정희 대통령은 유엔 전문가들도 예상치 못한 오늘의 대한민국을 있게 한 위대한 인물이다.

선진국의 요건은 한둘이 아니지만, 그중 급한 게 '나라 지킴'이다. 잘못된 경제는 살리면 된다. 안보가 잘못되면 백성이고, 경제고 다 없어진다. 두 번째가 국민의 도덕성이다. 정직하고, 근면하고 예의 바르면 나라는 잘되게 되어 있다. 세 번째가 경제다. 근면하면 경제는 절로 된다. 독일을 보라.

그런데, 더 중요한 게 있다. 정치다. 정치가 잘못되면 만사를 그르친다. 인사는 만사라지만 정치가 만사다. 그중에서도 리더십이 만사다. 지도자를 잘못 뽑으면 나라가 망한다.

3 우리의 민얼굴

정치권만 잘못하고 있는가? 아니다. 우리 백성도 반성해야 한다. 박근혜를 탄핵하고 자격없는 사람들을 뽑았다. 투표는 대의정치(민주정치)의 생명인데 투표권을 생각 없이 행사했다. 문제는 이 사람들이 모여서 아무 법이나 마구 만들어 나라가 어렵게 되었다.

법이란 뭔가. 기준이다. 나라를 운영하는 기본 잣대다. 그 법을 만드는 중요한 인물들을 생각 없이 아무나 뽑았으니, 그게 소위 책임 있는 국민이라 할 수 있나? 반성 문제가 나왔으니, 우리끼리 터놓고 한 번 얘기해 보자.

첫째, 기본을 무시한다. 기본이란 문화시민으로서 지켜야 할 기본예절, 질서다. 기본을 안 지키면 사람의 품위가 떨어진다. 사회가 혼란해진다. 밖에 나가서도 손가락질 받는다. 기본은 어려운 게 아니다. 예절부터 지키면 된다. 예절이란 남을 배려하고 나도 존중을 받자는 행위다. 기본이 지켜지면 사는 게 편해진다. 다툴 일이 없다. 사회가 밝아진다.

기본의 첫걸음은 양보(讓步)다. 양보는 글자 그대로 한 발 물러서는 거다. 아주 작은 것의 희생이다. 큰 재산을 양보하고, 대판 경합(競合)에서 물러서란 말이 아니다. 그저 한 발짝 양보다. 되로 주고 말로 받는다는 말이 있지 않은가!

나의 작은 양보와 호의가 상대의 마음을 사기 때문이다. '남이 내게 호감을 느낀다.'는 것은 사회생활에서 아주 중요한 대목이다. 인간관계가 아름다워지고 사회가 밝아지는 첩경(捷徑)이다. 이 대목은 사회발전의 요건이요, 시작이기도 하다. 사람들이 서로 호감을 느끼니 자연히 돕고 협력한다. 소위 인화(人和)다. 사회의 발전은 양보에서 시작한다. 먼 곳에 있는 게 아니다. 정치가들이 거창하게 국가 발전책을 떠들지만 간단한 양보부터 시작해야 한다.

그런데 놀랍게도 우리 사회는 양보를 모른다. 당연히 양보해야 할 때도 굳이 앞질러 간다. 붐비는 곳에서 남과 부딪쳐도 태연하다. 기분 나쁘다.

똑똑한 엄마들아! 정신 차려라. 가정교육은 엄마 책임이다. 만원 엘리베이터에 굳이 사람을 밀치고 타는가 하면, 큰소리로 떠들고, 전화도 할 말 다 한다. 출근 때부터 기분을 상한다. 운전대를 잡으면 사람이 돌변한다. 사업상 나는 외국 친구가 많은데 모두가 서울 운전은 겁나서 못하겠는 것이다. 외국인들은 운전할 때 양보의 미덕을 더 지킨다. 도시 기능을 효율화시키고 사고를 미리 방지하기 위해서다. 가만히 생각해보라. 선진국 사람일수록 양보를 잘한다. 선진국이 된 이유가 다 있다.

우리도 돈 좀 벌기 시작한 80년대 후반부터 해외여행을 즐기게 됐다. 여행자 수가 불어나니까 여행사가 주관하는 단체여행이 부쩍 늘었다. 여행지는 물론 서구 선진국이다. 그런데 창피하게도 방문국 여러 곳, 호텔 식당에 'No Korean Tourist!' 팻말이 나붙었다.

문제는 여행객이 떼로 몰려와서 난장판을 만들기 때문이다. 주위 사람 아랑곳하지 않고 떠들어 대고, 식사를 지저분하게 하고, 화장실 뒤처리가 어지럽고…. 도대체 문화 민족답지 않은 행실이 영업에 지장을 줄 정도가 되었기 때문이다. 이 외에도 낯뜨거운 얘기는 한둘이 아니다.

그만두자.

그럼 왜 문화 시민답지 않은 부끄러운 일이 일어나는가? 첫째로 부모가 잘못 가르쳤고, 둘째로 그 사람은 자기 인생의 소중함을 모르기 때문이다. 인격이 있는 사람이 어떻게 남부끄러운 짓을 할 수 있는가. 자존감이 없으니 남의 자존도 모른다. 그러니 남의 배려는 생각조차 못한다. 부끄러운 행동은 결국 자기 인격을 모독하는 것이요, 주위의 비웃음을 사고 천시를 당한다.

친구여, 내가 누군가를 다시 생각하자. 내 곁의 당신도 나 못지않게 소중한 인생임을 깨닫자.

둘째, 모함이다. 부끄러운 얘기지만 우리나라 고소, 고발 건은 일본의 60배다.[86] 서로 믿지 못하고, 속임수도 그만큼 많다는 얘기다. 창피하다. 남을 배려하고 존중하는 마음이 없으므로 남의 자존(自尊)을 무시한다. 남의 인격은 안중에 없으니 고소, 고발을 남발한다.

조선조 때 웬만한 인물치고 귀양살이는 보통이다. 수많은 인재가 사약을 받았다. 선비가 선비를 모함하는 사화만 4번,[87] 기축사화 때는 무려 1,000여 명의 선비가 죽었다. 모함은 숫제 정치의 한 부분이 되었다. 남을 비난하고 헐뜯으면 우선 자기 입이 더러워지고 인간관계가 깨지고 사회가 황폐해진다.

젊은이여, 훈훈한 인심이 넘치는 따뜻한 사회를 우리가 못 만들 것 없지 않은가! 우선 마주치는 모르는 사람과도 따뜻한 눈인사부터 나누자! 그리고 우리의 미덕인 '형님 먼저, 아우 먼저'를 살리자! 자네나 나나

---

86) 2015년 한국의 고소, 고발은 인구 1만 명당 80건으로 일본의 1.3건에 비해 60배다(대한변리사회, kpaa@kpaa.or.kr).

87) 무오사화(1498년, 연산군 4년), 갑자사화(1504년, 연산군 10년), 기묘사화(1519년, 중종 14년), 을사사화(1545년, 명종 즉위년)를 '4대 사화'라고 한다.

한 번 사는 귀한 삶을 타고 났다. 너도나도 귀한 생명이요, 유아독존적 존재다. 모처럼의 인생, 너도나도 멋진 세상을 만들어 보지 않겠나?

셋째, 공공(公共)정신이다. 특히 윗사람의 공심(公心)이 부족하다.

일찍이 춘원(春園) 이광수는 그의 「민족개조론」에서 이렇게 개탄했다. "봉사의 정신이 없다. 희생정신도 없다. 공심(公心)이라곤 전혀 없다. 도대체 사(思), 언(言), 행(行)이 국가 민족은 안중에도 없고, 오로지 빙공영사(憑公營私, 나랏일은 돌보지도 않고 오로지 사적인 영리만 도모한다)의 악행만 거듭한다." 그는 조선 민족의 쇠퇴 원인은 도덕적 타락에 있다고 하면서 민족을 도덕적으로 개조해야 한다고 『개벽』에 기고하였다. 부끄럽지만 이게 우리 현실이었다.

1894년 조선을 방문했던 오스트리아 여행가 헤세-바르텍(Ernst von Hesse-Wartegg)은[88] "조선의 관리는 도둑이다. 탐관오리(貪官汚吏)가 조선의 빈곤과 몰락을 가져왔다."고 기록하고 있다. 정말 창피하다.

조선이 망하기 전 일본은 많은 정탐꾼을 보내 조선의 실정을 조사해서 본국에 알렸다. 그들의 조사내용은 광범위하고 매우 전문적이었다. 한반도의 풍토, 국민성, 풍습, 노비제도, 군사와 무관들의 수준, 정교한 한글의 우수성까지, 그들이 수집한 정보는 정확했다. 그중 혼마 규스케(本間九介)란 자가 『조선잡기』란 기록을 남겼는데, 관리에 대해서 이렇

---

[88] 헤세-바르텍이 1894년 독일어판에 이어 이듬해 이탈리아어 번역판을 냈는데, 그 책의 말미에 첨부된 한반도, 일본, 중국 일부를 포함한 주변 지도에 독도가 리앙쿠르(Liancourt)라는 이름으로 선명하게 표시되어 있어, 독도의 영유권 주장에 매우 중요한 자료로 인정받고 있다(에른스트 폰 헤세-바르텍 저, 정현규 옮김, 『조선, 1894년 여름』, 책과함께, 2012).

게 심한 말을 하였다.[89] "조선의 관리들은 마음대로 백성의 재화를 빼앗는데, 그 정도가 도둑보다 더하다." 공직자가 공익(公益)을 저버리고 사사로운 이익을 챙기기 시작하면 그 나라는 망한다. 오죽했으면 500년 왕조가 일본에 먹히느냐 말이다. 부끄러운 얘기는 그만하자.

---

[89] 혼마 규스케 저, 최혜주 역, 『조선잡기-일본인의 조선정탐록』, 김영사, 2008.

4 민족개조론

춘원은 그의 「민족개조론」에서 우리 배달의 결점을 "거짓되고, 공상과 공론만 즐기고, 나태하고, 신의와 충성심이 없고, 용기가 부족하고, 이기적이며, 사회봉사 정신이 부족하고, 단결력도 없다."고 개탄하였다. 그리고 민족의 장래를 크게 걱정하며, 민족개조의 필요성을 역설하였다.

먼저 "이를 위해 우리가 할 일은 '무실(懋實)과 역행(力行)'이다. 무실이란 거짓말 말자, 속이지 말자, 말과 일에 오직 참되기에 힘쓰자는 말이요, 역행이란 공상을 말자, 공론을 말자, 옳은 일을 생각했거나 말을 했으면 바로 실행하"자고 강조했다.

춘원 선생의 우리 민족의 먼 장래를 생각하는 충정(衷情)에 머리 숙인다. 그러나 나는 우리 젊은이들을 믿는다. 춘원이 개조론에서 주장하는 복잡한 방책을 통하지 않고도 우리 세대는 민족의 웅비(雄飛)를 이루고 말 것이다.

중요한 것은 가정교육이다. 가정에서 정직 하나만 제대로 가르쳐도 우리는 세계를 휘어잡을 수 있다. 가정교육은 아빠보다 엄마 몫이 크다. 이 땅의 젊은 여성들이여, 민족의 개조는 여러분의 손에 달려 있다. 사랑하는 손녀들이여, 팔 걷고 나서자. 정직 하나만은 가정에서 꼭 가르치자.

젊은이여! 팔 걷고 나서자. 때가 되었다. 여러분이 나서면 된다. 구한말 조정의 무능과 세도정치의 잘못으로 끝내는 나라까지 빼앗겼지만, 우리는 아니다. 우리는 다르다! 우리는 옛 고구려의 기상과 군자다움을 되살릴 것이다. 21세기 우리 젊은 세대는 이승만과 박정희의 위대한 꿈을 계승, 세계를 한 번 들었다 놓을 것이다.

보라! 한류(韓流)를. 우리 세대 배달의 청년은 이미 문화 예술에서, 스포츠에서, 선진국 일본이 못하고, 14억의 중국도 못 한 일을 해내고 있지 않은가? 그뿐만이 아니다. 과학 기술 분야에서도 세계는 놀라운 눈으로 우리를 주시하고 있다. 과학 기술의 핵심은 무기 체계이다. 현재 우리가 개발한 무기는 미국, 러시아 등, 초일류 국가 무기와 비교해 손색이 없다. 우리의 흑표전차, K-9 자주포, 잠수함 등은 세계 국방관계자들이 경탄하며 욕심내는 무기들이다.

흑표전차는 미국의 구형 전차를 한국의 산악지형과 전술작전을 고려하여 우리 실정에 맞는 우수한 전차로 개발, 발전시킨 것이다. 적 표적을 먼저 발견하고, 기동 중에도 적을 파괴하도록 설계 제작되어 미국, 독일, 러시아와 같은 세계 주력 전투 탱크(Main Battle Tank) 반열에 어깨를 같이한다.

우리 잠수함의 원천 기술은 독일이다. 기술을 전수한 독일 선생님이 놀란다. 독일보다 더 좋은 잠수함을 우린 만들었기 때문이다. 원자력 잠수함? 우리 원자력 기술은 세계 톱이다. 독일보다 좋은 잠수함에 우리가 만든 최고의 원자로를 얹으면 끝이다.

우리 해군의 잠수함 운용 역사는 20년이다. 그런데 100년 역사의 세계 최고 미 해군도 우리 잠수함을 겁낸다. 지난 수년간 연합군과 합동 훈련 때마다 우리 디젤 잠수함이 훈련이 끝날 때까지 안 잡히고 미 핵 잠수함을 포함, 항모 등 전투함 10여 척을 격침시켰기 때문이다. 대한민국 해군 만만치 않다.

지금 세계의 특별한 주목을 받는 분야가 있다. 우리 전투기 제작 기술이다. 기본 훈련기는 말할 것도 없고, 고등훈련기 T-50은 명품으로 몇 나라에 수출까지 했다. 특히 KF-21 전투기는 세계를 놀라게 하고 있다. 다 아는 일이지만 무기 기술은 아무리 친한 나라도 안 준다. 따라서 예민한 첨단 기술은 우리 스스로 해결해야 한다.

전투기의 성능을 결정하는 것이 4대 혁신 기술이다. 즉 레이더, 엔진, 무장, 스텔스 기술이다. KF-21은 세계 최고 전투기 F-35와 맞먹는 성능이다. 그런데 이 혁신 기술을 우리 힘으로 개발했다. 세계가 놀라는 것은 당연한 일. 코리언이 두려운 것이다.

유도탄 분야도 주목받고 있다. 유도탄 요격용으로 페트리엇(Patriot)이 있다. 물론 미국제로 세계적 명품이라 많은 우방국이 장비하고 있는 단거리 유도탄이다. 그런데 우리가 독자적으로 개발한 유도탄은 페트리엇보다 우수하다. 바로 천궁(天弓)이다. 활이라면 우리 배달 당할 놈이 있나? 유도탄이라고 예외가 없다!

또 있다. 지대지 미사일 현무는 1호부터 4호까지 개발되었다. 이 위력은 준 핵무기급이다. 이번에 미국과 협상으로 종전의 사거리 500km에서 거리 제한까지 풀렸다. 5호가 나오면? 일본, 중국은 물론 멀리 유럽 대륙 국가도 안심 못 한다. 대한민국 육군도 만만치 않다.

『후한서』나 「동옥저」에 보면 우리 조상들은 체격이 크고 용감하다. 보전(步戰)을 잘해서 두려워했다. 바로 대한민국 육해공군이 그 전통을 이어받았다.

우리는 안다! 삼국시대 이전의 우리 조상들의 드높았던 기상과 기개를.

"군자 나라(조선)는 북쪽에 있는데, 옷차림을 단정히 하고, 보검을 차고 다니며, 짐승을 잡아 주식으로 한다. 다닐 때는 좌우에 큰 호랑이 두 마리를 시종으로 삼아 다닌다. 그들은 서로 존중하고 양보하며, 싸우지 않는다. 우아하고 소박해서 군자의 기품이 강하다."[90] 중국 선진(先秦) 시대의 저술 『산해경(山海經)』은 배달의 선조를 이렇게 칭송하였다.

한편, 전한 무제 시대 태중대부(太中大夫)를 지냈던 동방삭(東方朔)이 쓴 『신이경(神異經)』은 우리를 "동방(東方) 남자들은 서로 범하지 아니하며 서로 헐뜯지 아니하며, 남이 환란에 빠진 것을 보면 목숨을 내걸고 이를 구하여 주니 언뜻 보면 어리석어 보이나 이름하여 착한 사람들"이라고[91] 칭송하였다.

또한 『후한서(後漢書)』에 "부여 사람들은 근엄 중후(重厚)하여 다른 나라를 노략질 않으며, 체격이 크고 성품이 굳세고 용감하며, 노래하기를 좋아하여 노랫소리가 끊이지 않는다."[92]라고 하였다 또 『동옥저』에서는 "부여 사람들 성질은 질박하고 정직하며 굳세고 용감하며, 창을 잘 다루며 보전(步戰)을 잘 한다"고 하였다.[93]

이처럼 우리 조상을 주변국 사람들이 경외심(敬畏心)으로 바라보며 칭송하였다. 우리의 옛 조상은 체격도 크고 강용(强勇) 무쌍할 뿐만 아

---

90) 君子國在其北 衣冠帶劍 食獸 使二大虎在旁 其人好讓不爭.
91) 不相犯相譽而不相毀見人 有患投死救地蒼 卒見之如癡名曰善人(동방삭 저, 김지선 역, 『신이경』, 지식을만드는지식, 2011.)
92) 夫餘國, 其人麤大彊勇而謹厚, 不爲寇鈔. 好歌吟, 音聲不絶(後漢書』卷 85, 東夷列傳 第75, 夫餘國).
93) 人性質直彊勇, 便持矛步戰(『後漢書』卷 85, 東夷列傳 第75, 東沃沮).

니라, 창을 잘 쓰고 전쟁까지도 잘하였으니, 가히 두려움의 대상이기도 하였으리라. 게다가 가무를 즐겨 노랫소리가 끊이지 않았다니, 인생을 즐길 줄도 알았다. 당연히 평화를 사랑하였을 것이다.

젊은이들이여, 가슴을 펴라! 우리는 강건하고 용감하며 군자다운 성품과 기질을 선조로부터 이어받은 배달민족이다.

춘원 이광수 선생은 또 이렇게 말하였다.

> 조선의 역사를 보면 조선에는 봉건제도가 없었다. 삼한 시대나 삼국 초기에는 무수한 소국이 있었지만, 그 모두가 완전한 독립국이었고 대국의 멸함을 받을지라도 그 부속은 아니 되었다. 당나라와 신라의 관계도 일종의 외교 관계이며, 신라가 당나라의 지배를 받은 일이 없었다. 조선 시대에도 명분과 의리상 명나라와 청나라 두 왕조의 정삭(定朔)을[94] 받았다고는 하나 그것은 형식이요, 사실상의 지배를 받은 적은 없다. 그리고 일반 민중의 생활을 보더라도 독립자주의 기풍이 많다.

하버드 대학의 한국학 교수 마크 피터슨(Mark Peterson)은 '첫째, 한국의 5000년 역사는 혼돈과 침략의 역사였고 둘째, 고래 싸움에 새우 등 터지는 희생과 약자의 역사요, 셋째, 조선 왕조는 너무 길고 부패, 무능했으며, 유교 사상 때문에 결국은 나라까지 망했다'라는, 지금의 일반적 한국사관은 자기가 볼 때 크게 잘못된 것이라고 주장하였다.

긴 안목으로 보면 한국의 역사는 혼란의 역사가 아니라, 오랫동안 평화로운 시대가 계속되었다. 한 왕조에서 다른 왕조로의 이행도 평화적

---

94) 정삭(定朔)이란 신월(新月)이 초하루가 되도록 달의 대소(大小)를 적절히 배정하는 역법을 말한다. 조선은 사신을 보내 정삭을 하례하였다.

으로 이행되었을 뿐만 아니라, 왕조들은 안정되어 전쟁보다 평화의 시대가 더 길었다. 또 한국 역사는 침략으로 얼룩진 수난의 역사였다고 한탄하지만, 이 또한 잘못된 견해이다. 자기가 볼 때 한국이 침략을 받은 것은 단 두 번, 1231년의 몽골의 침략과 1592년의 일본의 침략 두 번이라고 주장하고 있다. 흔히 말하는 수백 번의 침략을 받았다는 것은 침략의 정확한 정의를 모르기 때문이라는 것.

흔히 말하는 수백 번의 침략이란 해안가 마을에 왜구가 쳐들어와 노략질하고, 북방의 여진족이 마을에 들어와 가축 몇 마리 약탈한 것까지를 모두 침략으로 쳤기 때문이라는 것이다. 따라서 그런 부류의 약탈은 침략으로 칠 수 없다고 하였다. 그리고 '다른 나라를 단 한 번도 침략한 적이 없었다.'라는 사실을 매우 높이 평가하였다.

요컨대 '한국의 역사는 수난의 역사도 아니며 약자의 역사(새우등 터지는)는 더욱이 아니었다. 왕조들의 수명은 동서양 어느 나라보다 길었고, 긴 세월 평화가 계속된 안정된 역사 가운데 정통성도 잘 지켜온 빛나는 역사다.'라고 우리 역사를 높이 평가하였다.

스위스의 취리히 대학의 연구조사에 의하면 우리 배달의 I.Q가 세계 제일이라고 하였다. 즉 한국, 일본, 대만, 싱가포르, 독일, 네덜란드, 오스트리아, 이탈리아 등으로 이어진다고 하였다.[95] 이처럼 우리 배달의 우수성은 예로부터 오늘에 이르기까지 증명되고 인정을 받아 왔다.

---

95) 폴켄(Thomas Volken)교수는 'IQ가 국가 소득과 성장에 미치는 영향' 주제의 연구에서 IQ가 한국 106, 일본 105, 대만 104, 싱가포르 103, 독일과 네덜란드 102, 영국 100, 미국 98 순이라고 했는데, IQ와 경제성장과는 상관관계가 없다고 주장하였다(『한국대학신문』, 2004. 5. 22).

젊은이여, 한번 크게 떨치며 일어서 보지 않겠나? 여러분은 할 수 있다. 때가 왔지 않느냐!

나는 안다. 여러분이야말로 이 나라를 선진국으로 올려놓을 세대라는 것을!

나가자!
세계로!

제4장

젊은이여 일어서라

1 문명의 전환점

코로나! 이름이 거창하다. 코로나, 고대 로마 시대, 전공(戰功)이 혁혁한 사람에게 씌어주던 화관(花冠)이 코로나다. 21세기 지구는 죽음의 화관부터 썼다. 일 년 남짓한 사이에 지구촌 사람 470여만 명이 코로나로 세상을 떴다(2021년 9월 20일 현재).

멀쩡한 학교가 문을 닫고, 어른들은 출근도 안 하고 집에 틀어박혔다. 하루에도 수천 개 회사가 문을 닫고, 수만 명이 직장을 잃었다. 세상이 뒤죽박죽되었다. 역사의 흐름이 끊겼다. 이런 난리가 있나! 세상이 안 바뀔 도리가 없다. 역사의 변곡점인가?

자, 어떻게 변할까? 하늘이 무너져도 솟아날 구멍이 있다고, 세상이 망해도 사는 놈은 살고 죽을 놈은 죽기 마련이다. 호랑이 굴에서도 정신만 차리면 산다지 않더냐.

젊은이여, 정신 바짝 차리자. 위기는 기회다. 도약의 기회, 선진국으로의 기회, 일류 국가로의 기회다.

세상은 어떻게 변할까. 누가 흥하고 누가 망할까? 이 난리 통에도 떼돈 버는 사람이 생겼다. 망하는 장사는 무얼까, 잘 살피자.

좋은 길잡이를 발견했다. 『세계미래보고서』다.[96] 나는 대충대충 보았다. 젊은이들, 일독을 권한다. 미래 보고서는 세 가지를 지적했다.

첫째, 재택근무다.[97] 사람들이 출근을 안 하니 우선 그 큰 사무실이 소용없게 되었다. 반면 인터넷 통신 등 인프라를 갖춘 교외 단독 주택이 관심을 끌게 되었다. 당장에 부동산 시세에 변화가 오고 주위 상권에도 큰 지각 변동이 왔다. 잘 나가던 식당이나 커피점이 제일 큰 타격을 받는다. 기름 수요는 확 줄어서 환경개선의 이점도 생길 조짐이 보인다.

둘째, 대학교육이다. 대학이 흔들린다. 존립까지 위협받는 상황이 되었다. 비대면(非對面) 때문이다. 걱정을 많이들 했다. 이러다 세상은 완전히 후퇴하는 것은 아닌가. 궁하면 통한다고, 그동안 구축한 IT 기술과 인프라가 살렸다. 비대면을 강요당하니까 어쩔 수 없이 원격 화상 교육으로 급한 불을 껐다.

처음엔 불편했다. 화상 교육은 꼭 가짜 같은 느낌을 주었다. 모니터라는 중간 매체가 전달하는 지식은 실감이 안 난다. 가짜 같은 교육으로 어떻게 고급지식 전수가 되겠냐는 우려도 없지 않았다. 그러나 인간의 적응 능력은 놀라웠다. 호모사피엔스가 300만 년이나 생존해온 것은 적응력 때문이다. 대면이 안 되니까 재빠르게 적응으로 전환하였다.

일본의 유명대학에 입학한 한국의 유학생은 두 번째 학기가 끝나가

---

96) 박영숙, 제롬 글렌 지음, 『세계미래보고서 2030~20505』, 교보문고, 2020.
97) 실리콘 밸리에서는 재택근무가 뉴 노멀이 되었다. Twitter 설립자인 잭 도시(Jack P. Dorsey)는 재택근무를 고정하겠다고 천명하였고, 재택근무 기구 구입을 위해 1,000달러씩 지급하였다. 페이스북의 주커버그(Mark E. Zuckerberg)도 5~10년 내에 전 직원의 50%는 재택근무를 할 것이라고 하였다.

는 지금까지도 일 년 가까이 출석 한 번 없이 비대면 수업을 계속하고 있다. 또한 국내에서는 놀랍게도 작년(2020) 4년제 대학의 85%가 1학기 수업을 온라인으로 마쳤다. 재빠른 학생은 등록금부터 깎자고 덤빈다. 빠르다. 대학이나 학생이나 새 환경에 얼마나 적응을 잘하는가.

새 세상이 열리니까 새로운 장삿거리도 생겨났다. 역시 세상엔 재빠른 사람이 끌고 가게 되어 있다. 먼저 보고, 멀리 보고, 행동으로 옮기고, 말은 쉬워도 실은 어려운 능력이다. 애초부터 못 보는가 하면, 보여도 행동 안 하면 모두가 허사다. 삼박자가 다 맞아떨어져야 한다. 그래서 세상은 우열이 생기게 마련이다.

항상 깨어 있자. 문제의식을 느끼자. 의문을 갖자. 따지자. 묻자.

나는 그동안 알지도 못하던 MOOC나 Coursera 같은 기업이 그새 나타나서 일류 강좌를 온라인으로 제공한단다. 이제 세계적 석학들의 명강의를 무료로 들을 수 있는 세상이 되었다. Google은 온라인으로 300달러만 내면 새 기술과 고성장 프로그램 자격증까지 받을 수 있는 상품을 내놓았다. 이제 대학이 왜 필요하냐는 의문까지 생겼다. 빠르다. 세상이 정신없이 돌아간다.

젊은이여! 정신 바짝 차리자.

세 번째, 일자리의 변화다. 뜨는 산업과 지는 산업이 갈리면서 일자리의 변화가 생기는 것은 어쩔 수 없는 일, 지는 산업은 이제 뻔하게 되었다. 코로나 덕분에 오프라인 회의는 줄었다. 화상회의가 일반화되니까 출장 갈 일도 별로 없다.

해외여행도 맛이 갔다. 재택을 하면서 집이 좋은 거 알았다. 열 시간씩 비행기 타는 거 싫다. 집 근처에서 휴가 즐기는 새 풍조가 생겨났다.

백화점이나 마트도 그 전만 못하게 된 것은 당연하다. 배달의민족 같은 편리한 유통수단이 등장하고, 온라인 구매까지 성업하는 판이다. 한강 둔치는 물론 논두렁에까지 배달이 가능한 나라는 우리밖에 없을 것이다.

스포츠 경기도 시큰둥하게 됐다. TV 화질이 너무 좋다. 음향도 기가 막힌다. 안방이 경기장보다 더 잘 보이고 더 잘 들린다. 클로즈업하면 심판보다 더 잘 본다. 경기장의 박진감을 안방 TV가 살렸다.

특히 육상경기의 높이뛰기나 장대높이뛰기는 거실에서 봐야 제맛이 난다. 슬로우 모션! 아슬아슬 넘어갈 때 그 긴장감, 짜릿한 맛을 어디 가서 맛볼 것인가.

석유산업이 줄어들 것은 너무나 명확한 사실. 모건 스탠리는 유가가 이제 배럴당 50달러가 넘기 힘들 거라고 내다봤다. 뜨는 산업은 이제 뻔하다. 다 아는 일이지만 실리콘 밸리는 생명공학에 주목한다. 당연하다. 오래 살고 싶은 것, 인류 최대의 꿈 아닌가? 줄기세포, 바이오, 신약 개발 등은 안 뜰래야 안뜰 수 없는 분야다.

청년들이여, 잠시 숨을 고르고 내 말에 귀를 기울여 주라.

지금 세상은 돈 벌어 잘 먹고 잘살기에 혈안이 되어있다. 돈 버는 거 중요하지. 그러나 어떻게 쓰는가가 더 중요하다. 돈 벌었으면 당연히 잘 살아야지. 그러나 값지게, 뜻있게 살아야지 않겠나.

14세기 유럽에 페스트가 창궐하면서 유럽 인구 1/3 이상이 사라졌다. 병은 병인데 도무지 알 수 없는 병으로 수많은 사람이 죽어 나갔다. 유럽은 공황 상태가 되었다. 막연히 신의 노여움에서 온 징벌로 알았는데, 신의 대리자인 성직자나 신도들이 더 많이 죽어 나갔다. 당연하다. 교회에 사람들이 많이 모이니 전염도 쉽게 되었을 게 아닌가.

신에 대한 의구심이 생겼다. 신 중심의 중세 사회를 기반부터 흔들었다. 일대 사회변혁이 일어날 수밖에 없었고, 마침내 르네상스 시대를 열게 된 것이다.

코로나의 충격이 비록 페스트엔 못 미친다 하더라도, 코로나 이후의 흐름이 우리에겐 의미심장한 역사적 분기점이 될 것이다. 코로나의 충격은 우리의 의도를 가능케 하는 충분한 조건을 갖추고 있다. 위기는 기회란 말도 있지 않던가. 이걸 놓치면 안 된다. 기회는 지금이다.

무슨 기회? 우리가 꿈꾸어 온 나라, 사람답게 사는 나라, 정의로운 나라, 세계 일등 국가를 만드는 기회다.

내가 이 책을 쓰는 이유도 바로 여러분 젊은이들이 모처럼의 호기, 천재일우(千載一遇)의 이 기회를 꽉 붙들어 주길 바라서이다.

제군, 잠시 마음을 가다듬고 다음 행보를 생각해보자.

우선 된다는 생각부터 하자. 마음을 열자는 것이다. 우리는 조상 대대로 이어 온 우수한 DNA를 타고 났다. 시대는 4차 산업혁명기를 맞이하고 있다. 그리고 우리는 개도국에서 한 발짝만 올라서면 되는 중진국 정상에 와 있다.

가자! 우리는 안다. 하면 된다는 것을.

2 4차 산업혁명과 대한민국

　제4차 산업혁명(4IR; Fourth Industrial Revolution)은 클라우스 슈밥(Klaus Schwab)이 2016년 다보스 세계경제포럼에서 "전 세계 사회·산업·문화적 르네상스를 불러올 과학 기술의 대전환기가 시작됐다."는 선언으로 시작된 용어다.[98]

　독일은 'Industry 4.0'(2010), 유럽은 'Horizon Europe'(2014), 미국은 'Advanced Manufacturing Partnership 2.0'(2011), 일본은 '일본 재흥전략, Society 5.0'(2015), 중국은 '중국제조 2025'(2014) 등의 이름으로 4차 산업혁명에 대비하고 있다. 이 나라들보다는 늦었지만, 우리나라도 4차 산업혁명에 따른 총체적 변화에 대응하여 국가전략과 정책에 관한 사항을 심의하고, 부처 간 정책을 조정하는 '4차 산업혁명위원회'가 2017년 출범하였다.

　4차 산업혁명의 핵심기술은 어떤 것들인가? 4차 산업혁명을 다룬 국내 출간 서적 22권을 조사한 결과, 4차 산업혁명의 핵심 ICT 기술로 인공지능과 IoT(사물인터넷)가 16회로 가장 빈도수가 높았다. 그 다음으

---

98) 그러나 영국의 「인디펜던트(Independent)」지는 "인공지능, 로봇 등의 요소 기술은 전혀 새로운 것이 아니며, 4차 산업혁명은 3차 산업혁명의 연장일 뿐"이라고 하였고, 리프킨도 "현재 3차 산업혁명이 진행 중"이라고 하는 등 4차 산업혁명이라는 용어에 반대하는 주장도 많다.

로 자율주행 15회, 로봇과 3D 프린팅이 14회, 증강현실(AR)이 13회, 빅데이터, 블록체인, 클라우드, 초고속 이동통신(5G) 등이 뒤를 이었다.[99]

그러나 상황은 녹록지 않다. 그동안 ICT 강국이라고 자부해 왔던 우리나라는 미국, 유럽뿐만 아니라 일본, 중국에 비교해서도 4차 산업혁명에 대한 대비가 늦었다. 또한 독일의 컨설팅 기업 롤랜드버거(Roland Berger)의 보고서가 지적했듯이 우리나라의 제조업 비중이 G7 국가들과 비교해서 30% 이상 높은 상황이다. 따라서 4차 산업혁명의 혁신적 패러다임 변화에 잘 적응하지 못하면 심각한 타격을 받을 수 있다.[100]

2021년 8월 말, 한국과학기술기획평가원(KISTEP)이 내놓은 『2020년 과학기술혁신역량 분석보고서』를 보면 2010년부터 2019년까지 인공지능, 빅데이터, 클라우드, 사물인터넷, 지능형 로봇, 자율주행차, 3D 프린팅, 바이오마커, 디지털헬스 케어 등 9개 항목에서 우리나라의 미국 등록 특허는 총 18만8천160건으로 평가 대상 44개국 중 미국, 일본에 이어 세 번째로 많았다. 그렇지만 특허가 국가나 기업의 기술혁신 활동에 어느 정도 영향을 미쳤는지 보여주는 '특허 당 피인용수(CPP)'는 2.8건에 불과 20위에 그쳤다. 이는 산출되는 특허의 수는 많으나 고품질 특허는 전체 특허 규모 수준에 미치지 못했다는 뜻이다.[101]

우리 대한민국이 직면하고 있는 4차 산업혁명의 파고를 넘어야 한다. 그리고 도약할 수 있는 방법을 찾아야 한다. 기업과 정부가 ICT 산업의 집중화와 정책의 유연한 적용을 통한 협업 관계를 만들고, 지속해서 유지하는 방안을 강구해야 한다. 아울러 융합적인 사고 능력을 갖춘 젊은

---

99) 문병성, 『제4차 산업혁명 핵심기술의 이해』, 2020.
100) 롤랜드버거, 김정희 역 『4차 산업혁명, 이미 와 있는 미래』, 다산, 2017.
101) "4차 산업혁명 특허 쏟아지지만, 국제영향력 미미… 질 높여야", 「연합뉴스」, 2021.8.29.

인재의 중요성이 부각되고 있다.

나는 4차 산업혁명이 요구하는 창의적이고 혁신적 기술로 무장한 모바일 결제시스템과 그 공유플랫폼의 좋은 예의 하나를 여기에 소개할까 한다. 하렉스인포텍의 '유비페이(UB Pay) 결제 서비스'는 세계 최초의 사용자 중심 모바일 결제 시스템으로, 미국 하버드대에서 열린 '2013년 결제혁신대회'에서 최고 기술상을 수상한 바 있고, 2015년 세계경제포럼 리포트에서도 사용자가 직접 결제 승인 처리를 하는 혁신적 모델로 전 세계에 소개되기도 하였다. 하렉스인포텍의 박경양 대표는 2014년 세계경제포럼에도 초청받아 사용자 중심 결제 서비스로의 혁명적 변화에 대한 비전을 공유하였다.

여러분들에게 이 결제 서비스 시스템과 그 공유플랫폼을 소개하는 것은 취업과 창업이 어려운 지금, 4차 산업혁명 시대에 걸맞은 청년창업을 용이하게 할 뿐 아니라 '사용자 중심'으로라는 단순한 패러다임 체인지로 얻을 수 있는, 그 파급효과가 엄청남을 볼 수 있기 때문이다.

첫째, 사용자 중심의 플랫폼은 중간자가 없으므로 젊은 창업자에겐 특히 중요한 비용과 리스크로부터 자유로울 수 있다. 그뿐만 아니라 이 플랫폼을 공유하면 할수록 플랫폼의 가치가 커지고, 참여자 모두에게 이익이 되는 지속 가능한 모델로 더 성장한다.

플랫폼의 공유를 통해 청년들이 아이디어와 제품만 있으면 손쉽게 창업하고 고객 접점을 무한히 확장할 수 있다. 따라서 인공지능 디지털 격차도 해소되고, 지속 가능한 청년창업 생태계 조성이 가능해지는 것이다.

둘째, 청년창업자에게 모든 은행, 카드, 상점이 연결되고 결제, 금융투자, 송금, 대출, 상거래, 로열티 포인트, 주문배달, 여행, 숙박, 주차, 자기

계발, 병원, 약국, 헬스, 문화예술 등 다양한 라이프 서비스와 사용자 중심의 인공지능 서비스가 가능한 플랫폼을 공유한다. 플랫폼에 연결된 다양한 서비스 영역과 고객 접점을 활용하여 신속하게 국내는 물론 글로벌까지 사업을 무제한 확장할 수 있다.

셋째, 공유플랫폼에 참여하여 플랫폼을 공유해가는 청년창업자는 플랫폼 운영에 필요한 소프트웨어, 시스템 등의 비용을 별도로 투자할 필요가 없다. 즉 플랫폼을 구축하는 돈, 시간, 노력 및 위험의 부담 없이 자신의 브랜드로 플랫폼 사업을 할 수 있다. 물론 Free of Charge(무료)다.

2021년 5월 한국지방자치학회 주최 '청년의 내일(My Job)과 지역의 내일(Tomorrow)'이라는 춘계학술대회가 있었다. 여기에서 '청년창업플랫폼위원회'를 발족시켰다. 여러 부처와 자치단체 및 협회 등으로 분산된 창업지원 단체를 통합, 연결한 후 다음 단계로 기업들이 자발적으로 참여하는 공유플랫폼에 의한 '지속 가능'한 대한민국 '청년창업 생태계'를 구축하겠다고 밝혔다.[102] 그렇게 되면 우리 '청년창업 생태계'는 3년 동안에 이스라엘이나 실리콘밸리를 능가하는 10만 벤처 창업이 이루어질 것이라고 하였다.[103]

---

102) IT Times, "청년의 내일과 지역의 내일: 2021 한국지방자치학회 춘계학술대회 개최", "공유플랫폼을 통한 지속가능한 청년창업생태계 조성," 2021.6.1
103) 2020년 중소벤처기업부의 벤처기업 실태조사에 의하면, 고용(정규직)은 80만4,000명으로 4대 그룹보다 13만6,000명이 더 많다. 2019년 11만7,000명의 신규 고용은 4대 그룹의 5.6배이다. 2019년 총매출액은 193조3,000억원으로 삼성 다음인 2위 수준이었다. 벤처기업 매출의 GDP 기여도는 200조의 40%인 80조가 된다.

공유플랫폼은 청년 창업가뿐만 아니라 소상공인, 자영업자는 물론 중소기업, 대기업에도 적용 되는 것으로 공유플랫폼에 참여하는 사업자 모두에게 이익이 되며, 상생, 상호 강화하는 모델이다. 사용자 중심사업 시스템이야말로 오랜 세월의 사업자 중심 사업의 시스템 패러다임을 깨는, 4차 산업혁명이 일구어낸 중요한 업적 중의 하나라고 생각한다.

코로나의 위기, 4차 산업혁명이라는 일대 전환기는 우리에겐 기회가 되면 되었지, 위기는 아니다. 아니, 설사 이 상황이 위기로 바뀌더라도, 동지여, 결연히 맞서 한 번 붙어 보자. 당신은 할 수 있다.

3 인공지능과 인간

2016년 구글 알파고와 이세돌 사이에 바둑대결이 있었다. 우리나라 최고의 바둑 고수인 이세돌과 인공지능의 대결이다. 그 대국에서 아쉽게도 이세돌이 4:1로 지고 말았다. 서양의 체스에서는 인공지능이 사람을 이겼지만, 바둑만은 사람이 인공지능을 이길 것이라고 믿고 있던 터였다. 이세돌마저 지다니, 사람들은 큰 충격을 받았다.[104]

인공지능(AI; Artificial Intelligence)이 이젠 사람의 고도한 지적 활동도 대신할 뿐만 아니라 인간의 최고 실력자도 간단히 물리친다는 증거를 보인 것이다. 사람들 사이에서는 의사, 변호사 등 지적 일자리까지도 인공지능이 대신할 게 아니냐는 두려움이 확산됐다. 그러나 결론부터 얘기하면 인공지능이 사람의 일자리를 뺏는 경우는 매우 제한적이다. 오히려 일자리를 늘려주는 긍정적인 순기능이 더 크다고 생각한다.

최근 미 MIT의 각 분야 전문가 수십 명이 2017년부터 3년간 제조업과 자율주행, 의료산업, 보험업종 등의 현장 조사를 통해 인공지능과 로봇이 어느 정도 인간 노동을 대체할 수 있는가를 조사한 바 있다. 그 결과 인공지능과 로봇은 일자리를 뺏는 것이 아니라 오히려 일자리를

---

104) 알파고가 이세돌을 이긴 것은 당연한 결과다. 알파고는 빅데이터를 기반으로 수십만의 기보를 학습하고 이기는 수만 골라 두는 것이므로 한 사람의 두뇌가 수백만 명의 두뇌를 상대하는 꼴이기 때문이다.

늘린다고 하였다.[105] 『노동의 종말』을 쓴 리프킨(Jeremy Rifkin)도 2017년 중앙일보와의 인터뷰에서 이렇게 전망했다.

> 향후 40년간 전 세계에서 마지막으로 단 한 번의 대고용(Great Employment)이 일어날 것이다. 두 세대에 걸쳐 온 세계에 스마트 인프라가 구축될 것이기 때문이다. 예를 들면 한국의 모든 빌딩과 집은 스마트 빌딩으로 바뀌어야 한다. 모든 빌딩은 자체 데이터 센터를 갖추고 신재생 에너지 발전 장치를 확보하며, 빌딩의 모든 요소는 IoT로 연결되어야 한다. 이런 인프라 구축 작업은 로봇이 맡을 수 없다. 아직은 로봇이 창문을 바꿔 달 수 없다. 그뿐만이 아니다. 화석·원자력 에너지를 신재생 에너지로 바꾸는 것, 농장을 스마트화하는 것, 5G 광선 케이블을 매설하는 것 같은 작업 역시 사람이 필요하다. 향후 40년간 이런 일에 수백, 수천만, 수억 명의 노동자가 필요하다.[106]

초연결(hyper-connectivity), 초지능(super-intelligence)으로 특정 지워지는 4차 산업혁명(4th Industrial Revolution)을 가능케 하는 중요한 핵심은 바로 인공지능 이다. 인공지능의 능력은 탁월해서 무인항공기, 무인자동차, 무인배달서비스, 무인공장 등이 모두 이 기술로 가능해진다.

이렇듯, 인공지능이 인간을 지배할 것이라는 걱정은 기우(杞憂)이다.[107] 주산이나 암산으로 계산하던 것을 계산기가 나와서 더 정확하고 빠

---

105) 2015년 일본 손정의 회장이 이끄는 소프트뱅크는 휴머노이드 로봇인 페퍼를 선보였으나, 제한적인 기능에 오류도 잦아 효용성이 없다고 하여 호텔, 백화점 등에서 페퍼를 치우고 다시 사람을 고용하였다.
106) 제레미 리프킨, '자동화로 인한 실업 두려워 말라. 인간은 다음 단계로 발내딛는 것', 중앙일보, 2017. 9. 17.
107) 카이스트 현 총장인 이광형 교수는 '인공지능의 이해와 미래' 강연에서 "AI

르게 계산 결과를 보여준다고 계산기가 인간을 지배할 수 있을까? 인간은 계산기를 활용하여 더 효율적인 방법으로 업무를 수행한다.

　인공지능도 마찬가지다. 인공지능은 인간이 하던 일을 더 저렴한 비용으로 더 빠르게 계산하여 결과물을 제시하는 기계일 뿐이다. 인공지능은 인간을 보조하는 수단으로 사람을 도울 뿐이다. 인공지능은 인간이 준 목표를 잘 수행하는 시스템에 불과하다. 즉 인공지능이 단순하고 힘든 일을 대신 해주어 인간은 일이 편해지고, 더욱 여유 있는 삶을 갖게 하므로 인공지능으로 인간은 더욱 행복해질 수 있다. 사람과 같거나 사람을 지배할 수 없다.

　최근 코로나19 대응과정에서 보여준 연구는 AI의 한계를 여실히 보여주고 있다. 2021년 6월 MIT가 발행하는 「테크놀러지 리뷰」는 "전 세계에서 개발한 600개 이상의 AI 알고리즘의 유용성을 검토한 결과 임상단계로 옮길 만한 정확도를 보여준 모델은 고작 2개 정도에 불과하다."라고 하여 충격을 주었다.

　그 원인은 '엉터리 데이터'라고 지적하였는데, 엉터리 데이터를 이용해 학습한 인공지능은 엉뚱한 판단을 내리는 등 제대로 성능을 발휘하지 못하게 될 가능성이 크다는 것이다. 이는 오진을 내려 환자의 목숨을 위태롭게 만들 위험이 있다. 인종차별적인 선입견을 습득하는 등 심각한 의학적·윤리적 문제를 초래할 수 있다고 하였다.[108]

　는 인간을 지배할 수 없다"라고 강조했다. 그는 "자아 로봇은 IoT 덕분에 소통은 가능하지만, 보지도 듣지도 않은 '허구'를 만들 수는 없으므로 인간처럼 '집단의 힘'을 발휘하는 조직능력이 없다"고 설명했다.
108) 아시아경제, '코로나가 드러낸 인공지능 한계…쓸 만한 데이터가 없다', 2021.08.23.

이런 위험성은 AI 상용화의 주요한 걸림돌이 되기도 한다. IBM이 수조 원이 넘는 돈을 들여 개발한 의료용 AI 왓슨(Watson)의 매각을 검토하고 있는 것도 왓슨의 진단 정확도가 그리 높지 않은 것과 무관치 않을 것이다.

4 더 높은 곳을 향하여(Aim High)

미국의 공군 모토(Motto)는 'Aim High'이다. 그들의 활동무대는 광활한 공중인데도 공중에서조차 더 높은 것을 지향하라고 독려(督勵)하고 있다. 세계 최강의 공군은 이 Aim High에서 시작한다.

우리라고 Aim High 못할 것 없지 않은가. 발은 땅을 밟고 있되 우리의 시선은 항상 저 멀고 높은 곳이다. 그래야 발전한다. 현실에 머물지 말라. 앞으로, 앞으로, 벽을 넘어, 더 높은 곳을 향해 전진하자.

어떻게 하는 것이 벽을 넘고 앞으로 나아갈 수 있는가? 행동이다. 시선을 높이 둔다. 멀리 본다. 생각이 높아지고, 깊어진다. 화제가 달라진다. 가장 시시한 얘기가 사람 얘기다. 누가 잘하고, 누가 못 하고— 다음이 사건 얘기— 카더라, 안 카더라… 모두가 헛되고, 허망한 얘기다.

무슨 얘기를 하나? 시선(視線) 얘기, 높은 얘기, 꿈 얘기다. "위대한 마음은 아이디어를 토론하고, 보통 마음은 사건을 토론하고, 작은 마음은 사람을 토론한다." 내 미국 친구의 말이다.

Idea를 토론하면 '벽' 얘기가 나올 수밖에 없다. 우리를 가로막는 벽들인 이념, 불공정, 부조리, 거짓부터 박차 버리자. 아니, 그에 앞서 나부터 버리자! 바로 어제의 나를 버리자! 그리하여 오늘은 항상 새로운 나로 태어나자! 그야말로 일일신(日日新), 우일신(又日新)이다. 날로 새롭게 하고, 그리고 또 새롭게 하라.[109] 그리고, 새로워진 내가 문제를 보게 하자. 그렇지 않으면 벽을 넘지 못한다.

새로워진 나는 어떤 나인가. 자존(自尊)하는 나, 양보(讓步)하는 나, 겸허(謙虛)한 나, 어제보다는 일보(一步) 전진한 나다. 새로워진 나는 어떻게 만드는가. 꿈을 토론하고, 항상 시선을 높은 곳에 두며, 책을 읽는다.

오늘부터 책을 가까이하자. 책보다 훌륭한 스승이 어디 있는가. 오늘도 나는 숨을 쉬고, 만날 친구가 있고, 내일 아침이면 해가 뜬다는 사실은 또 얼마나 고마운 일인가.

젊은이여, 제주도의 도깨비 고개를 아는가? 2년 전, 코로나가 창궐하기 직전이다. 제주도에 갔다. 오랜만의 방문이었다.

한라산 중턱에 가면 '도깨비 고개'가 있다. 신기한 곳이라 간판도 서 있다. 관광 포인트의 하나다. 어찌된 셈인지 그곳은 분명히 오르막길인데 기아를 중립에 놓으면 아래로 내려간다. 이상하다. 온 정신을 가다듬고 판단해 보아도 분명 오르막이다. 그런데 차는 내려간다. 오르막길을!

차를 세우고 내려서 주변을 관찰하였다. 아무리 살펴도 분명 오르막이다! 일행도 내리게 해서 살피게 했다. 다들 오르막이란다. 도대체 이게 어인 곡절인가?

이때 문득 나는 이런 생각이 들었다. 내가 믿고 있는 것은 다 맞는 건가? 내 오관(五管)과 온 정신을 가다듬고 살펴도 분명 '오르막'인데 사실은 '내리막'이 아닌가. 그렇다면 내 감각과 판단을 어디까지 믿어야 하나. 내 눈으로 보고, 느끼고, 맑은 정신으로 확인한 사실도 사실이 아니라면? 나는 자신을 어디까지 믿어야 하는가이다. 나아가 일행도 똑같이

---

109) 은(殷)의 시조 탕왕(湯王)이 세숫대야에 새겨놓고 아침이면 세수를 하면서 매일 스스로 다짐했다는 경구(警句)다.

사실이 아닌 것을 사실로 믿는 것은 무얼 말하는가? 나는 이제 고집을 안 부리기로 작정했다. 내가 보고 직접 확인한 사항도 틀릴 수 있는데, 어떻게 내가 항상 옳다고 고집할 수 있는가.

젊은이여, 당신의 감각과 이성은 어디까지 믿을 수 있는가?

『싱크 어게인('Think Again)』이란 책이 있다. 펜실베니아대 와튼 스쿨의 최연소 종신교수인 애덤 그랜트(Adam Grant)가 쓴 책이다. 그는 "똑똑한 사람일수록 실수를 더 한다."라고 딱 부러지게 주장하고 있다.[110] 이 책은 겸손과 호기심만 있으면 언제든지 새로운 사람으로 태어날 수 있다는 내용의 매력적인 책이다. 일독을 권한다.

젊은이여, 좀 더 겸허해지자. 오만은 항상 나의 적이다. 교만(驕慢)은 인생의 최대 적이다. '수백 개의 산골짜기와 물줄기가 강과 바다에 복종하는 것은 그것들이 항상 낮은 곳에 있기 때문이다. 사람들보다 높은 곳에 있기를 바란다면, 그들보다 아래에 위치하고, 그들보다 앞서기를 원한다면 그들의 뒤에 위치하라.'[111] 노자가 한 말이다.

---

110) Adam Grant, 이경식 옮김, 『Think Again』, 한국경제신문, p.46.
111) 노자, 박은희 역해, 『도덕경』, 고려원, p.264.

5 88 서울 올림픽

우리는 지금 중진국 정상에 왔다. 벽을 넘어 선진국 정상에 도전해야 한다. 안 그러면 썩는다. 어느 정상에서건 편히 노닐 수 없다는 세상의 깊은 이치를 깨닫자!

88 서울 올림픽 때 슬로건 중 하나가 '벽을 넘어서'였다. 인종, 이념을 넘어 인류가 대통합하자는 웅장한 구호(강령)였다. 이 강령은 올림픽 정신이기도 했지만, 완고한 공산주의 벽을 허문 위대한 구호였다.

88 서울 올림픽이 소비에트 공화국을 무너뜨렸다. 그리고 우리는 중진국으로 올라섰다. 큰소리친다고? 과장이라고? 모르는 소리.

88 서울 올림픽 다음 해, 부다페스트에 갔다. 세계청소년 육상선수권 대회 참석하러. 바로 한 달 전, 소련이 막 무너졌을 때다. 택시를 잡아 탔는데, 택시기사가 운전 내내 운전조심은커녕 뒷좌석의 나를 돌아보며 말을 건다.

"한국의 인구는? 뭘로 먹고 사느냐? 무슨 돈으로 올림픽을 치렀나? 그 큰 잔치를 어떻게 그렇게 잘 할 수 있나?" 질문을 마구 퍼붓는다. 불안해 죽겠다. 운전대는 잡았지만 계속 뒤를 보고 말을 건다.

안 되겠다. 차를 세웠다.

"기사 양반, 가까운 호텔로 갑시다."

결국 호텔 로비에서 한 시간 동안 한국 소개를 하고서야 풀려났다.

그들은 정말 진지하였다. 그냥 호기심으로 하는 질문이 아니었다. 그들은 듣도 보도 못한 아시아 한 구석의 조그만 한국이 올림픽을 치렀다는 게 신기했고, 또 어쩌면 그렇게 멋지게 잘 해내는지, 그 솜씨가 도저히 믿어지지 않았다.

나중에 안 일이지만, 쇼크를 받은 것은 헝가리의 택시기사만이 아니었다. 세계인 모두가 놀라 자빠진 것이다.

일본의 저명한 체육인은 자존심도 잠시 뒤로 미루고 이런 말을 하였다. "박 선생, 이제 우리는 한국에 졌어요." 올림픽 직후, 실제로 일본 국내에선 한국경계론이 널리 확산되었다. 한국이 곧 일본을 추월한다는 일부 여론도 있었다.

헝가리는 왕년의 대제국이었다. 20세기 초까지는 유럽을 호령하던 강국이었다. 유럽의 명문 합스부르크 왕가가 통치하던 뼈대 있는 나라. 부다페스트는 아름다운 도시였다. 도심을 가로지르는 도나우강, 그 위에 부다와 페스트를 연결하는 세체니 다리, 왕궁 등은 첫 방문객에게도 오래 뇌리에 남는 아름다운 절경이다. 강둑을 따라 산책하는 노부부의 행색은 다소 초라했지만, 범접할 수 없는 기품이 있었다.

20세기 초까지도 유럽에서 러시아 다음으로 큰 나라, 산업은 세계 4대 기계 공업국이었다. 내가 평소 알던 동구권의 약소국이 아니었다. 택시기사지만 자부심이 대단한 사람. 한 번이라도 제국의 국민이 돼본 사람은 다르다. 보는 눈이 다르다. 눈높이가 다른 것이다.

유감이지만 우리에겐 그게 없다. 한 번도 제국 노릇을 해 본 적이 없기 때문이다.

코리아가 해냈는데… 우린 뭐냐?

지금 자기 처지와 나라 형편을 생각할 때 듣도 못한 한국의 부상, 그것도 세계를 깜짝 놀라게 한 한국의 발전상에 그는 경악하였고. 내 생각엔 세계인이 모두 까무라친 것이다.

서울 올림픽에서 동구권 사람들이 특히 충격을 많이 받은 것 같다. 20세기 초반까지만 해도 선진국으로 큰소리치던 사람들이다. 어쩌다가 바라지 않던 사회주의인가 하다가 신세를 망쳤다. 그런데 후진국으로 알았던 저 코리아란 나라가 올림픽을 치르고, 그것도 그렇게 멋드러진 잔치를 벌이다니. 코리아가 어디야. 어떻게 생긴 인종이야. 역사가 있는 나라야? 부럽고, 궁금하고, 가보고 싶고……. 그런데 코리안이 내 택시를 탔어? 어디 어떻게 생겼나, 뭣 하는 사람인가? 그런 문화를 언제 어디서 배웠나? 택시기사의 호기심과 궁금증이 일시에 폭발 안 할 수가 없었을 것이다. 그들의 심정을 이해한 것은 한참 후의 일이다.

올림픽이 뭐 그리 대단하다고?
잘 들으셨다. 세상은 아직도 기술이 제일인 줄 안다. 정치, 경제 물론 중요하다. 그런데 세상을 바꾸는 힘은 인문학에 있다. 문화예술이다. 금시계를 찬 손보다 피아노를 잘 치는 손이 귀하듯. 주먹 앞에 고개는 숙이지만 마음은 안 숙인다. 마음을 숙이는 건 문화예술 앞에서다.

서울 올림픽. 정말 잘 치렀다. 뭘 잘했느냐고? 우선 대회에 부여한 의미와 의의다. '인류의 대화합, 인종과 이념의 벽을 넘어.' 주제가 너무 멋있지 않은가! 그리고 각종 행사를 이 주제에 맞추어 예술적으로 너무도 잘 해냈다.

무슨 행사를 했는지 잠시 소개하겠다. 지루할지 모르겠다. 그러나 선배들이 뭘 어떻게 했는지, 왜 그게 성공을 했는지 알아야 할 게 아닌가.

대회 행사는 체육행사를 포함하여 전야제, 개회식, 폐회식, 학술대회, 음악제, 무용제, 연극제 등 그야말로 문화, 예술 전 분야에 걸쳐 수준 높은 행사를 하였다.

세계적으로 두고두고 칭송이 대단했던 게 서울 올림픽 개회식이다. 개회식은 9월 7일, 일찌감치 오전 10시 반부터 시작하였다. 소위 강상제(江上祭)라고, 한강에 약 2,000명의 인원이 500척의 큰 배를 띄우고 세계가 하나같이 잠실 주경기장으로 모여드는 형상을 연출하였다. 160명의 윈드 서퍼들(160개 참가국을 상징)이 참가 국가의 깃발을 날리며 앞서고, 500척의 대 선단이 경기장을 향해 항진하는 장관을 한 번 그려보라. 다른 나라는 흉내를 내려야 강이 없다. 있어도 경기장에서 멀리 떨어졌다. 뱃놀이는 못한다. 서울은 명물 도시 중에서도 명물이다.

서울 올림픽은 사상 최대 160개국이 참가하는 대축전이었다. 그 전 모스크바 올림픽(1980)은 자유 진영이 불참해 반쪽(80개국 참가) 올림픽이 되었고, 직전 1884년 LA올림픽도 공산권의 보이콧으로 140개국만 참석하였다.

동서가 첨예한 이념대립으로 팽팽히 맞설 때, 분단국가인 한국의 수도에서 올림픽이 열리는 것도 뜻있는 데다, 자유, 공산국가 할 것 없이 모두가 모였겠다, 행사도 전야제도 하고, 당일 날엔 강상제라고 듣지도 보지도 못한 웅장한 드라마를 연출하였으니 온 천지가 주목하였다.

그러나 세계를 진짜 놀라게 한 것은 메인 경기장에서 전개된 개회식의 본론이다. 한강에서 옮겨진 개회식 상징물인 3m 높이의 큰북(大鼓)이 대회장으로 들어갈 때까지 이동로와 메인 경기장 위에서는 '해맞이', '새벽길', '태초의 빛' 등 천지인을 뜻하는 춤과 무용이 5,000여 명의 무용수(대학, 남녀 고등학교 학생)들에 의해 공연되었다. 안무와 전체 연출, 그리고 공연은 세계 정상급 공연이었다. 이 웅장하고 장엄한 드라마는 TV에 의해 세계 방방곡곡, 지구촌 사람들의 거실로, 침실로 전달되었다. 사회주의 소비에트의 몰락을 촉진한 것도 서울 올림픽이란 주장도 심심찮게 들렸다. 특히 동구권이 '우린 뭐냐, 러시아가 우리에게 해준

게 뭐냐?' 하고 덤빈 것도 사실일 것이다.

나는 업무상 88 서울 올림픽부터 2016년 브라질의 리우 올림픽까지 모두 8번의 올림픽 다 가봐서 비교도 할 수 있고, 잘하고 못하고를 조금은 안다. 아마도 서울 올림픽은 그 전에도 후에도 볼 수 없는 최고의 드라마였다고 단언한다. 내가 자신 있게 얘기할 수 있는 것은 선진국은 우리만큼 정성을 안 들이고, 못한 나라들은 우리 수준을 못 따라 오기 때문이다. 뿐만 아니라, 학술대회, 음악제, 전통국악제, 연극제, 무용제 등 문화와 예술, 학문까지도 모두 아우르는 행사를 병행하여 전문가들도 큰 관심을 갖게 하였다. 특히 그때 스포츠와 직접 관련이 없는 학술대회 주제는 전문가들도 주목하는 행사였다. 그때 참여한 학자 전문가들은 국내인사 150명에 외국 학자 111명이 있다.

주제는 다양해서 1) 가족의 변화와 전망 2) 커뮤니케이션의 단절과 회복 3) 윤리가치의 혼란과 새로운 가치의 정립 4) 자연훼손과 지구환경 등 5개 분야별로 토의가 진행되어 세계의 화젯거리가 되었다. 아마도 이런 올림픽은 유감이지만 앞으로 볼 수 없을 것이다.

나는 서울올림픽 덕을 많이 봤다. 내가 국제육상연맹에서 집행이사를 오래 할 수 있었던 것도, 다들 불가능하다는 2011 대구 세계육상선수권 유치도 모두 88 서울 올림픽 덕분이다. 서울 올림픽 때 보여준 우리의 문화예술 수준이 체육계는 물론 세계인을 모두 감동시켰기 때문이다. 내가 잘난 게 아니라 코리아가 위대했기 때문이다.

우리는 여기서 중요한 교훈을 얻는다. 우리가 꿈꾸는 선진국으로의 진입을 위해서는 기술도 있어야 한다. 그리고 4차 산업혁명도 중요하지만 탄탄한 인문학, 문화예술, 이를 선도하는 철학이 있어야 한다는 사실이다.

젊은이여, 공부하자. 중진국 벽을 넘자. 아예 부숴버리자.

제5장

우리의 선택

1 자강불식

지금까지 우리는 많은 것을 논의하였다. 나 자신의 문제, 주변 국가의 문제, 나아가 역사와 전환점에 대해서도 생각해보았다. 이제 우리의 할 일은 무엇이며, 우리가 나아갈 길은 어느 방향인가?

첫째는 '실력(實力)'이다. 스스로 힘을 키우는 일이다. 궁극(窮極)에 가서는 실력이 모든 것의 답이다. 이 세상 원리(原理)는 경쟁이요, 선택이요, 적응이다. 그 어느 경우에도 실력이 없으면 살아남지 못한다.

실력은 어떻게 키우는가? 자강불식(自彊不息)[112]이다. 끊임없이 노력하고 가다듬으며 힘쓰는 것이다. 정성을 다하는 것이다. 다윗이 골리앗을 물리쳤다. 실력이다. 덩치나 힘이 아니다. 미국이 독일을 눕히고, 러시아도 꺾었다. 실력이다.

젊은이여! 실력부터 키우자. 실력만 있으면 이 세상 두려울 게 없다.

스위스는 인구 850만 명(2019년 기준)에 국토는 우리 남한의 반도 안 되는 면적(41,300㎢)의 작은 나라이다. 그러나 독일, 프랑스 등 주변의 어느 나라도 스위스를 넘보지 못한다. 병력은 20만 명이지만, 히틀러도 스위스를 두려워했다. 전 국민이 무장하고 전 국민이 군사훈련을 받는

---

112) 天行健 君子以 自彊不息(하늘의 운행은 건전하여 잠시도 쉬는 일이없다. 군자는 하늘의 운행을 보고 깨달아, 잠시도 쉬지 않고 스스로 힘써 노력한다, 『周易』, 象傳 乾)

다. 가정 총기 보유 수가 300만 정으로 세계 제4위다. 그러면서도 국민 개인 소득이 8만 달러가 넘는다.

스위스보다 더 어려운 환경의 이스라엘이 있다. 인구 900만 명(2019년 기준)에 국토는 22,000㎢의 작은 나라가 2억의 적성(敵性) 아랍국들 사이에 포위되어 있다. 그러나 이스라엘은 건재하다.[113] 누구나 이스라엘을 두려워한다. 모두 실력의 산물이다.

우리 안보는 괜찮은가? 북한의 핵은 어떻게 처리해야 하나? 우리 안보는 미군이 한반도에 주둔하는 한 문제 없다. 왜 우리 안보를 미군에게 미루나? 모르는 소리, 현대는 집단안보 시대다. NATO, 한미안보조약 등 우방과 협동하는 것이 효과적이다. 미군이 한반도에 오래 남도록 하는 것이 진짜 실력이다. 동맹국의 기분을 상하게 하는 것은 곧 이적(利敵) 행위다.

자주국방도 서두를 것 없다. 솔직히 우리는 아직 준비가 안 되었다. 특히 전시작전권 이양은 때가 되면 다 해결된다.[114] 국방은 시간과 돈이 많이 드는 큰 사업이다. 서두르면 헛돈 쓰고 일도 그르친다. 우리끼리 얘기로 아직까지는 든든한 보증인을 안 놓치는 게 현명한 방법이다.

---

113) 이스라엘은 육해공군이 있으나 주력은 예비군이다. 정기적인 훈련과 복무를 위해 소집되며 유사시 각 부대로 동원된다. 이스라엘은 영토가 협소하므로 선제공격 개념을 적용해 전쟁 초기부터 속전속결로 적의 영토에서 전쟁을 수행한다.

114) 한국군은 미군이 수행했던 전력을 확보하는 데는 137조 원(GDP 대비 3.2~3.5%) 정도가 필요하다. 자주국방의 요건을 갖출 때까지 미군을 유지하는 것이 유리하다. 또한 한국군은 현재 미군이 수행하고 있는 정보, 감시, 정밀타격, 방호 전력을 확보하며, 전시 전략과 전쟁기획능력을 구사하기 위한 준비가 필요하다.

북핵 문제는 답이 없는 것은 아니다. 우리도 핵으로 무장하면 된다. 그러나 국제문제가 복잡해진다. 즉 우리가 국제 비확산통제체제(NTP)를 탈퇴하면, 미국 등 서방국가와의 경제·무역 관계 악화, 일본의 핵무장 촉발, 국제사회에서의 고립 등 진짜 골치 아픈 상황이 많이 벌어진다. 이럴 때는 정답을 써선 안 된다. 차선의 방법이 있다.

우리가 가용한 무기체계를 활용하는 것이다. 최근의 F-15, KF-21, F-35, 현무-4, 천궁-II와 같은 첨단무기를 활용한다. 물론 '핵에는 핵'이라는 핵전략의 기본을 충족시키지 못하더라도, 적이 충분히 자제하지 않으면 안 될 정도의 억지력은 갖고 있다. 대한민국의 육, 해, 공군 만만히 보지 말라. 특히 IT 기술을 활용한 첨단과학기술 전력인 네트워크 중심전(NCW; Network centric warfare) 전력은 중요한 핵 억지 수단이 될 것이다.

미군의 핵우산 아래 있는 동안 우리도 서둘러 해야 할 일이 있다. 일본은 2002년까지만 해도 핵폭탄을 보유하는 데 1주일이 걸렸는데,[115] 지금은 3일 정도로 단축되었다고 한다.[116] 기술도 있고, 대미외교를 잘해서다. 80년대부터 일본은 총리가 직접 나서서 꾸준히 노력한 결과다. 한국도 일본 못지않은 기술을 현재 확보하고 있다. 똑똑한 정치만 하면 우리도 단기간 내에 핵 개발을 시도할 수 있다.

솔직하게 얘기하면 핵은 무서운 무기지만, 북핵은 문제 삼을 것 없다. 결론부터 얘기하면 못 쓰는 무기다. 겁주고, 공갈용에 불과하다. 북핵은

---

115) 아베 총리는 관방부 부장관이던 2002년 5월 13일, 와세다 대학교 강연에서 "일본이 원자탄을 갖는 건 헌법상 아무 문제가 없다. 결심하면 1주일 이내에 핵무기를 가질 수 있다."고 말했다. 1975년에는 3개월 소요되던 것이 1주일로 단축되었다는 것이다. (2005년 12월 28일 영국 외무부 기밀문서 공개)
116) 『동아일보』, 2019. 9. 10.

쓰는 순간 자신도 죽는다. 포기할 수도 없다. 포기해도 죽는다. 이래도 죽고 저래도 죽는, 그야말로 자가당착(自家撞着)에 빠졌다.

핵 보유는 북한이 채택한 전략 중 독재 다음으로 최악의 전략이다. 북한이 핵 개발을 시작한 70년대 이후 북한이 겪어야 했던 '고난의 행군'도 잘못된 핵전략 때문이다. 오늘의 북한을 정상국가라고 할 수 있나? 오죽했으면 사람이 굶어 죽는가! 그것도 200만 명이 넘는 사람을 아사(餓死)시키다니, 모두가 북한 지도자가 선택한 핵전략 때문이다.

제군! 북한 동포가 가엾지 않은가? 지도자를 잘못 만나거나 잘못된 정략 정책은 이렇듯 국민을 도탄(塗炭)에 빠트리고 굶어 죽게까지 한다.

미국은 고도한 도덕 국가이지만 일본에 원자탄을 두 발이나 떨어뜨렸다. 수많은 북한 동포가 아사지경이 될 것을 미국은 모를 리 없었다. 국익 앞에는 어떤 국가도 얼마든지 잔인할 수 있다는 냉혹한 국제정치의 현실을 직시해야 한다.

2 미국과 동맹 강화

가. 해방 전후

1945년 8월 15일, 일본이 손을 들었다. 나라는 거덜이 나고, 민생은 도탄에 빠지고, 국토는 쑥대밭이 되었다. 국민이 지도자를 잘못 만났기 때문이다. 누구 원망할 것도 없다. 다 자기 탓이다. 그런데 우리는 '해방'이란 대박이 터졌다.

누가 시켰냐? 미국이다. 우리가 해방을 쟁취한 게 아니다. 미국 젊은 이들이 태평양에서만 16만 명이 죽고 25만 명이 다쳤다.

그런데 몰라서 그렇지, 하마터면 큰일 날 뻔했다. 1945년 2월, 얄타회담 때 조선은 2~30년 국제연합의 신탁 통치를 한다는 말이 돌았다. 그런데 장제스의 반대로 겨우 면했다.[117] 장제스는 우리 임시정부와 독립운동을 많이 도운 사람이다. 장제스는 대인(大人)이다. 우리한테도 잘했지만, 강화조약 때 일본에 대한 배상을 철회한 사람이다.

혹자는 미국이 38선을 만들어 우리가 분단국이 되었다고 한다. 아니

---

117) 카이로 선언에 한국 독립조항이 들어가는 과정에서 김구가 장제스를 움직여 한국 독립 보장을 끌어냈다고 했으나, 최근 일부 학자들은 "루스벨트가 한국 독립에 적극적이었고 장제스는 수동적으로 찬성했을 뿐"이라는 주장도 있다.

다. 원래 소련은 한반도를 오래전부터 탐내온 나라다. 절호의 기회를 놓칠 리가 있나. 소련 주재 미대사 해리먼(William A. Harriman)은 새로 취임한 트루먼 대통령에게 소련이 한반도에 야심이 있으니 조기에 한반도와 만주를 점령할 것을 건의했으나 당시 미국은 필리핀에서 일본과 교전 중이라 받아들여지지 않았다.

8월 9일, 러시아군은 일로(日露) 불가침 조약을 무시하고 노도같이 밀고 내려와 단숨에 만주를 석권하고 북한까지 점령했다. 그때 미군이 진출한 선은 오키나와다. 한국에 보낼 수 있는 가용한 병력은 필리핀에 있었다. 한국까지 올 틈이 없었다. 그 전에 38선을 안 그어 놓았으면 지금의 대한민국은 없다.

해방 후 나라는 정말 어디로 떠내려가는지 알 수 없는 혼란기였다. 해방은 우리가 쟁취한 게 아니기 때문이다. 국정을 운영할 능력도 없었다. 그나마 질서를 유지할 수 있었던 것은 일제의 잔재인 공무원들이라도 있었기 때문이다.[118] 북한이나 좌익은 걸핏하면 남한이 친일파 정부라고 비난하지만, 김일성은 한때 남한보다 더 많은 친일파를 썼다.[119]

친일파? 웃기는 소리다. 내 부모는 당신들도 모르는 사이에 나라가 없

---

118) 일제 패망 직후 신변에 위협을 느낀 공무원과 경찰이 숨는 바람에 신생 국가의 치안, 행정이 어렵게 되자, 반민족 특별위원회의 노력은 뒷전으로 밀리게 되었다.
119) 일본강점기 지식인들이 남한으로 피신하자, 김일성은 새로운 사회 건설에 참여한다면 과거 행적을 묻지 않겠다고 약속했다. 김일성의 친동생 김영주는 일본군 헌병보조원이었고, 일제강점기 중추원참의를 지낸 장헌근은 인민위원회 사법부장, 만주에서 검사장을 지낸 한낙규는 검찰총장, 광산 지배인 정준택은 국가계획위원장, 함흥 철도국장 한희진은 교통국장에 임명됐다. 공군사령관 이활 외 다수가 일본군 출신이다. 일본 밀정이나 악질 친일파도 과거 행적을 묻지 않았다.

어졌다. 1935년, 나는 세상이 어떻게 생겼는지 모르고 나와 보니 일본이 통치하였다. 일본 말도 배우고, 철들 때까지 일본이 내 나라인 줄 알고 살았다. 사람은 부모나 나라를 선택할 수 있는가? 나고 죽는 것, 부모나 나라는 다 팔자소관이다. 신의 뜻이다. 동족을 해코지한 사람은 나쁘다. 그놈이 친일파지.

나라는 길을 잃고 표류하고 있었다. 지도자도 없고, 우리는 스스로 운명을 결정할 능력도 없었다. 조직도 부실했고, 목표도 불확실했다. 그 가운데 유일한 조직은 국제 공산당과 이들의 사주를 받은 김일성 일당 뿐. 혼란기를 틈타 군인은 반란을 일으켰다. 좌익은 기회만 있으면 소요와 폭동을 일삼았다. 46년 10월 대구폭동사건, 48년 4월 제주 4.3사건, 48년 10월 여수 14연대 반란사건 등 모두가 이 시기 공산주의자들의 사주(使嗾)로 일어난 사건들이다. 그사이 선량하고 무고한 사람들만 죽어 나갔다. 좌익은 어느 시대나 정말 문제 있는 사람들이다. 북한에서 우익이 소요나 반란을 일으킨 적이 있었는가?

그 혼란 중에도 이승만 같은 지도자가 나와 단독정부라도 세우고 사회도 조금씩 자리를 잡아 갔다.[120] 유엔은 남한 정부만 합법 정부로 인정하였다. 김구, 조소앙, 여운형 같은 훌륭한 지도자들이 있긴 하였다. 그러나 이승만에 비교하면 세계를 보는 안목이 많이 부족했다.

이승만은 프린스턴(Princeton)대 박사다. 80여 년 전인 1940년에 『Japan Inside Out(일본의 가면을 벗긴다)』을 저술, 미국 조야의 주목을 받은 인물이다. 이 책에서 그는 일본의 미 본토 공격을 정확히 예언했

---

[120] 북한에서 김일성이 북조선 인민군을 창설했기 때문에 주민들의 자유투표를 통한 통일 정부 수립은 불가능했다. 부득이 남한에서만 주민의 자유투표를 실시해 대한민국이 출범할 수밖에 없었다.

다. 진주만 공격이 발생하면서 이 책은 베스트 셀러가 되었다.

해방 후 우리들의 가난은 필설(筆舌)로 형언키 어렵다. 연 소득이 60달러밖에 안 되니 끼니를 건너뛰는 게 일상이었다. 가난은 당해보지 않으면 잘 모른다. 더구나 굶는다는 건 상상하기 힘들다. 자본주의 사회에서 자란 제군들은 절대 이해 못 한다. 듣기 싫지!

정치를 잘못하면 기아(飢餓)는 어디서나 일어난다. 20여 년 전에 김정일은 북한 동포를 220만 명이나 굶겨 죽였다. 우리도 누군가가 도와주지 않았으면 어떻게 됐을지 모른다. 그때 미국이 큰 도움을 주었다. 미국은 GARIOA(점령지구구호대책반)와 ECA(경제협력처)를 통해 약 6억 달러를 제공했다.

해방 직후 나라가 큰 위기에 처한다. 미국이 극동의 방어선을 한반도에서 일본 본토로 옮겼는데도 우리는 까맣게 모르고 있었다. 중공이 대륙을 석권함에 따라 미국은 한반도를 버린 것이다. 미국의 아시아 방어선은 알류샨, 일본, 필리핀을 연결하는 선으로 후퇴하였다. 1950년 1월 '애치슨 라인'이 선포되었다. 대부분 우리 국민은 그게 어떤 의미가 있는지조차 몰랐다. 대만과 함께 우리가 미국의 방어선에서 빠진 것이다. 아니나 다를까! 미국이 한국을 버리기가 무섭게 김일성이 쳐들어왔다. 1950년 6월 25일이다.[121]

---

[121] 공산권 문서고가 개방되면서 김일성과 박헌영의 주도로 전쟁이 일어났다는 것이 밝혀졌다. 러시아의 옐친((Boris N. Yeltsin) 대통령이 모스크바를 방문한 김영삼 대통령에게 전달했던 '스탈린이 남침을 승인하는 극비문서'에도 잘 나타나 있다.

나. 한국전쟁과 미국

6월 25일 새벽 38선 전역에서 전투가 벌어졌다. 그리고 공격 개시 3일 만에 서울이 떨어졌다. 어처구니없는 전쟁이다. 그때 미군은 1년 전에 500명의 고문단만 남기고 다 철수한 상태였다.

그 무렵, 국민을 아연케 한 것은 '아침은 개성에서 먹고, 점심은 평양에서, 저녁은 신의주에서 먹는다.'라는 말이 유행했기 때문이다. 우스갯소리가 아니라 국방장관이라는 사람이 한 말이다. 부끄럽다.

개전과 동시에 국군 1사단(개성, 문산), 7사단(의정부), 8사단(강릉)은 싸워 보지도 못하고 그대로 무너졌다. 그들에겐 평화로운 일요일 아침의 날벼락이었다. 병력도 반밖에 없었다. 대부분 병사가 외박까지 나갔기 때문이다.[122] 그런데 춘천 지역은 달랐다. 춘천을 지키던 김종오 장군의 제6사단만은 진지를 고수, 북한군의 공격을 막았다. 6사단은 외출도 금하고 24일부터 경계태세를 취하고 있었기 때문이다.

희한한 일이다. 왜 전방사단이 일제히 휴가를 내보냈던가? 그뿐이 아니다. 24일 토요일 저녁 육군본부 장교클럽에서는 댄스파티가 열렸고, 파티는 밤새 계속되었다는 것이다. 이 파티에는 육본은 물론 수도권 장교들도 다수 참석, 육본의 참모총장, 주요참모들은 적이 쳐들어왔을 때 대부분이 술이 덜 깬 상태에서 연락을 받았다. 휴가를 보내고 파티를 연 게 다 북한의 공작이었다.

그러나 오직 6사단만은 사단장의 예외적인 조치로 휴가는 고사하고 경계를 한층 강화하고 있었다. 6사단과 맞붙은 적은 인민군 2사단과 12사단이었다. 이때 김종오 장군의 용병술도 훌륭해서 적은 6사단 진지를

---

122) 정보국에서 북한의 남침 정보를 보고했으나 신성모 국방장관은 전군 비상 경계령을 해제하였다. 이는 북한에 큰 손실 없이 남침할 기회가 되었다.

짓밟지 못했다. 6사단이 현 전선에서 버티는 바람에 북한군의 작전에 차질이 생겼다.

서울과 강릉 쪽은 예정대로 깊이 내려왔는데 춘천이 안 무너지니 일단 전진을 중지할 수밖에 없었다. 적이 서울에서 한강을 바로 도하, 공격을 속행하지 않고 3일 동안이나 머무적거린 것도 6사단의 공헌이 크다.[123] 이 3일 동안이 대한민국을 살린 중요한 시간이 되었다. 미군의 즉각적인 참전 결정과 UN에서 북한군의 침략군 규정 등 군사적, 정치적으로 중대한 결정들이 이때 이루어진다.

한국전쟁에서 특기할 사항은 학도병이다. 임진란 때 의병과 같이 서울 시내 각 학교 학도호국단 간부 200여 명이 최초로 수원에 모여 자진 입대하였다.[124] 이들은 교모와 교복을 입은 채 낙동강 전투부터 북진할 때까지 계급도 군번도 없이 종군하였다. 전쟁에 참여한 학도병은 총 27,700명에 이르렀다.

트루먼의 참전 결정은 우리에겐 천우신조(天佑神助)였다.[125] 27일엔 해, 공군에게 출동 명령과 북한의 해상봉쇄령을 내렸다. 한편 주미대사 장면의 빠른 행보로, 6월 27일, UN 안보리 이사회는 북한을 침략자로 결의하였고, 7월 7일에는 주일미군(駐日美軍) 사령관 맥아더(Douglas MacArthur)를 사령관으로 하는 UN군을 조직하였다. 7월 8일에는 UN

---

123) 인민군이 3일 동안 서울에 머물렀던 이유는 1) 춘천전투의 패전으로 포위계획 실패, 2) 도하 장비 부족, 3) 박헌영이 남로당원의 일제 봉기를 기다렸다는 설 등 3가지가 있는데, 이 첫 번째 이유가 가장 지지를 받고 있다.
124) 「기록으로 만나는 대한민국」, 국가기록원.
125) 미국은 한반도가 공산화되면 도미노 효과로 터키, 그리스까지 공산화될까 우려하여 소련 팽창 저지를 위해 봉쇄정책 차원에서 참전을 결정했다.

깃발이 처음으로 전장에 나타났는데 당시 참전국은 16개국에 달했다.

미 육군의 최초 참전부대는 스미스 기동부대(Smith Task Force)였다. 이 부대는 포병 1개 포대를 증강한 보병 대대로 대전차 화기로는 105밀리 야포와 2.3인치 바주카포밖에 없었다.

7월 4일, 이들은 경기도 오산 죽미령에 배치되어 북한군 4사단과 맞붙었다. 미군과 북한군의 첫 전투였다. 앞서오는 전차를 105밀리 야포가 때렸으나 꿈적도 하지 않았다. 철갑탄 아닌 고폭탄을 썼기 때문이다. 2.3인치 바주카도 효과 없기는 마찬가지. 더구나 상대는 20대의 전차에 1개 사단 병력이다.[126] 애초부터 성립이 안 되는 싸움이었다. 550명 대원 중 1/3은 전사, 1/3은 포로가 되고 나머지는 활로를 뚫고 도망쳤다. 대대장 스미스 중령도 겨우 목숨만 구했다.[127]

미군은 죽미령에서만 밀린 게 아니라 24사단 본대도 대전 전투에서 크게 패해 사단장 딘(William Dean) 소장이 포로가 되었다. 세계 최강이라던 미군이 왜 이 모양인가?

미국의 정책 실패다. 2차 대전에서 일본에 시달린 미국은 전쟁에 몸서리쳤다. 전쟁이 끝나자마자 2차 대전 때 1,200만이던 병력을 200만으로 줄였다. 국방부도 전쟁 준비를 소홀히 했고, 국민 정서도 편하게 살

---

126) 맥아더는 회고록에서 "스미스 특임대의 오산 죽미령 전투는 부산 교두보를 확보하기 위해 피할 수 없었던 '죽음의 작전'이었다."고 말했다. 그러나 후임 유엔군 사령관 리지웨이(Matthew B. Ridgway) 장군은 맥아더가 인민군 10개 사단 앞에 1개 대대를 투입한 것은 지나친 오만이었다고 그의 회고록에서 지적했다.

127) 비록 스미스 부대는 오산전투에서 패배했으나, 전쟁 발발 열흘 만에 유엔군이 투입된 사실이 전해지자, 북한군의 사기는 크게 떨어졌다. 김일성은 7월 8일 스탈린에게 편지를 보내 파병을 요청했다.

자는 분위기가 팽배했다. 이런 분위기를 고조시키고, 젊은이들을 전보다 더 향락에 빠지게 했던 것은, 미국이 전쟁에 너무 지쳤기 때문이다. 미군의 눈에는 일본은 미친놈이었다. 전쟁 초기에 미국 군인은 일본군과 싸우면서 정신을 못 차렸다. 왜? 상대가 상식에 벗어나는 싸움을 걸어왔기 때문이다.

옥쇄(玉碎, 전원이 죽을 때까지 싸우는 것)는 미군 전술에 없다. 정상 작전이 안 될 정도로 전투능력이 없어지면 항복하는 게 미군이다. 물론 예외도 있다. 마지막까지 싸우라는 명령이 있으면 최후의 한 사람까지 싸운다. 그런데 일본군은 매번 옥쇄다. 사람 목숨을 너무 가볍게 보는 데 미군은 당황했다. 특히 '가미가제(神風) 특공' 같은 것은 전술로 안 쳐준다. 미군의 상식으로는 사람은 무기를 사용하는 존재이지, 자기 몸을 무기로 삼지 않는다. 전투기를 몰고 그대로 전함에 꽂는다? 말이 안 된다. 비행기를 잘 몰아서 폭탄으로 때려야지! 이런 문화적 차이는 미군을 놀라게 했고 피곤하게 했다. 그것도 5년 동안이나. God Dam, Jap! 몸서리가 났다.

6·25전쟁 때, 한국에 온 미군은 일본 주둔군이었다. 대부분이 18세 전후 청년들로 전쟁을 모르는 세대다. 장교들도 병사들 훈련에 소홀했다. 전후 미국의 분위기가 그랬다. 평화로운 일본에서 얼마나 놀기 좋았겠나. 훈련보다 일과 후 카바레나 바에서 춤추고 술 마시는 게 일이었을 것이다.

출동명령이 떨어졌다. 병사들은 어디로 가는지도 모르고 한반도에 왔다. 당시 기록을 보면 군인들은 피크닉 가는 기분으로 출동했다고 되어 있다. 상대가 어떤 군대인지, 무기는 어떤 것을 사용하는지는 알고 와야지. 심하게 말하면 가라니까 그냥 온 거다. 왜? 기록에는 미군이 보이기만 해도 북한군은 도망치기 바쁠 거라고 믿었다는 것이다. 북한군은 전차를 중심으로 잘 훈련된 정예군인데, 대전차 무기도 갖추지 않고 참전하다니! 전쟁 초기에 미군이 참패를 당한 것은 당연한 일이다. 모두가 오만의 결과다.

8월까지 미군은 계속 밀려 낙동강 교두보로 고착되었다. 포항―영천―대구―창녕을 연결하는 사다리꼴 모양의 옹색한 교두보다.

낙동강에서의 전투는 치열하였다.[128] 미군은 열세한 병력으로도 교두보를 끝까지 확보하였다. 미 8군 사령관 워커(Walton H. Walker) 장군의 유명한 명령 'Stand or Die― 죽을 때까지 버텨라'도 이때 얘기다.

9월 15일, 맥아더는 인천 상륙을 단행, 일거에 북한군을 패주시켰다. 패주가 아니라 사실상 북한군의 와해였다.

북한군은 낙동강 여러 전투에서 이미 전투능력을 거의 상실한 상태였다. 약화된 북한군이 퇴로까지 끊겼으니 도망칠 여력도 없었다. 기진맥진한 북한군은 대부분 경상도 산악과 전라도 지리산으로 피했다.

국군과 유엔군의 진격은 무인 지대를 달리는 격이었다. 9월 28일 서울을 수복하고 10월 1일, 드디어 38선을 돌파, 북진을 계속한다. 10월 19일 평양을 탈환하고 10월 26일에는 초산 북쪽의 압록강까지 진출했다. 통일이 눈앞에 보였다.

그러나 10월 25일 이후 중공군의 기습적인 공격으로 전쟁은 뜻하지 않은 새로운 상황으로 바뀌었다. 30만이 넘는 중공군이 몰래 들어와 북한의 깊숙한 산속에 잠복하였다. 이를 눈치채지 못한 국군과 유엔군은 멋도 모르고 압록강을 향해 진격을 계속했다.

---

128) 무초(John J. Muccio) 미 대사는 대구가 적의 공격권에 들어가자 이승만 대통령에게 정부를 제주도로 옮길 것을 건의했다. 이때 이승만은 "공산당이 내 앞까지 왔을 때 내 처를 쏘고, 나머지 한 알로 나를 쏠 것이오. 우리는 정부를 한반도 밖으로 옮길 생각이 없소. 절대 도망가지 않겠소."라고 했다.

11월 초, 잠복했던 중공군은 일제히 밖으로 나와 우군의 퇴로를 끊었다. 혼란에 빠진 국군과 유엔군은 제대로 싸워 보지도 못하고 철수하기에 바빴다. 오호라! 통일을 눈앞에 두고 철수를 하다니! 사실 이때 중공군의 참전만 없었으면 한반도는 통일이 되었을 것이다.

이 와중에 가장 치열했던 전투는 장진호 전투였다. 장진호 쪽으로 진격한 부대는 미 육군 10군단과 미 해병 1사단이다. 때는 50년 11월이다. 함경도 장진호 부근은 해발 2,000m 가까운 높은 산악지대에다, 10월이면 눈이 내리고, 중강진과 함께 영하 30도를 오르내리는 한반도에서 제일 추운 지방이다. 그해는 영하 40도를 오르내렸다.

장진호에 갇힌 부대는 미 해병 1사단, 미 7사단 2개 연대, 영국 해병 1개 대대 등, 3만여 명이 중공군 9병단(3개 군단) 12만 명에 의해 포위되었다.

미 해병사단의 지휘관은 스미스(Oliver Smith) 소장. 그는 11월 27일부터 2주간 전사 상 가장 힘든 철수 작전을 성공적으로 완수하였다. 자신도 살아 돌아왔다. 그는 사단사령부가 있던 함경북도 하갈우리의 비행장을 이용해 비행기로 사단사령부를 안전한 후방으로 옮길 수 있었다. 그러나 비행기는 부상자와 전사자들을 우선 철수시켰다. 그는 마지막까지 병사들과 함께 포위를 뚫고 흥남까지 빠져나왔다.

동서남북의 모든 산은 중공군이 점령했다. 길이란 길은 모두 막혔다. 활로는 남쪽으로 난 국도뿐이다. 사단장은 국도를 따라 혈로를 뚫기 시작했다.

"후퇴하는 겁니까?"

누가 물었다.

"후퇴? 웃기지 마라. 우리는 전진한다. 방향만 반대일뿐이다!"

사단장의 답변이다.

포위를 뚫기 전, 그는 이렇게 말했다.

"나는 반드시 포위망을 돌파한다. 그뿐만 아니라 나의 모든 장비, 부상병, 전사자까지도 데리고 갈 것이다."

그는 실제로 가용한 비행기로 부상자와 전사자를 최대한 회수해서 먼저 철수시켰다. 전사자를 방기(放棄)하지 않는 것은 미 해병대의 전통이다. 그리고 자신은 병사들과 함께 포위망을 뚫고 내려왔다.[129]

철수 작전은 성공했지만, 결과는 참담했다. 17,000여 명의 사상자와 비전투요인(추위, 동상)에 의한 손실도 7,400명에 달했다. 중공군의 사상자도 50,000여 명이 넘었다.

당시 한국전쟁에 참전했던 미 사단은 무려 9개 사단에 연인원 180만여 명이었다. 그중에 특별한 사단이 하나 있다. 미 제2보병사단이다. 사단 창설은 세계 1차대전 중인 1917년 9월 21일 프랑스 파리에서였다. 사단 역사 100년 기간 중 한국 주둔이 71년째다. 미국 사단이 아니라 아예 우리 향토 사단이다. 1950년 8월 한반도에 파견된 이래 지금까지 동두천에 남아있다.

한국전쟁에서 가장 많이 싸운 사단도, 가장 큰 피해를 본 사단도 미 제2사단이다. 별명은 전사사단(Warrior Division), 또는 Indian Head. 모토는 'Second to None(누구에게도 뒤지지 않는다)!' 미 제2사단이 처음 배치된 곳은 낙동강 하류 창녕지역 박진 나루터였다. 마침 인천 상륙 직전이라 대부분 병력이 상륙부대로 차출되어 낙동강 교두보는 병력이 부족할 때다. 담당 정면이 5km, 정상 정면의 5배다. 박진 나루터를 맡은 부대는 2사단 23연대, 8월 9일 23연대는 북한군 제4사단의 총공격

---

129) 해병대가 철수에 성공했던 것은 페이스 특수임무 부대가 희생을 치르며 포로가 되는 동안, 서쪽의 해병대는 포위되지 않을 수 있었다. 중공군은 유엔군을 동북부에서 몰아내는 데 성공했으나 큰 피해를 보았다.

을 받는다. 창녕에서 부산으로 진격해 대구 일대의 연합군을 고립시키려던 북한군의 최후 공격이었다.

23연대는 1개 사단을 상대로 사투를 벌였다. 연대의 중대장들이 한 사람도 안 남고 전원 전사하였다. 어떤 중대는 중대장이 3명 이상 보충되었다. 연대병력의 2/3가 희생된 것이다.

결국 북한군의 공격력이 약화하면서 북한군 4사단도 탈진하였다. 낙동강 교두보가 하마터면 뚫릴 뻔하였다. 23연대의 선전이 없었으면 교두보 내의 유엔군과 한국군의 운명이 어떻게 되었을까?

매년 11월 30일 저녁이면 자기 부대기를 불태우는 부대가 있다. 바로 미 제2사단 공병대대. 대대는 1950년 11월 30일 평안북도 군우리에서 중공군의 맹렬한 공격으로 전멸의 위기를 맞았다. 대대장 자켈레(Alarich Zacherle) 중령은 '우리는 죽어도 군기는 뺏길 수 없다'라는 각오로 부대기가 들어 있는 상자를 불태웠다. 중공군이 부대 깃발을 마음대로 휘날리는 치욕을 당하고 싶지 않았기 때문이다. 군기 행사는 그때를 잊지 말자는 다짐이다.

공병대대가 위기에 빠진 것은 2사단 본대가 중공군에게 완전히 포위당했을 때, 사단장이 공병대대가 사단의 최후방을 맡도록 명령했기 때문이다. 미국 공병은 전통적으로 전투를 잘하는 부대이다.

철수 작전 때 공병대대는 최후방에서 제일 힘든 싸움을 하였고, 천신만고 끝에 포위는 빠져나왔지만, 부대원 977명 중 생환한 사람은 266명에 불과했다. 자켈레 대대장은 포로수용소에서 2년 반을 보내다 귀환하였다.

한국전쟁 중 유엔군의 손실은 다음과 같다.

참전국	참전군수	전사자	부상자	실종자	포로
한국	1,269,349	158,365	7,100,783	132,256	
미국	1,789,000	36,940	92,134	3,737	4,439
영국	56,000	1,078	2,674	179	997
네덜란드	5,322	120	645	?	3
캐나다	25,687	312	1,212	1	32
프랑스	3,421	262	1,008	7	12
호주	8,407	339	1,216	3	26
뉴질랜드	3,794	23	79	1	
필리핀	7,420	112	229	16	41
터키	14,936	741	2,068	163	244
태국	6,326	129	1,139	5	?
남아공	826	34	?	?	9
그리스	4,992	188	459	?	?
벨기에	3,498	104	336	?	1
룩셈부르크	83	2	15	?	?
에티오피아	6,037	122	536	?	?
콜롬비아	5,100	163	448	?	28

출전: 국방부 군사편찬연구소, 『통계로 본 6·25전쟁』, 2014.

미국은 한국전쟁 3년 동안 연인원 178만 9,000명을 한국에 보냈다. 많이 보낸 만큼 인원손실도 컸다. 육군 전사자 36,940명, 부상자 92,134명, 공군 전투기 400대, 전사 2,000여 명으로 연합국 중 최대 피해를 보았다.

생각해보면 미국과는 인연이 많은 나라다. 100년 전, 일본이 조선을 합방하려고 할 때 미국은 눈감아 주었다. 소위 태프트—가쓰라 밀약이다.[130] 그때 미국이 고개를 흔들었으면 일본은 절대로 조선을 못 먹었

---

130) 밀약의 내용은 1. 필리핀은 미국과 같은 친일(親日)적인 나라가 통치하는 것이 일본에 유리하며, 일본은 필리핀에 대해 어떠한 침략적 의도도 갖고 있지 않다. 2. 극동의 전반적 평화의 유지에 있어서는 일본·미국·영국 3국 정부의 상호 양해를 달성하는 것이 최선의 길이며, 사실상 유일한 수단이다. 3. 미국은 일본이 한국에 대한 보호권을 확립하는 것이 러일 전쟁의 논리적 귀결이고, 동아시아(極東)지역의 평화에 직접 공헌할 것으로 인정한다.

다. 씁쓸하다. 그러나 국제정치란 다 그런 것이다. 나라를 보전하려면 그런 국제적 올가미에 안 걸리도록 국력을 키워야 한다.

무슨 인연인지 우리 해방은 미국 덕을 톡톡히 봤다. 해방 후 어려운 때 식량도 대주고 경제원조도 많이 했다. 전쟁이 끝나서는 병력을 주둔시켜 우리를 지켜줬다. 덕분에 우리는 경제를 일으켜 남을 돕는 형편까지 되었다. 단군 이래 처음으로 사람답게 살고 있다. 미국이 우릴 형제같이 돌봐주는 것은 저 자신도 득이 되고 속셈이 있어 그러는 거 다 안다. 그러니 고맙다.

나는 업무상 미국은 한 해 한 번은 간다. 빠짐없이 한국전쟁 기념공원에서 미국 전몰 군인을 참배한다. 내 작은 성의라도 보이고 싶어서다. 올해부터 한국전쟁에서 전몰한 군인들 전원의 이름을 벽에 새긴다고 한다. 특기할 일은 전쟁 때 미군과 같이 싸운 한국의 카투사 전몰자 이름도 새긴다. 전우를 잊지 않는 것은 미국의 전통이다.

전쟁 공원 중앙 분수대 앞에는 다음과 같은 글이 새겨져 있다.

> *Our nation honors her sons and daughters*
> *who answered the call to defend a country*
> *they never knew and a people they never met.*
> *FREEDOM IS NOT FREE!*
> 그들이 전혀 알지 못했던 나라,
> 한 번도 만난 적 없는 사람들을 지키기 위한
> 국가의 부름에 응했던
> 우리의 아들과 딸들에게 경의를 표한다.
> 자유는 거저 얻어지는 게 아니다!

다. 한국전쟁 이후

한국은 전쟁으로 전 국토가 파괴되었다. 그때 우리는 정말 비참했다. 먹고 입을 것이 없었다. 창피한 얘기지만 거지가 따로 없었다. 그때 도움을 준 나라가 미국이다. 유엔 한국재건단(UNKRA; UN Korean Reconstruction Agency)이다. UN의 이름을 빌린 것은 공산주의와의 경쟁이라 명분과 정당성을 얻기 위해서였다.

1955년부터 60년 사이에 원조기구는 대외활동본부원조(FOA), 국제협조처원조(ICA)로 바뀌면서 약 15억 달러 이상의 원조를 받았다. 대개 2/5는 경제원조였고 3/5는 군사원조였다. 이때 군원 규모는 우리 국방비의 77%를 차지했다.[131]

이때의 군사원조로 한국군은 비로소 군대다운 군대로 거듭나게 된다. 제1, 2군 사령부와 군수기지사령부·군관구 사령부 등이 이때 창설되었다. 10개 예비사단도 연이어 창설되었다. 1954년의 일이다. 사실 한국군이 현대전에 적응할 수 있는 군대로 육성된 것은 월남 파병 이후이다.

1950년 6월, 한국전쟁이 일어날 당시 한국군은 '국방경비대' 수준을 넘지 못하였다. 군사작전보다 경찰 활동에 적합한 조직이었다. 경찰조직이 대포와 전차를 갖춘 북한의 현대육군과 교전을 했으니 전쟁 개시 3일 만에 수도를 빼앗긴 것은 당연하다.

우리의 월남 파병으로 미국은 우리를 진정한 파트너로 보기 시작하였다. 월남 파병을 계기로 군사원조의 성격도 달라졌다. 군원 규모가 몇 배로 커지고 원조의 질과 내용이 달라졌다.

---

131) 권오중, 『대한민국의 건국 이후 미국 주도의 경제원조(1948~1960년)』, 자유기업원, 2018. 10. 4.

휴전 후 미군의 대대적인 철수가 이루어지면서[132] 미국은 전술핵 배치와[133] 한국군에 대한 상향된 군사원조로 미군의 빈자리를 보완했다. 그리고 군사고문단을 통해 한국군의 편성, 무기 체계와 군 구조를 미군 교리에 연계하여 전시 작전의 효율성을 향상했다.

월남 파병으로 한국군의 현대화는 물론 경제협력, 한국의 국제적 위상까지 제고되었다. 그뿐만 아니라 민간 기업의 월남 진출 등 부가적인 효과도 컸다. 또 월남 파병의 효과로 중동 진출 기회가 확대되어 한국 노동자들이 세계 각지에서 경제활동을 하는 계기가 되었다. 국제관계에서 우방의 신뢰를 얻고 파트너가 된다는 것은 이토록 국익에 큰 영향을 준다는 사실을 여러분은 주목해야 한다.

한미 양국의 신뢰 관계는 1978년 11월 7일 한미연합군사령부(CFC; Combined Forces Command)의 창설로까지 발전한다. 연합사령부 체제는 세계적으로 그 예를 찾기 힘든 형태다. 미군 사령관과 한국군 부사령관 지휘하에 참모부도 한미 양국의 참모진으로 구성하여 국적이 다른 구성원에 의해 연합작전을 수행하는 특이한 지휘체계다.

1975년 월남이 공산화되었을 때 고무된 김일성이 남침 지원을 요청하러 중국, 동구 공산국가들을 방문하였다.[134] 그러나 미국의 포드(Gerald

---

132) 미군은 최대 32만 5천 명까지 파견했으나 54년에 22만 3천 명, 55년에는 8만5천500명으로 줄었다.
133) 미국은 중국과의 전쟁에 대비해 핵 편제 '팬토믹'사단과 '어네스트 존', '나이키 허큘리스' 미사일을 배치하였다.
134) 콜비(William Colby) 전 CIA국장은 김일성이 북경을 방문, 남침의 지지를 받아내려 했으나 중국이 이를 만류했다고 밝혔다(『동아일보』, 1984. 3. 2; 1975년 인도차이나 공산화 시 김일성의 북경 방문, 『동아연구』 제39권 1호, 2020, pp. 221~244).

R. Ford) 대통령은 즉각 '신태평양 독트린(1975. 12)'을 선언하여 한반도 수호 결의를 분명히 했다. 슐래징거(James R. Schlesinger) 미 국방장관은 북한이 남침하면 전술 핵무기 사용도 고려한다고 경고하였다.

주한미군 철수의 대가로 한국군 현대화 5개년 계획을 위한 군원을 요구하자 미국은 15억 달러를 제공했다. 1971년도 한국의 직접 군원은 1970년보다 15% 정도 증가했고, 10년간 한국이 받은 해외 경제원조의 95%는 미국의 무상 원조였다.[135]

1976~1980년간의 군사원조는 한국의 안정과 경제력을 성장시키는 요인이 되었다. 박 대통령이 구상했던 중화학공업 육성이나, 수출 위주의 무역 입국도 사실은 이와 같은 한미동맹 때문에 성공할 수 있었다. 동시에 90년대 이후 북한과의 체제 경쟁도 한미동맹의 토대 위에서 최종적으로 한국의 승리로 결말이 났다.

현재 남북의 국력은 남한 인구가 북한의 2배, 명목 GDP는 55배다.[136] 우리의 실질 국력은 자동차 생산량, 조선 건조량, 압연 강재 생산량, 선박 보유 수 등 종목에 따라서는 북한의 100배~1,000배까지 차이가 난다.

---

135) Norman D. Levin & Richard L. Sneider, op. cit., pp.48-51.
136) 2020년 기준, 남한 19,331,524억원, 북한 346,603억원. (통일부 북한정보포털(https://nkinfo.unikorea.go.kr/nkp).

3 동아시아의 국제관계 개선

가. 중국의 처신

중국이 이상하다. 어른스럽지 않다. 인의(仁義)를 강조하고 효제(孝悌)를 미덕으로 삼는 대인(大人)의 풍모를 버렸다. 우리보고 문화 도둑이라고 손가락질한다. 손가락질만이 아니라 험담을 마구 늘어놓는다. 우리가 대대로 즐겨 먹는 김치, 한복, 심지어 판소리까지, 자기 고유문화인데 우리가 훔쳐간 거라고 우긴다. 도대체 무슨 날벼락인가? 우격다짐도 분수가 있어야지. 중국의 시정잡배들이 하는 소리만이 아니다. 문제는 정부가 나서서 '동북공정(東北工程)'이라고 아예 하나의 정책으로 정해 버린 데 있다.

이건 중화주의(中華主義)도 아니다. 중화주의도 환영받을 일은 아니다. 그래도 그 정도는 참을 수 있다. 내가 제일이라고 뽐내는 거, 자기가 잘났다고 우쭐대는 거 그냥 봐줄 수 있다. 그러나 이건 사정이 다르다. 남 험담하는 것도 소인배 짓이거늘 도둑의 누명까지 씌우는 그것은 생각해 봐야 할 일이 아닐까?

중국은 무엇 때문에 이런 엉뚱한 일을 벌이는가? 결론부터 얘기하면, 두렵기 때문이다. 무엇이 두려운가? 분열이다.

중국은 국토가 너무 크다. BC 1,000, 주나라 때부터 제후국으로 분할 통치를 했다. 같은 한족이면서 정체성이 조금씩 다르다. 방언이 심해 50년 전만 해도 지역 간에 소통이 어려웠다. 지역마다 특성과 개성이 강해 중앙 권력이 조금만 약화하여도 여러 지역으로 분열하는 특성이 있다. 역사적으로도 춘추전국시대가 있었고, 신해혁명(1911) 때도 지방마다 군벌이 할거하는 형편이었다. 지금도 신장지구, 티베트 등 불안한 지역이 여러 곳이다.

간도, 연해주 일대는 우리와 연고가 깊은 고장이다. 특히 압록강, 두만강 부근의 지린(吉林)성에는 유일하게 모국을 가진 조선족이 많이 살고 있다. 중국으로선 당연히 신경이 쓰일 것이다.

동북공정은 쉽게 말해 역사 왜곡이다. 고구려 역사를 중국의 역사로 만들려는 공작이다. 중국의 주장은 이렇다. '고구려 민족은 중국의 소수 민족이었다. 고구려는 중국 영토 내에서 건국되어 그 범위가 한사군(한나라가 만든 4개 행정구역)을 벗어나지 못했다. 고구려가 망한 후 고구려 민족은 한족에 흡수되었다. 따라서 고구려는 중국의 지방 나라였다.'

한민족의 역사에 대해 영유권을 주장하려면 속지주의와 속인주의를 근거로 따져봐야 한다. 두 학술적 논거에 의해서도 고구려가 절대로 중국 역사가 될 수는 없다. 뻔한 사실을 두고 학술 논거까지 댈 것도 없다. 『삼국사기』, 조선왕조의 『삼국사절요』에도 천하가 알도록 명기한 사실이거늘, 중국은 과거 기세가 당당할 때도 아무 말 않다가 수백 년이 지난 오늘에 와서 웬 소린가. 왜 역사 왜곡까지 하나? 이는 고구려와 고려, 고구려와 한국과의 연원(淵源) 관계를 끊어 놓으려는 속셈이다.

중국 55개 소수민족 중 조선족은 13번째로 130만 명에 이른다. 거기다가 유일하게 모국어(한국어)가 있는 민족이다. 연해주와 간도는 우리 백성이 주인이다시피 해온 땅이다. 간도는 바로 고구려 땅이기도 했다. 대한민국이 커지면서 그 지역 소유권을 주장할까 봐 불안해진 것이다. 그렇다고 역사까지 왜곡해? 치사하다.

십여 년 전에는 더 이상한 일까지 벌였다. 중국 공산당은 철없는 청년들을 부추겨 한국을 음해하고, 중국에 머무는 우리 동포들을 겁박하고 가르치려 들었다. 소위 '분노의 청년(憤怒靑年)'이라는 극단주의 민족주의자들을 양성해 앞잡이로 내세웠다.[137]

"한국은 고래로 중국의 속국이란 걸 아느냐?"

"중화야말로 세계의 중심이요, 중화민족은 위대한 민족이다."

90년대 우리 동포들이 이들 분노의 청년들한테 듣던 말이다. 이 패거리들은 소위 관수법(灌水法)이란 세뇌 교육을 받았다. 관수법이란 제국주의 침략, 자본주의와 일본·미국에 대한 증오를 머리에 물 붓듯 주입하는 교육이다.

또 있다. 공산당은 소분홍(小紛紅)이란 걸 조직해서 지원하고 있다. 이들은 90년대에 출생한 신세대로 태어날 때부터 붉은 마음으로(紅) 당과 국가에 충성한다는 애국주의 교육을 받았다. 이들은 초등학교나 중학교 때부터 교육을 받은 분노의 청년과 다르다. 날 때부터 뼛속까지 세뇌된 신세대다. 게다가 고학력이다. 이들은 73%가 대학 이상 졸업자이고, 석사 이상 고학력이 37%이다.[138] 공산당은 21세기 유식한 홍위병을 만든 셈이다.

청년 애국단체 만든 거? 좋은 일이다. 애국청년을 두고 시비하자는 게 아니다. 문제는 이들에게 역사의식과 함께 마음속에 증오의 씨앗을 심는 데 있다. 이것은 특정 외국에 대한 비이성적이고 극단적이며 폭력적 성향이 있게 한다.

---

137) 김인희 지음, 『중국 애국주의 홍위병, 분노청년』, 푸른역사, 2021, p.17.
138) 위의 책, p.21.

내가 걱정하는 것은 이들이 공격하는 대상이 주로 한국이란 사실이다. 왜 우리를 주 대상으로 삼을까? 90년대까지만 해도 소위 소국인 우리가 대국보다 잘 살았다. 좌파는 작은 나라건 큰 나라건 배 아픈 게 큰 병이다. 남 잘되는 꼴만 보면 배가 아픈 병—내가 못사는 것도 잘사는 놈 때문이고, 심지어 나 못난 것조차 네가 잘나서 그렇다고 믿는다.

중국 공산당은 배만 아픈 게 아니다. 겁도 난다. 저놈이 더 크면 옛날 고구려 땅을 욕심낼 게 아닌가 하고. 이놈을 진즉부터 길들여 놓자. 엄두도 못 내게 고구려를 우리 역사에 편입해 버리자. 분노의 청년도 만들고 소분홍도 조직해서 장래를 도모하자.

분노의 청년이 쓴 글 가운데 이런 심한 글도 있다.

> 세상을 속여 남의 명예를 훔쳐가는 위선적인 반 토막 나라, 한국문화는 외래에서 들어온 잡탕 문화로 중심은 중국의 유가 문화이고, 후에 일본과 미국의 잡탕이 더해졌다.(글이 너무 상스러워 이하 생략)

우리나라는 천년 동안 중국과 상대했지만 정체성은 지켰다. 조상의 사대(事大)를 안 좋게 얘기하는 사람도 있지만 꼭 비난만 할 일은 아니다. 나는 조상들이 현명했다고 생각한다. 정체성을 지킨 것은 대단한 일이다. 사대를 안 했으면 어떻게 되었겠나? 이거 시비하면 끝이 없다.

5000년 나라를 보존할 수 있었던 것은 조상의 덕이요, 한편 중국의 관용도 한몫했다고 본다. 그런데 지금의 중국은 그 관용이 안 보인다. 21세기 중국인은 왜 이렇게 다른가? 그렇게 자신이 없나? 사람이 눈에 안 보이는가? 교만하다.

중국이 돈을 좀 번 것은 사실이다. 지금은 부자다. 세계 두 번째 경제 대국이다. 2030년이면 미국을 따라잡겠다는 게 아닌가? 그렇다고 그런

식으로 이웃을 대하면 되나. 대국답지 않다. 이 대로 가면 '투키디데스의 함정'에[139] 빠질 수 있다. 그런 사태가 벌어지면 세계는 또 다른 전화(戰禍)와 비극으로 큰 상처를 입을 것이다.

도광양회(韜光養晦)? 자신을 드러내지 않고 때를 기다리며 실력을 기른다— 사실은 이 말도 안 좋은 말이다. 음흉하다. 왜 감추고 힘을 키우나? 무슨 짓을 벌이려고. 감춘다는 것은 음모가 있어서다. 떳떳하지 못한 짓이다. 어른스럽지 않다. 정정당당하다면 감출 일이 무엇인가.

요즘 중국은 또 이상한 일을 벌이고 있다. 남중국해의 파라셀과 스프래틀리(난사) 군도를 모두 자기 땅이라고 주장한다. 당사국인 필리핀이나 베트남에 대해서는 국제법상 허용되는 12해리 영해만 인정하고 남중국해의 90%는 자기 영해라는 것이다. 그러나 베트남에 대해서는 중국이 함부로 대하지 못한다. 베트남은 강한 민족이기 때문이다.

중국이 주장하는 근거는 역사적 종주권이다. 2천여 년 전 한나라 등 중국의 역대 왕조가 경영했다는 사료(史料) 하나만으로 중국 땅이라는 논리다. 기록에도 없는 옛 제국 영토를 근거로 삼으니 무리수가 따를 수밖에 없다.

5~6년 전부터는 인공섬을 만들기 시작하였다. 전략적으로 중요한 작은 바위섬에 부두시설은 물론 비행장까지 건설해서 군사기지화 했다. 돈 좀 벌었다고, 힘 있다고, 아무나 짓밟는 것은 생각해 볼 일이다.

문명이란 무엇인가? 야만에서 멀어지는 것이다. 왜 야만이 나쁜가? 강

---

[139] 신흥 강국이 부상하면 기존의 강대국이 이를 견제하는 과정에서 전쟁이 발생한다는 뜻이다. 오늘날 '투키디데스의 함정'은 신흥 무역 강국이 기존 구도를 흔들면 기존의 무역 강국과 신흥 무역 강국 간에 무력 충돌이 발생한다는 뜻으로 쓰인다.

자가 약자를 잡아먹는 사회이기 때문에 인간은 야만을 배격하고 문명을 선호하는 것이다. 이제 중국공산당은 야만으로 돌아가려는가?

중국은 무섭게 돈을 번 나라다. 근 30년 동안 매년 경제성장률 9% 이상을 유지했으니 기적에 가까운 성장이다. 그것도 세계인구의 1/5을 차지하는 대국이 말이다. 그뿐만 아니라 90년대 초반부터 2015년까지 국방비 증가율이 경제성장률을 웃돌았다.

시진핑(習近平) 취임 후에 성장률이 7%대로 내려갔음에도 국방비 증가율은 매년 10%를 넘고 있다. 중국 같은 대국이 10%대의 경제성장을 기록하고, 국방비도 매년 10%씩 올랐다면 문제가 복잡해진다. 국제 역학관계의 긴장이다.

벌써 중국이 변했잖은가? 팔뚝에 힘 좀 올랐다고! 다 아는 일이지만, 이런 상황을 미국이 팔짱 끼고 보고만 있을 리 없다. 패권 경쟁이 일어나는 것은 필지(必至)의 사실이다.

이럴 때 우리 같은 작은 나라는 조심을 해야 하는데 박근혜 전 대통령과 지금 정부는 처신을 잘못했다. 박근혜 전 대통령은 중국 힘을 빌려보려고 천안문 위에도 올라갔고,[140] 전략적 동반자라고 추켜세우기도 했지만 욕먹고 보복까지 당해가며 얻은 게 없지 않은가! 누군가 대통령을 크게 잘못 보필하였다. 박근혜 전 대통령이 가엾다.

처음에는 중국 힘을 빌려 북한을 달래보려는 계획이었을 것이다. 어림없는 소리! 중국은 우리보다 북한을 더 중요시한다. 어떤 경우에도 북한을 보호한다. 북한이 잘못되면 중국은 큰일 난다. 그야말로 순망치한(脣亡齒寒, 입술이 없으면 이가 시리다)이다.

중국은 북한의 4차 핵실험(2016)도, 같은 해 장거리 미사일 발사 때도

---

[140] 박근혜 전 대통령은 2015년 중국의 '항일승전 70주년 기념식'에 참석해, 중국·러시아 정상과 중국 인민해방군의 열병식을 지켜봤다.

모른 척했다. 중국엔 우리 안전보다 북한의 생존이 훨씬 중요하다. 박근혜 전 대통령은 뻔한 계산을 그르쳤다.

양다리 걸치는 것은 아무 때나 쓰는 전략이 아니다. 양쪽 다 내 눈치를 보는 힘이 내게 있을 때만 효력이 있다. 작은 나라가 양다리를 걸치면 욕만 먹고, 저열한 국가로 낙인찍힌다. 사대한 조상이 현명했다는 게 바로 그 뜻이다. 박근혜 전 대통령이 미국의 눈 밖에 난 것도 그 실수 때문일 것이다.

북핵 문제는 해법이 없다. 내 사견이지만…. 미국도 중국도, 그 누구도 못 푼다. 4자회담, 5자회담 다 헛일이다. 풀 사람은 딱 한 사람, 김정은 자신이다. 그런데 그는 핵을 내려놓을 생각이 없다. 죽어도! 핵이 없으면 정말 죽는다고 생각한다. 죽는다고 생각하는 사람한테 무슨 협상이, 어떤 위협이 통하겠는가? 해법은 우리 자신한테서 찾아야 한다. 대비하는 것이다. 제일 좋은 방법은 우리가 핵무장하는 것이다. 그런데 현실적으로 쓸 수 없다. 그래서 차선책을 택하는 것이다. 흔히 재래식 병기는 핵 앞에 무용지물이라고 포기한다. 물론 핵은 절대무기다. 당할 순 없다. 그렇다고 포기를 해? 하수 중 하수다!

재래식 전력이라도 첨단과학 기술 무기를 잘 조합하면 치명적 타격 수단이 될 수 있다. 그러니까 남 의존 말고 우리의 가용한 모든 수단을 동원해서 최적의 방법을 준비해야 한다. 핵만 없지, 대한민국의 육해공군 만만한 상대가 아니다.

다음으로 미국의 힘을 빌린다. 핵우산도 있고 NATO식 핵무기 공유도 있다.[141] 그러나 실효성 있는 보장이 하나도 없다. 문제는 우리의 신

---

141) 벨기에, 독일, 이탈리아, 네덜란드, 터키가 나토 핵 공유 협정으로 평시에는 핵무기를 비핵국가에 보관하며, 미국 공군이 관리한다. 미국 대통령의 허가

뢰도이다. 그동안 미국의 심기를 너무 건드렸다.

미국의 신뢰만 얻으면 더 좋은 방법도 있다. 핵연료 재처리 기술이다. 한국의 경주 월성 발전소 한 군데에 쌓아놓은 사용 후 핵연료만 해도 대단한 분량이다. 핵폭탄 약 3,000발 분량이다.[142]

우리 원자력 운용 역사가 평균 20년이다. 가동 중인 원자로는 23기, 발전소마다 사용 후 핵연료는 저장고가 넘칠 정도로 쌓여 있다. 재처리만 하면 연료로 다시 쓸 수 있는 순수 국산 에너지 자원이다. 그러나 문제는 재처리를 미국이 허락지 않는다는 점이다.

일본은 원자폭탄 약 6,000개를 만들 수 있는 플루토늄 47톤을 보유하고 있다. 또 재처리 능력도 있다. 역대 총리가 백악관을 방문할 때마다 10년 동안 공을 들여 얻어 낸 선물이다.[143] 앞서 언급했듯이 지금 일본은 마음만 먹으면 3~4일 사이에 핵을 보유할 능력을 갖췄다. 다 미국이 눈감아 줬기 때문이다.

2010년대 초, 중국이 무섭게 성장할 때 세계는 바짝 긴장하였다. 미

없이 사용되는 것을 방지하기 위해 PAL이라는 장치에 암호를 입력해야 핵무기 장전이 된다.

142) 한국은 사용후핵연료 1만6000kg의 Pu-239를 가지고 있다. 핵폭탄 1개에 드는 Pu-239가 5kg이니, 핵폭탄 개수는 3,200개가 된다. '한국형 원전'을 설계한 이병령 박사는 "한국의 인적 자원과 기술 수준, 제조 능력을 효율적으로 동원할 경우 7개월 정도면 핵무기를 제작할 수 있다"고 예상했다. 미국 웨스팅하우스의 한 전직 임원은 '한국이 핵폭탄 2~3개를 만들기 위한 시간은 4개월 정도"라고 평가했다(『중앙일보』, 2017. 9. 21).

143) 미·일 원자력 협정이 30년 만기를 맞아 자동연장 되었다. 핵무기 비보유국 중 유일하게 일본에만 사용후핵연료 재처리를 통한 플루토늄 제조를 인정한 협정이다(『중앙일보』, 2018. 7. 15).

국 중심의 세계질서가 금방이라도 무너질 것 같은 위기감까지 돌았다. 많은 학자가 중국의 패권을 예언했기 때문이다. 그 무렵 브레진스키(Zbigniew Brzezinski)는 『전략적 비전(Strategic Vision)』을[144] 썼다. 그 책에서 그는 한국의 장래 문제를 두고 이런 말을 하였다.

> 미국이 쇠퇴하면 한국은 고통스러운 선택의 기로(岐路)에 설 것이다. 첫째로 한국은 중국의 지역 패권을 받아들이고, 국가 안보를 중국에 의존해서 사는 방안과, 둘째로 역사적 반감에도 불구하고 일본과의 관계를 강화하는 방안, 두 가지 중 하나를 선택해야 할 것이다. (중략) 마지막 방안으로 한국은 스스로 힘만으로 생존할 수 있는 수단을 찾아야 할 것이다.

어느 방안도 선뜻 받아들이기 어려운 선택이다. 듣기에도 심히 민망스러운 미래 한국에 대한 전망이다. 그런데 지금은 다행히 상황이 많이 달라졌다. 중국이 패권국이 된다는 분위기도 사라졌다.[145] 중국의 퇴조를 알리는 여러 징후가 여기저기 나타나기 시작했다.

지금 상황에서 선택지는 명약관화(明若觀火)하다. 중국이냐, 미국이냐? 양자 중 택일이다. 나는 미국이다. 전략적 선택이다. 중국의 중후한 역사, 제자백가의 심오한 철학과 위대한 학문체계를 나는 사랑한다. 지금의 중국은 아니다. 그런 처신으로 어떻게 중화주의를 내 세우나. 도덕적으로, 실력으로, 어른 노릇을 해야지.

80 평생을 살아보니 인생은 선택의 연속이더라! 일의 성패도 선택에

---

144) 브레진스키, 황성돈 역, 『전략적 비전』, 아산정책연구원, 2012.
145) 피터 자이한 지음, 홍지수, 정훈 옮김, 『21세기 미국의 패권과 지정학』, 김앤김북스, 2018.

따라 갈린다. 그토록 선택은 중요했다. 그러나 어려울 것 없다. 항상 긍정하고, 열린 쪽을 택하고, 밝은 쪽에 줄을 서면 실수가 없다. 그리고 무엇이 애국인가를 생각하면 답이 나온다.

해양이냐, 대륙이냐? 고민할 것 없다. 바다는 열렸고 대륙은 막혔다. 항상 열린 곳이 길지(吉地)다. 바다는 열려 있다. 바닷길은 아무 데나 가면 길이다. 육지는 산도 있고 강도 있다. 당연히 나는 바다다. 내가 전략적 선택을 하는 이유를 다음 문단에서 상술할 것이다.

역사적으로도 봐라. 팍스 로마나, 팍스 브리타니카, 팍스 아메리카나, 모두가 해양 세력이다. 바다는 열렸으니 왕래가 자유롭다. 자원이 없는 우리는 어차피 무역으로 먹고 살아야 한다. 왕래가 자유로운 바다로 나가지 않으면 못 먹고 산다. 지난 오백 년 대륙에 붙어 살아 봤지 않은가? 부끄럽다! 종살이밖에 더했나?

선택할 때는 이것저것 생각하면 일을 그르친다. 어정쩡 양다리를 걸치면 더욱 낭패만 본다. 이웃이라 배려하고, 교역량 따지고, 체면 생각하면 더 큰 것 놓친다. 우리에게 제일 중요한 것은 안보다.

2011년에 발간된 조지 프리드먼(George Friedman)의 『10년 후(The Next Decade)』란 책이 있다.[146] 책 내용대로 세계가 변하는 것은 아니지만 참고는 된다. 프리드먼은 이런 말을 하였다.

'향후 10년 중국은 수출의존과 빈곤의 모순으로 큰 위기를 겪는다. 반면 일본이 아시아 최대 파워로 부상한다. 이때 미국은 붕괴하는 중국을 돕고 통일 한국을 동반자로 삼아 일본을 견제할 것이다.' 그 양반 말 한 마디 시원하게 잘 했다.

---

146) 조지 프리드먼, 김홍래 역, 『10년 후(The Next Decade)』, 쌤앤파커스, 2011. 프리드먼은 2009년에 『100년 후(The Next 100 Years)』(손민중 역, 김영사, 2010)라는 책도 썼음.

제군! 정신 바짝 차리자!

프리드먼이 용하긴 하지만 말까지 영험한지는 모르겠다. 그러나 그가 운영하는 싱크탱크인 '스트랫포(Stratfor)'의 정세보고서 적중률이 80%나 되어 '그림자 CIA', '21세기의 노스트라다무스'라 불리는 프리드먼이다. 시차야 있겠지만, 그 말이 적중한다면 동북아시아에 엄청난 지정학적 지각변동이 일어난다는 얘기다. 이것은 무서운 얘기이기도 하다.

그러나 신난다. 우리도 운만 따라주면 옛 고구려의 영광을 되찾을 수 있다는 얘기가 아닌가!

나. 전략의 논리로 세계를 보자

(1) 전략적 역설(Strategic Paradox)

2010년 아세안(ASEAN) 지역 포럼에서 남중국해 영유권 문제를 토의힐 때다. 이세안 제국이 외무장관이 미국이 중개역(仲介役)을 맡는 게 좋다고 의견을 모으자, 외교 담당 중국 정치국 상무위원 양제츠(楊潔篪)는 이런 발언을 하였다. "중국과 귀국 사이에는 엄연한 차이가 있다는 사실을 명심해 주기 바란다. 그것은 중국은 대국이란 것, 귀국들은 소국이란 사실이다."[147] 좀 뜻밖의 발언이다. 오만한 태도에 아세안 국가들이 아연할 수밖에 없었다.

우리 속담에 '간이 배 밖에 나온다'라는 게 있다. 상식 밖의 일, 사람

---

147) Edward N. Luttwak, 奧産眞司 譯, 『Last Emperor 習近平』, 文藝春秋, pp.31-32.

이 상식 밖의 언동을 할 때 쓰는 말이다. 왜 이런 상식 밖의 말을 하는가? 사람이 교만해지면 눈에 보이는 게 없어지기 때문이다.

좀 오래된 얘기지만, 1959년 전국체육대회에서 육사와 서울대의 럭비 경기가 있었다. 서울대는 실례지만 그런 큰 대회에 나올 팀이 못 되었다. 전국대회는 시도 대항이니까 경기도 대표로 출전을 하게 된 것이다. 결론부터 얘기하면 육사와 서울대는 그 시합을 비겼다. 말이 안 되는 것이 당시 육사는 춘계선수권 대회로부터 대학리그에 이르기까지 럭비시합이란 시합은 모조리 휩쓸 때다. 3년 동안 국내는 그야말로 상대할 팀이 없을 정도로 막강했다. 반면 서울대는 동아리 정도의 수준? 그러니까 동네 취미 운동 수준이었다. 한국 최강, 그것도 잘 한다는 대학팀보다 발군(拔群)의 실력 차이를 가진 육사가 동네 팀과 비긴 것이다. 왜 그런 터무니없는 일이 일어났는가?

육사는 그때 너무 강했다. 게임이 안 된다. 시합했다 하면 상대는 무참히 짓밟힌다. 실력 차가 너무 나서 국내에는 시합 상대가 없었다. 오만해졌다. 오만을 넘어 교만해졌다. 교만을 넘어 간이 배 밖에 나왔다. 그러니 큰 망신을 당할 수밖에 없다.

교만해지면 눈에 무엇이 안 보인다. 보이는 게 없으니 멀쩡히 보면서 일을 그르치고, 실수하고, 잘한다고 더 크게 당한다. 이런 현상은 개인이나 조직, 국가 수준에서도 일어날 수 있다. 중국은 바로 전략적 역설에[148] 빠진 듯싶다.

---

148) '강성해질수록 전략적으로는 약해진다'라는 역설이다. 상대가 없을 정도로 강해지면 오만해진다. 다음은 오만을 넘어 교만해진다. 교만해지면 판단이 흐려진다. 판단이 흐려지면 사리에 어긋난다. 사리에 어긋나면 친구가 떠난다. 친구가 떠나면 약해진다.

지금 중국이 추구하는 전략은 문제가 있다. '전방위 강경노선(全方位 强硬路線)'이다. 일부 언론에서는 전랑외교(戰狼外交, 늑대 외교)라고까지 혹평한다.

우리가 사드(THAAD)를 배치했을 때, 중국이 우리한테 한 행패를 우리는 보았지 않은가. 멀쩡한 롯데 상점들을 폐쇄하고, 한국여행을 금지하고, 특히 국민을 부추겨 반한 운동을 한 것은 어른답지 못했다. '내 말 안 들으면 찍어 누른다. 나는 대국이니까— 알겠느냐!' 이게 지금의 중국이다.

1900년대 말부터 2000년대 초반까지 중국의 외교 노선은 무리가 없었다. 1995년 WTO에 가입하고, 2001년 IMF의 일원이 되었다. 즉 국제사회의 일원으로 국제질서를 존중한다는 무언의 실천이다.[149] 세계가 환영했다. 중국이 WTO에 가입한 후 10년 동안은 두 자릿수의 초고속 성장을 달성했다. 이때 미국이나 일본의 아낌없는 지원은 중국이 국제사회의 일원으로서 역할을 기대했기 때문이다.

2008년 9일, 세계를 떠들썩하게 만든 리먼 쇼크가[150] 일어났다. 세계가 심각한 불황에 빠져 허덕일 때 중국은 즉시 4조 위안(6천 억달러)을 투입, 공격적인 경기 부양책으로 발 빠르게 불황을 극복하였다. 10여 년 계속된 경제호황으로 때 돈을 벌었다. 외환 보유고는 2004년에 5,000억 달러, 2008년에는 1조 5천억달러로 세계 1위의 외환 보유국이 되었다. 호황은 계속될 게 틀림없었다. 보아하니 미국이나 서방세계는 불황에서

---

149) 영해와 국제 해양법조약의 준수, 사적 재산권, 지적 재산권이나 저작권 등 국제적 관행을 따르겠다는 의지를 보였다.
150) 미국의 투자은행 리먼 브러더스(Lehman Brothers)가 6000억달러의 부채를 안고 도산하여, 전 세계가 불황에 빠진 사건.

빠져나올 기미조차 안 보였다. 미국이 일어서지 못할 것으로 판단하였을 수도 있다. 그렇다면 지금의 중국 경제성장률로 보아 2030년이면 미국의 GDP 추월도 가능하다— 이참에 GDP 세계 제일이 되어 패권국이 되어 보자고 생각했을 것이다. 이제 미국의 세기는 끝났다고 판단했을 것이다.

이때부터 중국의 정책이 변화한다. 즉 공격적인 노선으로 바뀌기 시작한다. 일대일로(一帶一路) 정책이 나온 것도 이 무렵이다. 시진핑이 2013년 8월부터 9월 사이 중앙아시아와 동남아를 순방하면서 발표한 전략이다. 스케일과 구상은 훌륭했다. 그런데 목표와 추진 방법이 잘못되었다. 세계 패권국을 목표로 한 것이나, 돈이나 힘으로 약자를 찍어 누르려는 것은 잘못이다.

경제력이 국력의 중요한 기준이 되는 것은 사실이지만, 그게 다는 아니다. 영국과 이탈리아의 GDP는 차이가 그리 크지 않다. 영국이 2조 8,000억 달러, 이탈리아는 2조 1,000억 달러, 그러나 국제사회에서 두 나라의 영향력에는 큰 차이가 난다. 영국이 적어도 10배는 크다. 국력이란 경제력, 군사력 외에도 대국적 풍모를 갖추어야 한다. 즉 도덕성, 문화적 수준, 국제사회에의 기여도 등이다.

2009년 중국은 박물관과 도서관의 창고들을 뒤져 고문서나 지도들을 찾아냈다. 그리고 이들 자료를 근거로 그동안의 국제관행을 뒤집으려는 것이 남중국해의 영유권 주장이다.

베트남, 말레이시아, 인도네시아 등 분쟁에 연루된 연안국들은 당연히 분개하고, 하나밖에 없는 선택지— 동맹으로 갈 수밖에 없다. 그뿐 아니라 주변국도 자연 긴장하게 된다. 미국 주도하에, 일본은 물론 호주와 인도 등 4개국(미국, 일본, 호주, 인도)의 쿼드(Quad) 블록이 형성되었

다.[151]

개인 관계에서도 무리한 요구, 일방적 주장은 바로 인간관계를 해친다. 국제관계에서도 전략은 유연해야 한다. 정당하고 사리(事理)에 맞아야 한다. 무리한 전략은 전략이 아니다.

필리핀의 경우를 보자. 건국의 아버지를 비롯해 필리핀의 상류사회는 화교가 다 차지하고 있다. 경제적으로도 중국이 최대 교역국이다. 그냥 두기만 해도 친중(親中) 국가다. 미국의 지배를 받은 탓으로 가까우면서도 은근한 반미감정이 깔린 나라다. 남중국해 분쟁이 나자, 한 번 쫓아냈던 미국을 다시 사정해서 불러들이는 형편이 되었다.

그러나 중국은 무슨 생각에선지 전략에 유연성을 안 보인다. 중화사상으로 굳어버렸나? 간이 배 밖으로 나왔나? 정말 유감이다. '중국'의 위상, 지난날의 찬란했던 문화적 유산을 보아서도, 국제사회 일원으로 정도(正道)를 걷는다면 미래세계는 얼마나 밝아지겠는가.

2019년 4월, 프랑스의 군함 한 척이 대만해협을 통과했다. 이건 정말 보통 일이 아니다. 중국이 발끈했지만, 보복 조치는 할 수가 없었다.

미국은 오래전부터 '항행(航行)의 자유 작전'을[152] 수행하고 있다. 안 가는 곳이 없다. 중국이 매번 항의는 하지만 어떻게 할 수 없어 방임상태이다. 그러나 직접 이해가 없어 보이는 프랑스 해군까지 도발적인 군

---

151) Quad는 한국의 가입을 꺼릴 수도 있다. ASEAN에서 캄보디아가 번번이 중국 편을 들어 회의를 무산시키곤 하는 실태를 익히 보고 있다.

152) '항행의 자유(freedom of navigation) 작전'은 미 해군이 국제해양법에 근거하지 않은 권한을 주장하는 외국 해역에 군함을 보내 통과하는 군사 작전이다. 이를 통해 해당 국가의 주장에 반대하고 있다는 의사를 전달하고, 그 근거를 남기는 효과를 본다.

사행동을 하는 것은 한 번 생각해 볼 일이다.

영국 해군은 최신예 항모 엘리자베스를 중심으로 하는 항모 타격군(打擊群) 전함 9척을 극동에 파견했다. 영국은 홍콩, 싱가포르 등 아시아와는 연고가 있으니까 그렇다지만, 얼마 전 독일 해군도 남중국해에 군함을 파견하겠다고 발표하였다. 파견의 목적은 미, 영, 호, 일 해군과 함께 북한의 밀수행위를 감시하러 온다는 것이다. 말은 그렇지만 독일 역시 중국의 남중국해의 무리수를 견제하려는 게 틀림없다.

근래, 이웃도 아닌 스웨덴과도 중국은 사이가 틀어졌다. 2020년 2월, 홍콩의 스웨덴 서점 경영자 구이민하이(桂敏海)에 대해 10년 징역을 선고하였다. 홍콩의 언론통제와 관련하여 '해외에 불법적인 정보제공'이 죄명이다. 스웨덴 정부가 구이 씨의 석방을 요구하자, 주 스웨덴 중국대사가 "이건 뭐야, 48kg짜리 복서가 86kg에 덤벼?"라고 야유를 하였다. 스웨덴 의회는 즉시 중국대사의 추방을 결의했다. 2월에는 스웨덴 내 모든 공자학원(孔子學院)을 폐쇄했다. 또 9월에는 스웨덴 우주 공사가 자국 내 중국의 지상위성기지 사용을 취소하였다. 모두가 교만이 불러온 부작용이다.

(2) 해양국과 '동맹 전략'

대륙 국가는 바다를 모른다. 바다를 보았을 때, 해군력(Sea Power)만 있으면 바다는 지배할 수 있다고 생각한다. 그러나 바다를 끼고 살아온 해양국은 배만이 아니라 다른 것을 본다. 풍랑을 만나 표류하게 되면 다른 나라의 신세도 지고, 생전에 못 보던 새로운 세상도 보고, 다른 풍습에도 접하고, 뱃길은 여러 곳으로 나 세상이 넓다는 것도 새삼 알게 된다. 자연스럽게 이웃과 잘 지내야겠다는 생각을 하게 된다. 바로 협력과 동맹이다.

대표적인 해양국은 영국이다. 영국은 해양국의 교과서다. 영국의 강점은 해군력만 있는 게 아니다. 우방과의 군사, 외교에서 경제, 문화에 이르기까지, 건실한 유대를 맺고 있다. 이를 토대로 항만시설의 이용, 선박의 정비, 기상정보와 심지어 적국의 정보까지 공유하게 된다. 바로 해양력(Maritime Power)이다. 그래서 전략가는 해군력과 해양력을 구분한다.

전자가 하드웨어라면 후자는 소프트웨어다. 당연히 후자가 중요하다. 해양력은 곧 동맹 전략이다. 동맹 전략을 잘 구사하면 아무리 국제정치가 살벌해도 약소국이 살아남는 데 문제가 없다. 동맹을 잘못하면 강대국도 위태로워진다. 따라서 좋은 전략이란 동맹 전략을 잘하는 것이다. 교만해진 중국이 못 보는 것이 바로 동맹 전략이다. 대륙 국가라 그런가? 중국의 옛 문화를 사랑하는 내가 안타까워하는 점이다.

3 일본과 협력

과거 조선은 일본에게 국권을 침탈 당한 불행한 역사가 있었다. 그래서 일본 하면 다들 싫어한다. 따져보자. 일본 사람이라고 종자부터 나쁜가?

과학자 말에 의하면, 일본인과 우리의 DNA는 6~70%가 일치한다고 하였다. 세계인종 중 인종적으로는 가장 가까운 사람이 일본인이다. 그러니까 먼 친척뻘이다.

류성룡의 「서애(西涯)문집」을 보면 '왜놈은 얼레빗, 되놈은 참빗'이라는 표현이 있다. 이것은 임진왜란 때 일본군과 명나라 군대를 빗대서 한 말이다. 즉 왜군이나 명나라 병정들이 우리 백성을 약탈해 가는 것은 다 같은데, 왜군은 얼레빗같이 느슨했는데 반해, 명나라 군사들은 참빗같이 샅샅이 찾아 뺏어갔다는 것이다. 우리가 아는 민족성 평(評)과는 좀 다른 얘기다.

70년대, 우리가 공업 입국(工業立國)을 시작하였을 때 기술은 모두가 일본기술이다. 자동차, 철강, 전자 등 우리가 기술을 빼 올 때 그들은 눈 감아 주었다. 우리가 힘들 때면 일본에 가서 큰소리치며 돈도 받아 냈다. 그들 아버지 세대가 우리한테 몹쓸 짓을 한 게 두고두고 약점이 되었기 때문이다. 국가 관계란 영원한 적도, 영원한 우방도 없다고 하였다. 역사적으로는 섭섭한 일이 한둘이 아니지만, 영원히 등지고 살 수는 없는 게 아니겠나?

내 생각으로는 국제 관계에서 중요한 것이 속된 말로 궁합이다. 싸움이 잦은 부부가 오래 해로(偕老)하는 것도 궁합이 맞기 때문이다. 그럼 국가 간의 궁합은 무엇일까. 정치체제이다. 이를테면 자유와 독재는 상극이다. 자본주의와 사회주의는 궁합이 안 맞는다.

미국이나 일본이 자주 거래의 상대가 되는 것은 궁합이 맞기 때문이다. 개인의 자유와 자본주의 시장경제를 중히 여기는 체제 때문이다.

개인 생활에서도 친구를 구할 때 무엇을 보는가? 정직, 성실, 의리가 아닌가? 그런데 조심할 게 있다. 미묘한 끌림— 서양 사람은 이것을 Chemistry라 하던가? 인간 관계에서 이 '끌림'은 때로는 이성(理性)을 뛰어넘는다. 이유는 모르겠다. 그저 좋다. 그냥 끌린다. 그게 조심할 대목이다. 자칫 하룻밤 불장난으로 끝날 때가 많기 때문이다. 중요한 것은 믿음과 꾸준함이다.

관포지교(管鮑之交)의 고사가 있지 않은가. 관중과 포숙아는 죽마고우(竹馬故友)였다. 젊어서 둘은 장사를 하였는데, 관중(管仲)이 항상 한 몫을 더 가져갔다. 그래도 포숙아(鮑叔牙)는 불만이 없었다. 관중의 가난을 알고 있었기 때문이다. 관중은 싸움터에서 도망친 적도 있었다. 하지만 포숙아는 그를 비겁하다고 안 했다. 관중에게는 모셔야 할 늙은 어머니가 있다는 걸 알고 있었기 때문이다. 이처럼 나의 처지를 이해하는 사람, 꾸준한 믿음, 어려울 때 도움의 손을 내미는 친구가 진짜 친구이다.

국제 관계도 개인과 별 차이가 없을 것이다. 사사건건 딴지를 걸고 훼방만 놓는 나라, 우리가 정말 어려울 때 말없이 도움의 손을 내미는 나라, 알아도 모른 척, 손해가 나도 눈감아주는 나라— 이런 나라를 마음에 새겨둬야 한다. 개인도 그렇지만, 세월이 좋을 때가 있는가 하면, 그렇지 못할 때도 있다. 좋은 친구 사귀듯, 늘 좋은 나라와 함께해야 살벌한 국제사회에서 살아남는다.

우리끼리 얘기로 일본놈(실례)한테는 우리는 큰소리부터 친다. 사실 그 친구들 한국 사람한테는 주눅이 들기 때문이다. 할아버지 세대가 잘못한 도덕적 부채 때문이다. 일본은 사실 큰 나라다. 기술도 좋고 돈도 많다. 그러나 우리한테는 제일 만만한 나라다. 말하면 먹혀들어 간다.

'일본' 하면 떨떠름하겠지만, 우선 궁합이 맞는 나라다. 이웃으로 궁합이 맞는 나라는 많지 않다. 세상을 살자면 개인 생활에서도 적보다는 친구를 많이 가져야 한다. 이것은 처세학의 제1과다. 궁합이 맞는 이웃을 언제까지나 원수로 둘 순 없다. 악수하고, 술 한잔 같이하고, 밤새 얘기를 나누면 일은 다 풀리게 되어있다. 우리가 순리로 나가면 웬만한 얘기는 다 알아듣는다. 이웃으로 궁합이 맞는 나라는 그래도 일본이다.

궁합 중에서도 중요한 게 있다. 속궁합이다. 속궁합이란 무언가? 서로가 필요한 상태다. 나는 네가 필요하다. 너도 나를 요구한다. 나는 네가 없으면 못 살고, 너도 나 없으면 못 산다. 찰떡궁합이다.

국가 간에 힘으로 관계를 맺는 방법도 있다. 한쪽이 끽소리 못하니까 조용하다. 원만한 관계로 잘 나갈 수도 있다. 덩치는 덕을 베풀고, 한쪽은 승복하니까. 억지 궁합이지만 그런대로 괜찮다. 그런데 비용이 많이 든다. 다른 나라를 찍어 누르려면 웬만한 힘(軍事力) 가지고는 안 되기 때문이다.

더 좋은 방법이 있다. 재주(才)다. 남이 안 가진 기술을 먼저 터득하는 것이다. Maritime Power가 Sea Power보다 중요한 것과 같은 이치.

요즘 국력은 기술력이다. 좋은 회사, 대기업이다. 그래서 삼성, LG가 소중하다. 힘으로 뺏을 수 있다고? 세상이 그 정도 무법천지는 아니다.

세계에 덩치가 한둘인가. 강도는 퇴출이다. 삼성, LG 도와주자. 잘 키우자. 기술을 배우려면 악수(握手)부터 청해 온다. 내가 필요한 사람이니까.

더 좋은 법이 있다. 정치다. 리더십이다. 박정희 대통령이 리더십 하나로 오늘의 대한민국을 만들었다. 앞서 얘기한 미얀마의 UNDP 간부 Mr. Larzo의 후회를 기억하는가? 리더십의 위력은 유엔의 전문가팀도 오판(誤判)했다. 몰랐다.

그래서 정치를 잘 해야 하고, 좋은 리더가 필요한 거다. 인사(人事)는 만사(萬事)라지만, 실은 리더십이 만사다.

4 남북통일

가. 통일은 해야 한다

일부 지식인 중 통일을 반대하는 사람들도 있다. 통일 비용, 사회적 혼란, 갈등 등 통일이 현 분단 상태보다 나을 게 없다는 주장이다. 제법 설득력이 있다. 그러나 나는 반대다. 왜? 한 번 생각해보자.

우리 배달민족은 이 땅에서 5,000여 년을 살았다. 수많은 역경과 국난을 겪으면서도 우리 말, 우리 풍속을 유지하며, 단일 민족으로 5,000년을 살아온 것이다. 배달이라는 정체성, 한(韓)민족이라는 공동체를 그 오랜 세월 유지해 왔다는 것은 세계사적으로도 드문 일이다.

그런데 불행히도 1945년 해방과 함께 분단된 남북은 전혀 상반된 정치체제 아래 지난 70여 년을 살아야만 했다. 남이 시킨 억지 별거다. 별거도 길어지니까 우리 배달의 동질성과 정체성이 많이 훼손되었다. 이대로 100년을 넘기고 200년을 지나면 어떻게 되겠는가? 통일을 더는 미룰 수 없다.

통일되면 우선 전쟁의 위협이 사라지면서 항구 평화를 보장한다. 이념적 대립도 없다. 사회가 통합(統合)되고, 국론(國論)이 갈리지 않는다. 그러므로 그동안 낭비하였던 국가 에너지를 국가 발전의 새로운 동력으로 승화시킬 수 있다.

그뿐만 아니라 안보 위협이 없어진다. 국가 신용등급이 자동으로 올라간다. 따라서 국가 '브랜드' 가치가 상승하여 Korea Discount가 Korea Premium으로 전환된다.

한 국가가 제 목소리를 내려면 첫째 덩치가 좀 있어야 한다. 그러자면 인구 일억(一億)에 국토는 최소 지금의 두 배는 되어야 한다. 통일은 일거에 이 문제를 해결해 준다. 이렇게 되면 내수시장(內需市場)이 확대되고, 더하여 남한의 자본과 북한의 노동력, 지하자원을 결합하여 시너지 효과를 창출하여 새롭고도 무한한 성장동력을 확보하게 된다. 이렇게 형성된 단일 경제권은 인적, 물적 자원 동원을 극대화시켜 강대국으로 나아갈 기초를 마련하게 된다.

통일은 우리 한반도의 지정학적 위치를 한층 높인다. 그동안 막혔던 대륙진출의 길이 뚫리고, 대륙과 해양으로 동시에 진출할 수 있는 교통 중심지가 된다. 대륙으로는 중국, 시베리아, 중동을 연결하고, 태평양은 물론 북극해 항로를 활용할 경우, 유럽 길은 말라카—인도양을 거치는 것보다 15일을 단축할 수 있다. 당연히 한반도는 물류와 교통의 중심지로 부상하여 기업에는 새로운 성장 활로를, 개인에게는 다양한 직업의 선택과 취업의 기회를 제공한다.

통일은 전쟁의 위협이 사라진다. 배달민족 모두가 자유와 복지, 인간의 존엄과 가치를 함께 누릴 수 있다. 바로 아시아의 지도 국가가 되는 기회다. 또한 통일은 한반도가 태평양과 대륙을 잇는 세계의 경제 중심지로서 국가 위상을 높이고 동북아지역에서는 평화와 공동번영을 선도하는 국가로 성장할 수 있다.

독일을 보라! 통일 후 독일이 유럽의 중심국가로서 우뚝섰다. 우리는 아시아에서 그 역할을 할 수 있다. 통일을 마다할 이유가 없지 않은가.

불과 5~6년 전 얘기다. 명저인 『강대국의 흥망』을 쓴 폴 케네디(Paul

Kennedy)가 도쿄대에서 강연을 마쳤다. 한 학생이 질문했다.

"다음 시대 아시아를 영도할 나라는 어느 나라라고 보는가?"

의외의 답변이 나왔다.

"Never China, never Japan— may be Korea."

일부 식자들 사이에 막대한 통일 비용을[153] 이유로 통일을 망설이는 경향이 있다. 이것이야말로 패배주의의 전형이다. 그럼 구더기 무섭다고 장을 안 담글 것인가?

제군! 우리는 그들과는 다르다. 우리는 항상 열려있고 긍정적이며, 도전하는 사람이 아니던가. 가자, 통일로!

나. 천명(天命)

사람은 어느 시대를 살건 하늘은 그 시대를 사는 개인이나 혹은 공동체에 어떤 시대적 사명(使命)을 준다고 생각한다. 그게 바로 천명(天命)이다.

천명은 명시적 의무나 실정법(實定法)과는 다르다. 강요받지 않는다. 어겨도 처벌받지도 않는다. 그러나 천명은 한 인간으로서 이 세상에 오게 된 의미와 이유를 묻고 따질 때 얻어지는 도덕적 책무다.

즉 사람이 절대자나 하늘을 우러러 자신이 실존하는 의미를 물을 때 인간은 경건(敬虔)해지고 더없이 도덕적으로 되면서 천명을 깨닫게 된

---

[153] 통일 비용의 계산 방법은 정부 재정 지출만 고려할 수도 있고, 통합하면서 필요한 모든 사회적 비용으로 정의할 수도 있다. 영국의 자산운용사 유리존 SLJ는 남북통일 과정에 들 경제 비용을 10년간 2천167조원, 미국의 랜드연구소는 최고 1,989조원, 스탠포드대는 2,340조~5,850조 원으로 예측했다.

다. 이것은 현대적 의미로 '불문(不文)적 의무'라고[154] 할 수 있다.

그렇다면 이 시대 우리에게 주어진 천명이 있다면 그것은 무엇일까?

북한은 지금 어떤 형편인가. 북한 동포 그들은 누구인가? 피를 나눈 나의 형제가 아닌가? 5,000여 년을 이 땅에서 함께 살아온 우리 동포가 아닌가? 그런데 그들의 형편은 어떤가? 세상에서 가장 불쌍한 처지에 놓인 사람들이 바로 우리 형제 2천5백만 북한 동포가 아닌가?

사람은 우선 숨을 쉬어야 하고 먹어야 한다. 말하는 자유가 있어야 한다. 오고 가는 자유가 있어야 한다. 우리 형제 북한 동포는 마음대로 오가지도 못한다. 말도 마음대로 못하고 밥도 제대로 못 먹는다. 숨쉬는 자유밖에 없다. 감옥보다 못하다. 감옥에선 세끼 밥은 먹인다.

걸핏하면 사람을 감옥에 가두거나 죽인다. 고모부인 장성택을 고사기관총으로 사살하고, 이복형인 김정남까지 국제공항에서 독살했다. 모두가 수령 독재를 유지하기 위해서다. 그야말로 천인공노할 일을 서슴지 않는다. 그런 정권이 얼마나 가겠느냐. 그런 악정 하에 언제까지 우리 동포를 내버려 둘 것인가.

제군! '통일'을 새삼 꺼내는 이유를 알겠는가? 내 형제가 굶주리고, 억압받고, 자유를 몽땅 빼앗겼는데, 팔짱 끼고 구경만 할 것인가? 북한 동포의 구출은 한시도 미룰 수 없는 우리 세대의 윤리적 도덕적 책무이다.

그 땅 이스라엘 모든 산에 그들로 한 나라를 이루어 한 임금이 모

---

[154] 불문적 의무란 창조주가 부여한 도덕적 자질을 동원, 지식인 스스로가 찾아 수행하는 임무이다. '이 시대를 사는 내게 하늘이 내린 사명이 무엇일까'를 깊이 생각하면 소명, 혹은 천명을 알게 된다.

두를 다스리게 하리니 그들이 다시는 두 민족이 되지 아니하며 두 나라로 나누이지 아니할지라.(에스겔 37:22)

제군! '다시는 두 민족이 되지 아니하며, 두 나라로 나누이지' 않도록 하는 것이 이 시대를 사는 우리의 천명이 아니겠는가?
가자! 우리가 앞장서자! 우리 형제를 구하자!

다. 통일은 어떻게 할 것인가?

흔히 얘기하는 흡수 통일이 사실은 제일 좋다. 쳐들어가서 감옥에 갇힌 형제를 구하는 것이다. 깔끔한 통일 방안이다. 베트남이 그랬고, 예멘도 이 방법을 썼다. 뒤끝이 깨끗하다. 군소리가 없다.
그러나 우리는 그렇게 하면 안 된다. 깨끗한 방법 안 좋아할 사람이 어디 있겠나. 세상에 공짜가 없듯 제일 좋은 만큼 비용이 많이 든다. 깔끔한 만큼 피를 흘려야 한다. 나는 피 흘리는 게 싫다. 나는 군인이라 전쟁은 조금 안다. 전쟁은 피만 흘리는 게 아니다. 인성이 무너지고, 영혼이 황폐해진다. 배달의 공동체가 깨진다.
나는 물이 좋다. 상선약수(上善若水)란 말이 있다. 노자의 말이다 '물의 성질은 선(善)한 것 중에서도 상위에 속한다. 물은 다투지 아니하면서 만물을 이롭게 한다. 모든 이들이 싫어하는 곳에 거하니 도(道)에 가깝다'라는[155] 가르침이다.

---

155) 上善若水, 水善利萬物而不爭, 處衆人之所惡, 故幾於道(『道德經』8章). 물은 형체가 없어 어떤 그릇에 담느냐에 따라 그 모양이 변한다. 억지로 자신의 흐름을 거스르려 하지 않는 물의 속성 같은 게 노자의 도(道)이다.

물은 높은 곳에서 아래로 흐른다. 겸손하다. 항상 빈 곳을 채우고, 구석구석을 어루만지며 만물을 키운다. 공평하고 자애롭다. 더운물 찬물 가리지 않고 잘 어울린다. 너그럽다.

우리 통일도 물과 물이 만나듯— 작은 내는 큰 내로 합치고, 큰 강은 바다로 합치듯— 자연스레 합류(合流)하는 것이다. 한국이라는 큰 내가 흐르는 곳으로 북한이라는 또 하나의 내가 흘러 적당한 곳에서 합류케 한다. 대한민국은 인민공화국보다 100배는 큰 강이다. 도도히 흐르는 큰 강에 샛강이 조용히 합친다. 같은 말을 하고, 같은 글을 쓰고, 같은 제사를 지내는 우리의 합류는 소리 없이 이루어지리라.

물은 아래로만 흐르니 낮은 곳에 자리를 마련하자. 두 강물은 자연스레 합류할 것이다. 높은 곳은 낮추고 땅을 고르기만 하면 된다. 마침내 두 강은 흘러 낮은 곳에서 만나 큰 강을 이루며 바다로 나아가리라.

이제 수령 독재는 규제하고 눌러야 한다. 북한 동포는 굶는데, 저들은 호의호식하며 고급 코냑이나 즐기니 하늘이 무심치 않을 것이다. 때는 오고 있다. 너무 썩었다. 제풀에 무너질 수도 있다. 유엔이 나서고, 미국이 나서고, 남한의 형제들이 나서면 안 될 것 없다.

동포 형제들은 자유의 종소리가 들릴 때까지 기다리면 된다. 우리는 인내하며 서두르지 말고 차근차근 밀고 나가자.

북한 동포의 민주화는 수단이 많다. 인권을 문제 삼고, 탈북민을 활용하고, 미국과 유엔이 나서면 안 될 것도 없다. 징표가 보이지 않느냐? 조금만 인내하자. 때는 오고 있다.

통일문제로 고민 좀 했다. 문득, 황장엽(1923~2010)[156] 선생이 생각났

---

156) 황장엽은 모스크바대학교 철학 석·박사 학위를 취득한 후, 김일성종합대학 교수와 총장을 역임했다. 김일성 유일사상체계 확립에 관여하였고 김정일

다. 오호라! 황 선생이 타계하셨으니―만날 수가 있나! 책을 사 봤다.

첫마디가 "수령 독재와 자유민주주의는 같은 하늘 아래 절대로 공존할 수 없다."였다. 그럼 쳐들어가? 아니다. 쳐들어가면 재앙이다. 메울 수 없는 골을 판다. 통일이 아니라 파경이다. 합류해야 무리가 없다.

황 선생도 수령 독재는 누르고(制裁) 북한 동포는 민주화하는 게 좋다고 하였다. 때는 무르익어간다. 수령 독재는 제풀에 주저앉을지 모른다. 황 선생은 그 낌새를 알 것이다. 그러니까 수령 독재를 누르라고 한 게 아니겠나?

수령 독재가 무너지면 유엔 감시하에 단일 정부를 세우고, 옛 8개 도에 지방 정부를 둔다. 외교와 국방은 정부가 맡고, 행정은 지방 정부가 담당한다.

이 땅의 젊은이여! 우리의 가장 중요한 시대적 사명이 있다면 그것은 무엇인가? 통일보다 크고, 의미 있는 대박이 또 어디 있겠나? '통일'은 자네와 나, 그리고 이 시대를 사는 모든 이에게 주어진 소명(召命)이요, 천명(天命)이다.

사랑하는 제군!
제군들이야말로 배달민족의 숙원인 통일을 성취할 세대다.

(2021. 8. 12)

을 후원하여 주체사상 개인 강사를 맡기도 했다. 1997년 대한민국으로 망명했다.

■ 한남(漢南) 박 정 기

저자는 1958년 육군사관학교를 졸업하고 평생의 꿈이었던 군인의 길을 선택했으나, 1973년 뜻하지 않은 정치 사건으로 중령에서 강제 예편 당한다. 그 스스로가 "내 인생은 나이 마흔에 패자부활전으로 다시 시작한 것"이라고 말했듯이, 이후 기업인으로서, 체육인으로서, 또 저자로서 화려하고 성공적인 이력을 펼친다. 그가 얼마나 스스로 정진하고 치열하게 삶을 영위했는지 그의 이력이 잘 보여준다.

1976년 정우개발(현 벽산건설)의 임원으로서 중동 붐을 일으킨 주역으로 활약했고, 1980년에 대표이사에까지 오른다. 1982년에는 한국중공업(두산중공업 전신)의 대표이사로 발탁되어, 부채만 4,000억 원에 만성적자에 시달리던 회사를 1년 만에 해외수주 5억 달러를 달성하는 등, 경영정상화의 기틀을 마련한다. 1983년에는 한국 최대의 공기업 한국전력 사장에 임명되어 1987년 퇴임할 때까지 새로운 경영기법을 도입하여 회사의 분위기를 일신함은 물론, '에너토피아'의 기치 아래 원자력발전 기술자립을 달성한 업적은 두고두고 많은 사람에 의해 칭송받고 있다.

1985년에는 대한육상경기연맹 회장에 취임하여 임춘애의 아시안게임 3관왕, 황영조의 바르셀로나 올림픽 마라톤 금메달 획득, 이봉주의 애틀랜타 올림픽 은메달 및 보스턴마라톤 제패 등 숱한 신화를 만들어낸다. 스포츠 외교 활동도 왕성하여 24년간(1991~2015) 국제육상연맹 집행 이사로 활동하였고, 그 기반으로 2011년 대구세계육상대회를 유치하기도 하였다.

저자는 베스트셀러 작가로도 널리 알려져 있다. 1989년 출간한 첫 작품 『어느 할아버지의 평범한 이야기』(을지서적 간)가 30만 부 이상 판매되어 독서계를 놀라게 했다. 이후 10여 권의 저서를 발간하는 등 글쓰기를 계속해 온 그에게 이 책은 아마도 그의 마지막 저술이 될 것으로 생각된다.

1935년생인 그는 지금도 현역이다. 현재 한미친선군민협의회 회장, 한국육상진흥회 이사장으로 재임 중이다. 화랑무공훈장(1969), 체육훈장 청룡장(1986), 금탑산업훈장(1987), 자랑스런 육사인상(2015), 한국원자력대상(2020)을 수상했다.

■저서

『어느 할아버지의 평범한 이야기』(1989), 『어느 할아버지의 평범한 정치론』(1993), 『어느 할아버지의 평범한 문명이야기』(1995), 『지도자』(1996), 『남북전쟁』(2002), 『육상경기, 그 영웅들의 이야기』(2010), 『에너토피아』(2014) 등.

WAKE UP KOREA!

2021년 11월 5일 초판 1쇄 펴냄

지은이 _ 박정기
펴낸이 _ 양문규
펴낸곳 _ 詩와에세이

신고번호 _ 제2017-000025호
주　　소 _ (30021)세종특별자치시 조치원읍 충현로 159, 상가동 107-1호
대표전화 _ (044)863-7652, 070-8877-7653
팩시밀리 _ 0505-116-7653
휴대전화 _ 010-5355-7565
전자우편 _ sie2005@naver.com
공 급 처 _ 한국출판협동조합
주문전화 _ (02)716-5616
팩시밀리 _ (031)944-8234~6

ⓒ박정기, 2021
ISBN 979-11-91914-07-8 (03810)

* 지은이와 협의하여 인지는 생략합니다.
* 이 책 내용의 전부 또는 일부를 재사용하려면 반드시 지은이와
　詩와에세이 양측의 동의를 받아야 합니다.
* 책값은 뒤표지에 표시되어 있습니다.